灯信号机的显示方式与方法如表1-1所示。

表 1-1　色灯信号机的显示方式与方法

信号显示	速度含义	
	三显示	四显示
绿	$V_规/V_规$	$V_规/V_规$
绿黄	$V_规/V_规$	$V_规/V_黄$
黄	$V_规/0$	$V_黄/0$ 或 $V_岔$
黄黄	$V_岔/0$ 或 $V_岔$ 或 $V_规$	$V_岔/0$ 或 $V_岔$ 或 $V_规$
黄闪黄	$V_大/V_规$ 或 $V_大$	$V_大/V_规$ 或 $V_大$
红	0	0
红白	$V_引/0$	$V_引/0$

注：$V_规$——规定速度（规定的允许最高速度）；

　　$V_大$——大号道岔侧向限速（18号道岔侧向限速 80 km/h）；

　　$V_岔$——道岔侧向限速（50 km/h 或 45 km/h 或 30 km/h）；

　　$V_引$——引导限速（20 km/h 以下）；

　　$V_规/V_规$——始端速度/终端速度，其他的类同；

　　$V_黄$——随时准备停车。

四、色灯信号的灯光颜色

1. 基本颜色

轨道交通视觉信号的基本颜色是"红、黄、绿"三种灯光色，其中红灯表达"停车"命令（字母代号为 H，图形符号为●）；绿灯表达"按规定速度运行"命令（字母代号为 L，图形符号为○）；黄灯表达"注意或减速运行"命令（字母代号为 U，图形符号为�）。表 1-2 所示为色灯信号各灯光的颜色图形符号。

表 1-2　色灯信号各灯光的颜色图形符号

序号	图形符号	名称	说明
1	○	绿灯	
2	 ◍	黄灯	
3	●	红灯	
4	◉	蓝灯	

续表

序号	图形符号	名称	说明
5	◎	月白灯	
6	⏐	白灯	
7	⊗	空位	
8	○	亮稳定灯光	
9	○	亮闪光	
10	⊘	双半黄灯	机车信号
11	◐	半红半黄灯	机车信号

2. 辅助颜色

信号机灯光的辅助颜色有"白"和"蓝"。蓝灯(地铁中也有用"红灯"的)作为调车禁止信号使用(字母代号为 A，图形符号为●)，或作为列车的容许信号；月白灯作为调车容许信号使用(字母代号为 B，图形符号为◎)，或与红灯组合作为列车进站的引导信号。

3. 组合灯光

随着列车速度的提高，信号机显示的信息量也在不断地增加，需要采取组合灯光的表示手段。例如，"红灯＋月白灯"(地铁中也有用"红灯＋黄灯"的)表示引导信号(字母代号为 Y)；"红灯＋蓝灯"表示区间容许信号(字母代号为 R)等。

闪光信号(频率通常为 50～70 次/min)主要应用在驼峰调车场，但对于进站信号机，当防护的进路有经 18 号及其以上号道岔侧向位置进站时，通常会增加"黄闪/黄"组合灯光的显示。

五、信号的显示距离

列车从开始制动到完全停止所需要的路程距离称为制动距离，我国铁路部门规定的制动距离为 800 m。因此，保证列车运行安全的信号显示距离一般应大于制动距离。

我国于 2023 年修订的《铁路技术管理规程》(以下简称《技规》)中规定，各种信号机及表示器在正常情况下的显示距离如下：

（1）进站、通过、遮断、防护信号机，显示距离不得小于 1000 m。

（2）高柱出站、高柱进站信号机，显示距离不得小于 800 m。

（3）出站、进路、预告、驼峰信号机，显示距离不得小于 400 m。

（4）调车、矮型出站、矮型进路、复示信号机，容许和引导信号以及各种表示器，显示距离均不得小于 200 m。

我国城市轨道交通信号机的显示距离规定如下：

（1）行车信号和道岔防护信号的显示距离应不小于 400 m。

（2）调车信号和道岔状态表示器的显示距离应不小于 200 m。

（3）引导信号和道岔状态表示器以外的各种表示器的显示距离应不小于 100 m。

第二节　信号与信号机分类及显示基本要求

由于信号机通常是固定安装在地面的，因此在轨道交通中信号机的信号称为地面信号；而与其相对应的是设于机车驾驶室内用于复示地面信号的显示信息，以向司机传达行车驾驶命令的信号系统，称为机车信号或车载信号。不过，需要注意的是，城市轨道交通在列车自动控制运行下的车载信号已与传统意义上的信号概念有所区别。

在列车运行速度处于 160 km/h 以上时，机车信号将逐步取代地面信号，成为主体信号。

一、信号与信号机的分类

信号或地面信号机从不同的角度如用途、安装方式、机构类型等，存在不同的分类方式，具体的分类方式主要有以下几种。

1. 按机构类型分类

按机构类型的不同，信号机可分为透镜式色灯信号机和 LED 信号机两类。

1）透镜式色灯信号机

透镜式色灯信号机是以透镜组为集光器、多灯位组合形式构成的色灯信号机。一个灯位为一个独立单元，可以根据需要进行组合。每个灯位固定一种颜色，光源由反射镜汇聚，经滤色片变成色光，由非球面镜聚成平行光束，经偏散镜折射偏散。其优点是结构简单、维修容易，缺点是曲线上不能连续显示。

2）LED 信号机

LED 信号机是用发光二极管组成的发光盘取代透镜式色灯信号机中灯泡和透镜组的信号机。由于其取代了传统的双丝信号灯泡和透镜组，从而彻底消除了灯丝断丝这一多发性的信号故障。其优点是显示距离远，安全可靠，节能，光度性好，无冲击电流，从而延长了供电装置的使用寿命，所以得以普遍使用。图 1-1 所示为信号机机构及透镜式色灯信号机和 LED 信号机实物图。

(a) 信号机机构　　　　　(b) 透镜式色灯信号机　　　　　(c) LED信号机

图 1-1　信号机机构及透镜式色灯信号机和 LED 信号机实物图

2. 按用途分类

在铁路信号中，固定信号按用途的不同，采用信号机和信号表示器两种传达方式。

1）信号机

信号机是指用来防护站内进路、防护区间、防护危险地点等，并具有严格的防护意义的信号显示装置。

2）信号表示器

信号表示器只是对行车人员传达行车或调车意图，或进行某些补充说明所用的器具，没有防护意义。

3. 按信号地位分类

按所处地位的不同，固定信号机可分为主体信号机和从属信号机两类。

1）主体信号机

主体信号机是指能够独立显示信号并有独立的显示意义的信号机，可用于指示列车或调车车列运行条件的信号机。

2）从属信号机

从属信号机是指从属于某一个主体信号机之上的信号机，从属信号机本身不能独立存在，只能附属于某种信号机之上才有具体的显示意义。

4. 按安装方式分类

固定信号机按安装方式的不同，可分为高柱信号机和矮柱信号机两类，如图 1-2 所示。

(a) 高柱信号机

(b) 矮柱信号机

图 1-2　高柱和矮柱信号机

1）高柱信号机

高柱信号机包括进站、正线出站、通过、预告、接车进路等信号机。它们的灯位距离地面至少在 2 m 以上。

2）矮柱信号机

矮柱信号机包括侧线出站、站内调车信号桥、信号托架等场所所设置的信号机；另外，在地形特殊无法设置高柱信号机的地点也可使用矮柱信号机。

此外，也有半高柱信号机和壁挂式信号机。这些都是以安装方式来划分的，它们对信号的显示意义不会发生改变。

在城市轨道交通中车辆段的入段、进场等场所通常采用高柱信号机，其他地方一般采用矮柱信号机。

5. 按停车信号的显示意义分类

固定信号按停车信号显示意义的不同，可分为绝对信号和容许信号两类。

1）绝对信号

绝对信号是在显示停止运行信号时，列车、调车车列必须无条件遵守的信号。

2）容许信号

容许信号是当列车在列车信号已是红灯显示或信号机显示不明或灯光熄灭时等特殊情况下，允许列车限速通过，并随时准备停车的信号。

6. 按显示数目分类

依照信号机在显示时所能点亮的灯位数目，色灯信号机可分为单显示信号机、双显示信号机以及多显示(三、四、五显示)信号机。单显示信号机一般仅用于阻挡信号机，双显示和多显示信号机可单独使用，亦可组合使用。

双机构色灯信号机可构成四显示、五显示信号机。各种信号机根据需要还可以分别带引导信号机构、容许信号机构或进路表示器等。

二、信号显示的基本要求

1．信号显示的原则要求

铁路沿线及站内禁止设置妨碍确认信号的红、黄、绿色的装饰彩布、标语和灯光。若车站内已装有妨碍确认信号灯光的设备，则应改装或采取遮光措施。

在规定的信号显示距离内不准种植影响信号显示的树木，对影响信号显示的树木应予以处理。

2．信号机的定位显示

将信号机经常保持的显示状态作为信号机的定位。信号机定位的确定一般应考虑保证行车安全、提高运输效率或信号显示自动化等因素。

进站、进路、出站信号机对行车安全起着极其重要的作用，故规定以显示停车信号"红灯"为定位。双线单方向运行自动闭塞区段的车站（线路所），若将进站及正线出站信号机转为自动动作，则以显示进行信号为定位。

调车信号机以显示禁止调车信号"蓝灯（或红灯）"为定位。

驼峰信号机、驼峰辅助信号机用以指示溜放作业和下峰调车，都以显示停止信号"红灯"为定位。

自动闭塞的每架通过信号机，都是其运行前方信号机的预告信号机，为提高区间通过性能，保证列车经常在绿灯下运行，规定通过信号机以显示进行信号为定位，即一般通过信号机以显示"绿灯"为定位。进站信号机前方第一架通过信号机因兼有进站预告信号机的作用，故以显示"黄灯"为定位。四显示自动闭塞的进站信号机前方第二架通过信号机，则以显示"绿灯＋黄灯"为定位。双向运动的单线自动闭塞，当一个方向的通过信号机开放时，另一个方向的通过信号机灭灯。

线路所的通过信号机兼有防护接车、发车的作用，故以显示"红灯"为定位。

预告信号机是附属于主体信号机的，它仅能表示主体信号机的显示状态，故以显示"注意信号（黄灯）"为定位。

遮断信号机和各种复示信号机均以无显示为定位。

3．信号机关闭时机

各类固定信号机的关闭时机规定如下：

（1）集中联锁车站的进站、进路、出站信号机，线路所通过信号机以及自动闭塞区段的通过信号机，当列车第一轮对越过该信号机后信号自动关闭。引导信号应在列车越过信号机后及时关闭。

（2）调车信号机在调车车列全部越过调车信号机后自动关闭；当调车信号机外方不设或虽设轨道电路而占用时，应在调车车列全部出清该调车信号机内方第一个轨道区段后自动关闭(因对于调车车列,机车可能在前面牵引也可能在后面推送,若调车车列一进入调车信号机内方就关闭,则会使得司机在见到蓝灯情况下进行调车作业,这与行车规定相违);根据需要也可在调车车列第一轮对进入调车信号机内方第一个轨道区段后自动关闭,如城市轨道交通在正线车站用于自动折返时的调车信号机。

4. 视作停车信号或无效信号

铁路进站、出站、进路和通过信号机的灯光熄灭、显示不明或显示不正确时,均视为停车信号。注意,城市轨道交通在 CBTC(communication based train control system,基于通信的列车自动控制系统)工作模式下,地面信号机是处于停用(灭灯)状态的,不能视作停车信号,只能视为无效信号。

5. 信号显示的有关原则

1)信号机外形辅助区别特定的意义

鉴于信号显示方式尚不足以清楚地表达信号显示的全部含义,实际工作中还常以信号机的外形来表达一些特定的意义,以示区别。

进站信号机和接车进路信号机能指示始端速度,它们有专门的外形:双机构加引导信号机构的高柱信号机。在自动闭塞区间,以信号机的外形来区别绝对信号与容许信号,所以有分歧道岔线路所的通过信号机专门采用进站信号机的外形,只是封闭其引导机构。

为区别于主体信号机,复示信号机均采用方形背板,其中进站复示信号机还采用灯列式。

遮断信号机及其预告信号机不仅采用方形背板,而且将机柱涂以黑白相间斜线,以明显区别于其他信号机。

在自动闭塞区段,进站信号机前方第一架通过信号机兼作预告信号机用,其机柱上涂以三条黑斜线,以区别于其他通过信号机。

2)显示意义与信号机的用途有关

同样的信号显示,在不同用途的信号机上有着不同的意义,司机必须根据信号机的显示、外形及用途综合判断,才能正确无误地确认信号显示的意义。

同样是点亮一个绿灯,对进站、出站、通过、复示等信号机来说却表达着各不相同的信息。有些可通过信号机的外形来区分,如进站、复示信号机等有着专门的外形;有些却要通过信号机的用途来区分,而用途又由信号机的设置位置所决定。如有时出站与通过信号机的外形和显示是一样的,这时就要根据信号机的设置位置来决定其用途。

正线与侧线出站信号机的外形和显示是一样的,有时甚至其设置位置也难以区别。比如,正线出站信号机的开放信号可能指示开通道岔直向,也可能指示开通道岔侧向,这时区别信号显示意义就需要靠前一架信号机的显示来预告:前一架信号机显示一个绿灯或绿黄灯,预告正线出站信号机开通道岔直向进路;前一架信号机显示一个黄灯,预告正线出站信号机关闭或开通道岔侧向进路;前一架信号机显示两个黄灯,预告侧线出站信号机关闭或开放。

3)信号显示方式一致性的要求

一个咽喉区有两个及以上发车方向时,其中有的出站信号机虽无某方向的发车进路,也应使其显示方式与该咽喉区其他出站信号机一致，包括信号表示器。

4）区分运行方向的原则

若出站信号机有两个及以上运行方向，而信号显示又不能区分运行方向，则应在信号机上装设进路表示器。

进路表示器的白灯尺寸小，显示距离仅达 200 m，且电路等级也较低。所以当仅有两个运行方向且次要方向是非自动闭塞区间时，采用显示两个绿灯来表示向次要方向发车。两个及以上运行方向一般指去不同的车站，当有几条线路去同一个车站时，一般可不区分。

三、信号机灯光配列原则

《铁路信号设计规范》规定，色灯信号机灯光配列应符合下列原则。

（1）当根据实际情况需要减少灯位时，应以空位停用方式处理。减少灯位的处理方式可以维持信号机应有的外形，防止司机误认。如进站信号机没有绿灯和绿黄灯显示时，其绿灯可采用封闭方式处理，但不允许改变信号机的外形。这是因为信号机的外形是识别信号机类型的重要标志。

（2）以两个基本灯光组成一种信号显示时，应在一条垂直线上（进站复示信号机除外），这是为了防止两个灯光被误认为是不同信号机的显示。但进站复示信号机是一组灯列式显示，所以可以不在一条垂直线上。

以两个基本灯光组成一种信号显示时，还应有一定的间隔距离，这是为了防止和减少两个同一颜色的灯光在远距离观测情况下被误认为一个灯光而造成升级显示的危险。如进站信号机的双黄灯显示被误认为一个单黄灯显示时，实则是将向侧线接车的信号误认为向正线接车的信号，司机可能不减速进站而造成危险。又如出站信号机的双绿灯显示，若被误认为是一个绿灯显示，则会造成将向次要线路发车误认为向主要线路发车，也不利于安全。

在高柱信号机上为了保证同时显示的两灯位间有足够的间隔距离（高柱信号机都有较远显示距离的要求），规定高柱信号机不得在一个三显示机构的上下两个灯位显示同一颜色的灯光。但是矮型信号机因为结构上的原因（且一般要求显示距离不小于 200 m），所以允许采用三显示机构的上下两个灯位显示同一颜色的灯光。

当两种不同颜色的灯光组成一种信号显示时，比如通过信号机和出站信号机的"绿灯＋黄灯"显示，可允许采用同一个三显示机构的上下两个灯位来显示，但其间必须间隔一个灯位。

（3）在以两个机构组成的矮型信号机上，应将最大限制信号设在靠近线路一侧的机构上，其目的是防止和避免该信号机被误认为是邻线的信号机。

（4）双机构加引导信号是一种专门的信号机构型方式，唯有它能区分始端速度。具有接车性质的信号机，包括进站信号机、接车进路（含接发车进路）信号机、有分歧道岔线路所的通过信号机都应采用此构型方式。

（5）一般情况下，站内高柱信号机的机构安装于机柱内侧，区间高柱信号机的机构安装于机柱外侧，而在电气化区段，通过信号机的机构安装于机柱内侧。这项规定是根据限界及确认、改善维修条件而规定的。

问 题 思 考

1. 我国铁路色灯信号机的显示方式或方法是怎样的？

2. 轨道交通中视觉信号的基本颜色是哪三种灯光色？各表示什么信号意义？

3. 固定信号机按它们所处的地位不同，分为哪两类？并举例说明。

4. 信号机经常保持的显示状态称为定位。如何理解进站或出站信号机和用于自动闭塞区间的通过信号机的定位的不同？

第二章 色灯信号机灯光配置及显示意义

　　铁路列车运行实行的是左侧行车制，机车上司机的座位统一设在左侧。为便于瞭望，规定所有地面信号机应设在行车线路的左侧。当两线路之间的距离不足以设置信号机时，可采用信号托架或信号桥，装在信号架和信号桥上的信号机可设置于线路左侧，也可设于线路中心线的上方。在特殊情况下，若线路左侧没有设置信号机的条件或因曲线、隧道、桥梁等影响使设置在左侧的信号机不满足信号显示要求，则在保证不致使司机误认的条件下，经铁路局批准，也可将其设于线路右侧。

　　我国城市轨道交通是右侧行车制，因此地面信号机通常设于行车方向线路的右侧，如因特殊情况，也可设于线路左侧。

　　色灯信号机的灯光配置是指信号机的类型及灯位数量，色灯颜色与其排列顺序，以及不同信号显示不同灯光或灯光的形式等设定要求。

第一节　铁路信号机灯光配置及显示意义

　　表达信号显示意义的基本体系有速差式和进路式两大类。速差式是每一种信号显示均能表示不同行车速度的信号显示制度，即它表达的是速度意义，既可以指示列车通过本信号机的运行速度，也可以指示列车通过下一架信号机的运行速度。我国现行信号显示是简易速差式，进路式已被淘汰。下面就速差式色灯信号机的设置、命名、灯光配置及其灯光显示意义作介绍。

一、进站信号机

　　进站信号机主要用来防护车站，具体来说，就是用来防护车站的接车进路。进站信号机的显示明确了列车应该站外停车还是通过车站，是站内正线停车还是站内侧线停车。在信号开放前要先检查联锁条件，最基本的条件是进路上的道岔位置正确，进路空闲且没有建立敌对进路。

1. 进站信号机的配置

　　进站信号机一般采用高柱双机构外加一个引导信号机构组成，自上而下其灯位为"黄、绿、红、黄、白"。当设为矮型信号机时，如双线双向自动闭塞区段的反方向进站信号机，可采用一个三显示机构和一个二显示机构，其中三显示机构灯位由上而下为"黄、绿、黄"，二显示机构灯位为"红、白"，且使二显示机构靠近线路一侧；但若进站信号有绿、黄灯显示，则此进站信号机不能使用矮型。图 2-1 所示为高柱进站信号机。

图 2-1　高柱进站信号机

2. 进站信号机的灯光意义

通常进站信号机有五个颜色灯位，可表达 7 种信息，其显示的定位状态为红灯。进站信号机各种灯光显示下的意义因区间的制式不同略有不同。

1) 区间为半自动闭塞区段及三显示自动闭塞区段

当区间为半自动闭塞区段及三显示自动闭塞区段时，进站信号机各灯光的意义如下：

(1) 一个红色灯光——不准列车越过该信号机，即禁止列车进站。

(2) 一个绿色灯光——准许列车按规定速度经正线通过车站，表示出站及进路信号机在开放状态(黄灯或红灯)，进路上的道岔均开通直向位置。

(3) 一个黄色灯光——准许列车经道岔直向位置进入站内正线准备停车。

(4) 两个黄色灯光——准许列车经道岔侧向位置进入站内侧线准备停车。

(5) 红色＋白色灯光(引导信号)——准许列车在该信号机前方不停车，以不超过 20 km/h 的速度进入站内或通过接车进路，并随时准备停车。

(6) 绿色＋黄色灯光——准许列车经道岔直向位置进入站内越过下一架已经开放的接车进路信号机准备停车。

(7) 黄闪＋黄色灯光——准许列车经过 18 号及其以上道岔侧向位置进入站内越过下一架已经开放的信号机。且将要越过的下一架开放信号机所防护的进路是经道岔的直向位置或 18 号及其以上道岔的侧向位置。

2）区间为四显示自动闭塞区段

当区间为四显示自动闭塞区段时，其中红灯和"黄闪＋黄色灯光"的显示意义同上，其他光的意义如下：

（1）一个绿色灯光——准许列车按规定速度经道岔直向位置进入或通过车站，表示运行前方至少有三个闭塞分区空闲。

（2）一个黄色灯光——准许列车按限速要求越过该信号机，经道岔直向位置进入站内正线准备停车。

（3）两个黄色灯光——准许列车按限速要求越过该信号机，经道岔侧向位置进入站内准备停车。

（4）红色＋白色灯光（引导信号）——准许列车在该信号机前方不停车，以不超过 30 km/h 的速度进站或通过接车进路，并需准备随时停车。

进站和接车进路色灯信号机的引导信号（显示一个红色灯光及一个月白色灯光）表示准许列车在该信号机前方不停车，以不超过 20 km/h 的速度进站或通过接车进路，并需准备随时停车。

（5）绿色＋黄色灯光——准许列车按规定速度越过该信号机，经道岔直向位置进入站内，并表示下一架信号机已经开放一个黄灯。

3. 进站信号机的命名

进站信号机的命名是依照列车运行方向来确定的，上行用 S 表示，下行用 X 表示。若在车站一端有多个方向的线路接入，则在 S 或 X 的右下角加上该信号机所属线路名称的汉语拼音字头，如东郊方面的下行进站信号机编为 X_D；若在同一方向有几条线路引入而出现并置的进站信号机，则应加缀区间线路名称（单方向可不加）或顺序号，如山海关方面的上行进站信号机编为 S_{S2}、S_{S4}，北京方面的下行进站信号机编为 X_{B1}、X_{B3}（上行用双数，下行用单数）。

二、出站兼调车信号机

出站信号机主要是为了指示列车可否占用站外的第一个闭塞分区（包括发车进路）。在进路和第一闭塞分区空闲，没有建立敌对进路的情况下，允许占用。

1. 出站信号机的配置

出站信号机的配置有各种不同的情况：半自动闭塞区段的出站信号机、半自动闭塞区段双方向出站信号机，以及三显示自动闭塞区段的出站信号机、三显示自动闭塞区段的双方向出站信号机（又分为次要方向为半自动闭塞和两个方向均为自动闭塞两种情况）、四显示自动闭塞区段的出站信号机、四显示自动闭塞区段的双方向出站信号机，以及两个以上方向的各种闭塞区段的出站信号机。集中联锁车站的出站信号机一般又兼作调车信号机。

出站信号机的配置相对较为复杂，主要依据区间类型和发车方向数量情况的不同而不同。无论是什么配置的出站信号机，其定位显示状态皆为红灯。

1）半自动闭塞区段的出站兼调车信号机

半自动闭塞区段的出站信号机如果只有一个发车方向，则采用一个三显示机构，灯位自上而下为"绿、红、白"。点亮绿灯时表示允许列车出站，点亮白灯时表示准许越过该信号调车。信号机可设为高柱也可设为矮柱，图2-2所示为半自动闭塞区段的出站兼调车信号机。

图2-2　半自动闭塞区段的出站兼调车信号机

当出站信号机有两个发车方向时，需增加一个绿灯。高柱采用两个二显示机构，灯位自上而下为"绿、红、绿、白"；矮柱采用一个二显示机构和一个三显示机构（机构置于右边，即靠近线路侧），其二显示机构灯位自上而下是"白、红"，三显示机构上、下两个灯位均为绿灯，中间间隔一个空灯位。当出站信号机点亮单绿灯时，表示准许列车向主要方向发车；当出站信号机点亮双绿灯时，表示准许列车进入次要线路。半自动闭塞区段两方向出站兼调车信号机如图2-3所示。

图2-3　半自动闭塞区段两方向出站兼调车信号机

2）三显示自动闭塞区段的出站兼调车信号机

三显示自动闭塞区段的出站信号机高柱、矮柱均采用两个二显示机构。高柱信号机灯位自上而下是"黄、绿、红、白";矮柱信号机的"白、红"二显示机构靠近线路,另一个二显示机构为"黄、绿"。三显示自动闭塞区段的出站兼调车信号机如图2-4所示。

图2-4 三显示自动闭塞区段的出站兼调车信号机

对于三显示自动闭塞区段的双方向出站信号机,当其次要方向是半自动闭塞时,可在单方向出站信号机基础上增加一个绿灯位。此时高柱信号机由一个三显示(在上面)和一个二显示机构组成,灯位自上而下为"黄、绿、红、绿、白";矮柱信号机将三显示机构置于左侧,自上而下为"绿、黄、绿"。三显示自动闭塞区段双方向出站信号机如图2-5所示。当两个方向均为自动闭塞时,必须装设进路表示器。

图2-5 三显示自动闭塞区段双方向出站信号机

三显示自动闭塞区段出站信号机开放时各灯光意义如下:

(1)一个绿色灯光——准许列车由车站出发,表示运行前方至少有两个闭塞分区空闲。

(2)一个黄色灯光——准许列车由车站出发,表示运行前方有一个闭塞分区空闲。

(3)两个绿色灯光——准许列车由车站出发,开往半自动闭塞分区。

(4)一个白色灯光——准许越过该信号机调车。

3）四显示自动闭塞区段的出站兼调车信号机

对于四显示自动闭塞区段的出站信号机，其高柱机构同三显示自动闭塞区段单方向发车信号机，也采用两个二显示机构，但灯位自上而下是"绿、红、黄、白"。矮型机构同三显示自动闭塞区段单方向发车信号机，其三显示机构的上面灯位为绿灯，下面灯位为黄灯，中间间隔一个空灯位；二显示机构灯位仍为"白、红"（靠近线路侧）。

对于四显示自动闭塞区段的双方向出站信号机，当其次要方向为半自动闭塞时，高柱机构需增加一个绿灯，上面的机构为三显示机构，下面的机构为二显示机构（结构形式同三显示自动闭塞区段的双方向出站信号机），灯位自上而下为"绿、红、黄、绿、白"；若是矮型信号机，以及两发车方向都是自动闭塞区间，则只能安装进路表示器以区分发车方向。

四显示自动闭塞区段出站兼调车信号机允许信号的灯光显示意义如下：

（1）一个绿色灯光——准许列车由车站出发，表示运行前方至少有三个闭塞分区空闲。

（2）一个绿色灯光和一个黄色灯光——准许列车由车站出发，表示运行前方有两个闭塞分区空闲。

（3）一个黄色灯光——准许列车由车站出发，表示运行前方只有一个闭塞分区空闲。

（4）两个绿色灯光——准许列车由车站出发，开往半自动闭塞区段。

（5）一个白色灯光——准许越过该信号机调车。

任何情况下的出站信号机，若发车方向在 2 个以上，则只能装设进路表示器。图 2-6 所示为带进路表示器的三方向发车出站兼调车信号机。在信号机开放时，当左、中、右三个进路表示器其中一个点亮白灯时，则指示的是对应左、中、右方向的发车进路。

图 2-6　带进路表示器的三方向发车出站兼调车信号机

2. 出站信号机的命名

出站信号机按列车运行的方向命名，上行用 S 表示，下行用 X 表示，并在名称的右下角加股道号，如 S_1、X_3 等。线群出站信号机应加所属线群的股道号，如 S_{S-8}。当有数个车场时，则先加车场号，再在右下角缀以股道号，如 S_{I2}、X_{II3}。

三、进路信号机

一个车站有几个车场时，需要设置进路信号机，以防护列车从一个车场转线到另一个车场时的转场进路。进路信号机按用途分为接车进路信号机、发车进路信号机及接发车进路信号机，正线上的进路信号机和进站信号机一样，防护区段的长度应等于或大于1200 m。

1. 进路信号机的配置

接车进路信号机的机构和灯光配置同进站信号机，但接车进路信号机通常兼作调车信号机。为避免与引导信号相混淆，通常将调车机构设于信号机下部，也可单独设置一个矮型调车信号机，但两种情况下都要将蓝灯封闭。

发车进路信号机的机构和灯光配置与出站信号机相同，只是没有两方向发车的情况。有两方向发车的是出站兼发车进路信号机，它与双方向的出站信号机相同。

2. 进路信号机的命名

接车进路信号机按列车运行方向命名，上行为 SL，下行为 XL。当有并置或连续布置的接车进路信号机时，则在其右下角加顺序号，如 SL_2、SL_4、XL_1、XL_3 等（上行用双数，下行用单数）。

发车进路信号机按列车运行方向命名，上行用 S，下行用 X 表示，并在 S 或 X 的右下角先加车场号再加股道号。如 Ⅰ 场上行 3 股道发车进路，信号机为 S_{I3}；Ⅱ 场下行 4 股道发车进路，信号机为 X_{II4}。

四、区间通过信号机

在一条铁路线上设有若干个车站。车站是根据列车的会让、越行和办理旅客上下车等作业的需要而设置的。两个车站之间为区间，一个区间的每条线路上只容许一列列车运行。行车密度大时，需采用自动闭塞，将区间划分成若干个闭塞分区，在每个闭塞分区的入口处设置通过信号机加以防护。

区间分自动闭塞区段和非自动闭塞区段两类，其中自动闭塞区段又有三显示自动闭塞区段和四显示自动闭塞区段两种情况。下面针对不同情况下的区间通过信号机灯光配置及其显示作讲述。

1. 自动闭塞区段的通过信号机

三显示自动闭塞区段和四显示自动闭塞区段的通过信号机均采用三显示机构，只是灯光排列不同。三显示信号机的灯位自上而下是"黄、绿、红"；四显示信号机的灯位自上而下是"绿、红、黄"（因为四显示有"绿黄"显示，故中间间隔了一个红灯位）。一般在上坡道启动困难的通过信号机，可带容许信号。

三显示自动闭塞区段通过信号机灯光显示意义如下：

（1）一个绿色灯光——准许列车按规定速度运行，表示运行前方至少有两个闭塞分区空闲。

（2）一个黄色灯光——要求列车注意运行，表示运行前方只有一个闭塞分区空闲。

（3）一个红色灯光——列车应在该信号机前停车。

四显示自动闭塞区段通过信号机灯光显示意义如下：

（1）一个绿色灯光——准许列车按规定速度运行，表示运行前方至少有三个闭塞分区空闲。

（2）一个绿色灯光和一个黄色灯光——准许列车按规定速度运行，要求注意准备减速，表示运行前方有两个闭塞分区空闲。

（3）一个黄色灯光——要求列车减速运行，按规定限速要求越过该信号机并随时准备停车，表示运行前方有一个闭塞分区空闲。

（4）一个红色灯光——列车应在该信号机前停车。

2．非自动闭塞区段的通过信号机

非自动闭塞区段线路所的通过信号机在无分歧道岔时为二显示（自上而下是"绿、红"）。当其点亮绿色灯光时，准许列车按规定速度运行。

防护分歧道岔的通过信号机采用与进站信号机相同的机构和灯光配置，但白灯必须封闭（因其不允许办理引导接车）。

图 2-7 所示为非自动闭塞区段与自动闭塞区段的通过信号机（包括进站、出站及预告信号机）的设置。

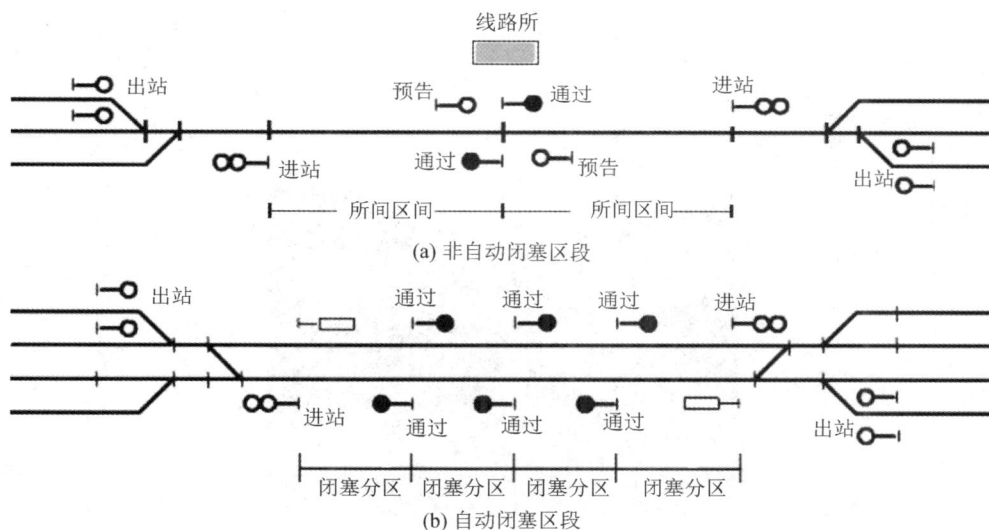

图 2-7　通过信号机（包括进站、出站及预告信号机）的设置示意图

3．通过信号机的命名

自动闭塞区段通过信号机的名称以该信号机所在地点坐标公里数和百米数为依据，下行编为奇数，上行编为偶数。例如，在 100 km+350 m 处的并置通过信号机，下行方向的编号为 1003，上行方向的编号为 1004。区间正线有分歧道岔的通过信号机（包括自动闭塞和非自动闭塞区段的）都以 T 字命名，并在其右下角缀以运行方向，如 T_s、T_x，当有数架并存时，再加缀顺序号，如 T_{S2}、T_{X3}（上行用双数，下行用单数）。

五、遮断信号机

为防护道口、桥梁、隧道以及塌方落石等危险地点而设置的信号机叫作遮断信号机。遮断信号机的设置位置，距离其防护地点不得少于 50 m。在自动闭塞区段，遮断信号机应与通过信号机有联系：当遮断信号机与前方相邻的通过信号机之间小于 800 m 时，则通过信号机应重复遮断信号机的红灯显示；当遮断信号机与前方相邻的通过信号机之间大于 800 m 时，则通过号机应为该遮断的预告信号。自动闭塞区段，遮断信号机不应设在停车后启动困难的地点。

遮断信号机为高柱、方形背板的单机构设置，只有一个红色灯光，机柱涂以黑白相间斜线，以区别于一般信号机。点亮红色灯时不准列车越过此信号；不亮灯时不起作用。遮断信号机如图 2-8 所示。

图 2-8　遮断信号机

六、预告信号机

地面信号机常常受到当地条件和气象条件的影响，可能致使信号的显示距离难以满足运营要求。因此，对于进站、通过、遮断和防护等绝对信号机，应根据实际需要设置预告信号机，以防止列车冒进绝对信号。

1. 预告信号机的配置

预告信号机通常采用高柱二显示机构，矮柱通常设于桥隧上，但须经批准后才能采用。

进站、通过信号机的预告信号机有"绿、黄"两种灯光显示，分别用于指示主体信号机的开放和关闭状态，点亮绿灯时表示主体信号在开放状态，点亮黄灯时表示主体信号在关闭状态。

遮断信号机的预告信号机只有黄灯，表明其所对应的遮断信号机显示红色。遮断信号机的预告信号机采用高柱，其结构和遮断信号机一样，只设一个黄灯。

2. 预告信号机的命名

预告信号机的命名及编号方法采用字母 Y 后缀以主体信号机的编号，如 YXD。接近信号机的编号，第一个字母为 J，后面缀以主体信号机的编号，如 JX 或 JS。

七、调车信号机

为保证列车在站内的行车安全，凡影响列车作业的调车进路均应设置调车信号机，调车信号机要根据调车作业的实际需要设置。

1. 调车信号机的配置

调车信号机采用两显示机构（通常为矮柱，必要时可以设为高柱），一般是"白、蓝"两个灯位（设于岔线入口处的调车信号机可以用红灯代替蓝灯），定位状态为蓝灯。

设于尽头式到发线上的尽头调车信号机采用矮柱三显示机构，灯位是"空位、红、白"，外形同列车信号机，定位状态为红灯。当该信号机的红色灯光熄灭、显示不明或显示不正确时，应视为列车的停车信号。图 2-9 所示为调车信号机实物。

图 2-9 调车信号机实物图

调车信号机灯光显示意义如下：

（1）白色灯光——准许超过该信号机进行调车作业。

（2）蓝色灯光（或红色灯光）——不准许超过该信号机。

（3）白色闪光灯——装有平面溜放调车区集中联锁设备时有白闪灯显示，其意义为准许溜放作业。

2. 调车信号机的命名

调车信号机的名称以 D 及其右下角缀以顺序号来表示。顺序号依照列车到达方向顺序编号，上行咽喉用双号，如 D_2、D_4 等，下行咽喉用单号，如 D_1、D_3 等。若车站有数个车场，则每个车场所属的调车信号机均用百位数字表示，其中百位数表示车场，如 I 场的 D_{101}、D_{103}，II 场的 D_{201}、D_{203} 等。若同一咽喉区调车信号机超过 50 架，则超出部分的调车信号机编为 D_{1101}、D_{1103}、D_{2100}、D_{2102} 等，此时千位数表示车场号。

八、复示信号机

复示信号机是为了当进站、出站、进路、驼峰辅助，以及调车信号机因受地形、地物影响达不到规定显示距离时而设置的信号机，用于对主体信号机开放与关闭的状态加以复示。它设置在被复示的信号机前方适当地点。复示信号机采用方形背板以区别于一般的信号机，其连续显示距离不得少于 200 m。

1. 复示信号机的配置

进站复示信号机为灯列式结构，一个机构内有三个呈等边三角形的三个月白灯，为了防止其显示与进站信号机的绿灯相混淆，它必须采用高柱信号机。复示信号机实物如图 2-10 所示。

|(a) 进站复示信号机|(b) 出站和进路复示信号机|(c) 调车复示信号机|

图 2-10　复示信号机实物图

复示信号机灯光的显示意义如下：

（1）两个月白色灯光与水平线构成 60°角显示——进站信号机显示正线接车信号（单黄灯）。

（2）两个月白色灯光水平位置显示——进站信号机显示侧线接车信号（双黄灯）。

（3）无显示——进站信号机在关闭状态。

出站、进路复示信号机采用单显示机构，为绿灯。调车复示信号机也采用单显示机构，为白灯。复示信号机灯光点亮时表明所复示的信号机在开放状态，无显示（灭灯）表明在关闭状态。

调车复示信号机也为单显示机构，只设一个"白灯"，点亮时表明对应的调车信号机在开放状态，无显示表明对应的调车信号机在关闭状态。

2．复示信号机的命名

复示信号机编号的第一个字母是 F，后面缀以主体信号机的编号。如进站复示信号机的编号为 FX，出站复示信号机的编号为 FS_{II}，调车复示信号机的编号为 FD_{103}，驼峰辅助信号机的复示信号机的编号为 FTF_1，驼峰复示信号机的编号为 FT_1。

九、驼峰信号机

驼峰信号机设在驼峰调车场的峰顶上，用来指示调车车列能否向峰顶推送和采用怎样的速度推送。驼峰信号机必须采用高柱两个二显示机构，灯位自上而下是"黄、绿、红、月白"。

驼峰信号机各种灯光的显示意义如下：

（1）一个绿色灯光——准许机车车辆按规定速度向驼峰推进。

（2）一个绿色闪光灯光——指示机车车辆加速向驼峰推进。

（3）一个黄色闪光灯光——指示机车车辆减速向驼峰推进。

（4）一个红色灯光——不准机车车辆越过该信号机或指示机车车辆停止作业。

（5）一个红色闪光灯光——指示机车车辆自驼峰退回。

（6）一个月白色灯光——指示机车到峰下。

（7）一个月白色闪光灯光——指示机车车辆去禁溜线。

驼峰信号机或驼峰辅助信号机平时点亮红灯，向到达列车传达停车信号；当显示黄灯时，指示机车向驼峰预先推送。

驼峰信号机的名称以 T 表示，在右下角缀以推送线的顺序号，如 T_1、T_2；驼峰辅助信号机的名称以 T 表示，并在其右下角缀以到达场股道号，如 1 股道的驼峰辅助信号为 TF_1。

十、信号表示器

信号表示器与信号机不同，信号机是用来防护进路、防护区间、防护危险地点的，而信号表示器则无防护的意义，仅用来表示行车人员的意图、行车设备的位置和状态及信号机显示的附加意义等。通过它的表示对列车运行或调车工作发出指示。

1．进路表示器

进路表示器设在出站信号机和发车进路兼出站信号机机构的下方，依据发车方向数目的不同，采用一排或两排（一排最多可有三个白灯）构成。在主体信号开放后，通过点亮相关的白灯，用以表达发车进路的开通方向。如图 2-11 所示，设于出站信号机左侧机构下的三个水平排列的灯位即为进路表示器，可点亮白灯。

图 2-11 带发车表示器的出站信号机和发车表示器实物图

2. 发车表示器

一般在弯道或客流量大的车站，在出站信号机的前面设发车表示器，用于反映列车出发时车站值班员是否向运转车长发出了发车信号，或运转车长是否向司机发出了发车信号。发车表示器的名称用 B 表示，如 BS_3、BX_4 等。

3. 发车线路表示器

在调车场的编发线上设有群出站信号机时，可设发车线路表示器，用以补充说明哪条线路发车。发车线路表示器名称以 XBS 或 XBX 表示（下行咽喉用 S，上行咽喉用 X），右下角缀以线路号。

4. 调车表示器

在繁忙的调车场，在司机可能无法看清调车信号机显示的情况下应设调车表示器，以方便指挥调车人员进行调车作业。

第二节 城市轨道交通信号机的设置

城市轨道交通信号也分地面信号和车载信号两大类。

地面都采用 LED 信号机，通常设置在线路附近的右侧；车载信号是将地面信号通过传输设备或其他传输方式引入机车内的信号，车载信号设备安装在列车的两端。

城市轨道交通地面采用的色灯信号机在结构上与铁路信号机基本相同，使用的灯光的基本颜色及其基本意义也相同。但由于我国城市轨道交通没有对地面信号的显示方式和显示意义作统一规定，因此信号机的设置要求和组合灯光颜色所表达的信息意义与铁路运输信号存在某些区别。例如，地铁的信号机通常设在运行线路的右侧，有的城市轨道交通公司采用一个红灯和一个黄灯构成引导信号，等等。另外，地铁对于信号机的显示距离也有自己的规定，并且除了车辆段和有道岔的正线车站外，其他地方一般不设置地面信号机。

由于城市轨道交通的自动化程度相对比较高，故一般采用"地面信号显示与车载信号系统相结合、以车载信号系统为主"的运用方式，即列车的运行速度不取决于地面信号机的显示，地面信号机只起辅助作用。

一、地面信号机的设置原则

1. 设置于列车运行方向右侧

城市轨道交通采用右侧行车制，不论在正线还是车辆段，地面信号机应设置于列车运行方向的右侧，特殊情况下，也可以设置在列车运行方向左侧或其他位置。地面信号机地下部分一般安装在隧道壁上（如图2-12所示）。

图2-12 设置于列车运行方向右侧的地面信号机

2. 信号机柱的选择

高柱信号机具有显示距离远，观察位置明确等优点，因此车辆段的进段、出段信号机以及停车场的进场、出场信号机均采用高柱信号机，而其他信号机由于对显示距离要求不高，以及隧道内安装空间有限，一般采用矮型信号机。

二、信号机灯光配列

城轨的信号机一般采用LED色灯信号机，根据需要设置灯位数量，可组成单显示、双显示及三显示等形式。但由于地铁信号没有统一的国家标准，具体的信号机灯光配列各地区有自己的规定，主流的城轨信号机灯光配列及名称如表2-1所示。

表 2 - 1　城轨信号机灯光配列及名称

序号	1	2	3	4	5	
灯光配列						○ 绿灯 ◐ 黄灯 ● 红灯 ◉ 蓝灯 ◎ 月白灯 Ⓘ 白灯 ⊗ 空位
名称	道岔防护信号机	道岔防护兼出站信号机	区间防护信号机	入线防护信号机	出站信号机	
序号	6	7	8	9	10	
灯光配列						
名称	列车阻挡信号机	调车信号机	通过信号机	进段信号机	出段信号机	

　　防护信号机采用三显示机构，自上而下灯位为黄（或月白）、绿、红，若设正线出站信号机，则其灯光配列同防护信号机。

　　阻挡信号机采用单显示机构，为一个红灯。

　　进段（场）信号机灯光配列可同防护信号机，亦可采用双机构（两个二显示）外带引导机构构成，其自上而下灯位为黄、绿、红、黄、月白。

　　出段（场）信号机灯光配列可同防护信号机，采用红、绿两灯位外带调车白灯构成。

　　列车阻挡信号机采用三显示机构，将绿灯封闭，只保留红灯和白灯。

　　调车信号机采用二显示机构，自上而下灯位为白灯、蓝灯（或红）。

　　区间分界点一般不设信号机，只有行车间隔较大时，采用自动闭塞作为过渡方式的情况下，才设区间通过信号机。通过信号机采用三显示机构，自上而下灯位为黄、绿、红。

三、信号机灯光及显示意义

1. 信号机灯光的通用意义

　　《地铁设计规范》对信号显示未作统一规定，各地对信号的显示要求也有所区别。

　　一般情况下，信号机显示的意义如下：

　　（1）红色灯光——禁止列车越过该信号机。

　　（2）绿色灯光——进路空闲，允许列车越过该信号机，进路中道岔开通直股。

　　（3）黄色灯光——进路空闲，列车越过该信号机，进路中道岔开通侧向。

　　（4）黄色灯光＋红色灯光——引导信号，允许列车按规定模式越过该信号机。

2. 上海地铁 1 号线信号机的显示意义

各地区可对信号显示作出相关规定，下面以上海地铁为例加以说明。

上海地铁 1 号线信号机灯光的显示意义如下：

（1）红色灯光——停车，禁止列车越过该信号机，ATP 速度命令为零。

（2）绿色灯光——进路空闲，运行前方道岔在直股（定位），允许列车越过该信号机按 ATP 速度命令运行。

（3）月白色灯光（黄灯）——运行前方道岔在侧股（反位），按 ATP 速度命令运行，一般限制速度为 30 km/h。

（4）红色灯光＋月白色灯光（黄灯）——引导信号，准许列车在该信号处继续运行，但需准备随时停车，仅对防护站台的信号机设引导信号。

（5）站台设有发车表示器时，在发车前 5 s 白灯闪光，发车时间到亮白色稳定光，列车出清后灭灯。

3. 郑州地铁 1 号线正线信号机的显示意义

1）道岔防护信号机的显示意义

（1）一个绿色灯光——进路排列至下一架信号机，进路上所有的道岔都处于直向并锁闭。允许列车在线路限速条件下运行。

（2）一个黄色灯光——进路开放至下一架信号机，进路上至少有一个道岔在侧向并锁闭，允许列车在道岔开通方向按规定的 35 km/h 的限速条件下运行。

（3）黄色灯光＋红色灯光——引导信号，准许列车以不大于 25 km/h 的速度越过该信号机继续运行。

（4）一个红色灯光——绝对停止信号，不允许列车越过此架信号机。

（5）灭灯——CBTC 系统正常，CBTC 列车可越过该信号机。

2）出站信号机的显示意义

（1）一个绿色灯光——进路排列至下一架信号机，允许列车在线路限速条件下运行。

（2）一个红色灯光——绝对停止，表示此信号机前方站间区段被占用。

（3）黄色灯光＋红色灯光——引导信号，准许列车以不大于 25 km/h 的速度越过该信号机继续运行。

（4）灭灯——CBTC 系统正常，CBTC 列车可越过该信号机。

3）区间防护信号机的显示意义

（1）一个绿色灯光——进路排列至下一架信号机，允许列车在线路限速条件下运行。

（2）一个红色灯光——绝对停止，表示此信号机前方站间区段被占用。

（3）黄色灯光＋红色灯光——引导信号，准许列车以不大于 25 km/h 的速度越过该信号机继续运行。

（4）灭灯——CBTC 系统正常，CBTC 列车可越过该信号机。

4）入线防护信号机的显示意义

（1）一个黄色灯光——进路排列至下一架信号机，允许列车在线路限速条件下运行。

（2）一个红色灯光——绝对停止，表示此信号机前方站间区段被占用。

（3）黄色灯光＋红色灯光——引导信号，准许列车以不大于 25 km/h 的速度越过该信号机继续运行。

5）道岔防护兼出站信号机的显示意义

（1）一个绿色灯光——进路排列至下一架信号机，进路上所有的道岔都处于直向并锁闭，允许列车在线路限速条件下运行。

（2）一个黄色灯光——进路开放至下一架信号机，进路上至少有一个道岔在侧向且锁闭，允许列车在道岔开通方向按规定的限速条件下运行。

（3）黄色灯光＋红色灯光——引导信号，准许列车以不大于 25 km/h 的速度越过该信号机继续运行。

（4）一个红色灯光——绝对停止，不允许列车越过此信号机。

（5）灭灯——CBTC 系统正常，CBTC 列车可越过该信号机。

6）阻挡信号机的显示意义

一个红色灯光——所有列车在此信号机前方必须停车。

下面以上海和郑州地铁中信号机的配置情况，针对正线及车辆段等场地信号机的设置情况作具体介绍。

四、正线信号机及表示器设置

城市轨道交通有的车站设有道岔，有的车站仅有两条正线，因此应根据各站设备具体情况设置信号机。在正线常用的信号机包括以下几种。

1. 防护信号机

防护信号机采用三显示机构，自上而下的灯位为"黄、绿、红"。若设正线出站信号机，则其灯光配列同防护信号机。

在 ATC 控制区域正线道岔之前和之后的适当地点可设置防护信号机，如图 2-13 中的 A 站、E 站、F 站等所示。具有出站性质的道岔防护信号机应设引导信号，具有两个以上运行方向的信号机可设进路表示器。

防护信号机的显示与铁路的进站信号机相同，具体显示意义如下（各地可以对信号显示作出有关规定，这里以上海地铁和郑州地铁为例）：

（1）一个红色灯光——禁止列车越过该信号机。

（2）一个绿色灯光——道岔开通直向位置，允许列车按照规定速度越过该信号机进入车站或区间。

（3）一个黄色灯光——道岔开通侧向位置，允许列车按照规定速度（一般限速不超过 30 km/h）越过该信号机，运行至折返点。

（4）黄色＋红色（或月白）灯光——引导信号，允许列车以不超过 25 km/h 的速度越过该信号机，有条件地进入车站或区间。

正线上防护信号机通常用"X"或"F"等命名，以数字序号作为下标，下行咽喉编为单号，上行咽喉编为双号，从站外向站内顺序编号。

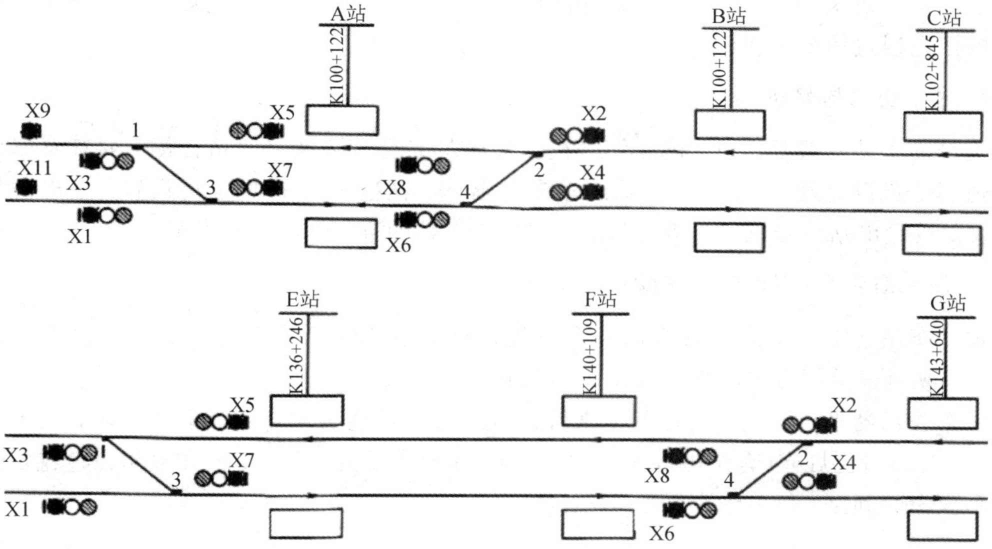

图 2 - 13　防护信号机的设置

2．阻挡信号机

阻挡信号机设于线路的终点，起阻挡列车的作用以指示列车的停车位置。阻挡信号机采用单显示机构，只设一个红灯。当阻挡信号机显示红灯时，列车应在距信号机至少 10 m 的安全距离前停车。

当车站设置有阻挡信号机时，阻挡信号机可与防护信号机一同顺序编号，如图 2 - 13 中 A 站的 X9、X11，图 2 - 14 中 H 站的 X18、X20 信号机。当然，阻挡信号机也可以单独编号与命名，用 Z 表示，并在右下角缀以编号，下行方向编为单号，上行方向编为双号，从站外向站内顺序编号。

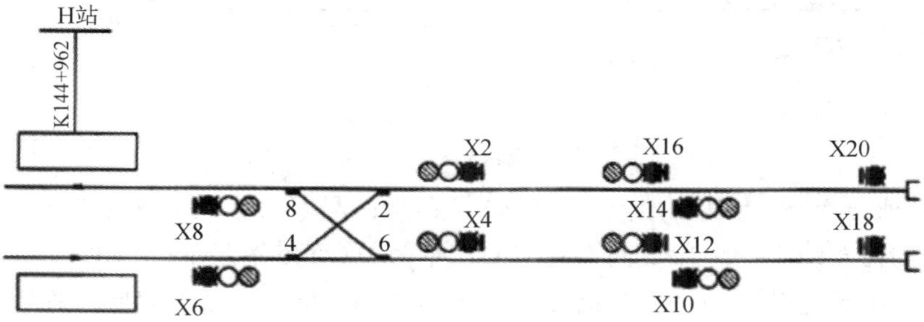

图 2 - 14　阻挡信号机的设置

3．通过信号机

采用 ATC 系统的城市轨道交通，自动闭塞的通过信号机已经失去了主体信号的作用，因此在区间一般不设置通过信号机，但为便于驾驶员在 ATP 设备发生故障时控制列车的运行，也可以根据需要设置通过信号机。

通过信号机采用三显示机构，其灯位自上而下为"黄、绿、红"。其灯光显示意义与铁路交通的区间通过信号机相同。

4. 进、出站信号机

地铁的车站一般不设进、出站信号机，通常在正向出站方向的站台侧、列车停车位置前方适当地点设置发车指示器（或称发车表示器）。当然，依据需要也可设置进、出站信号机，或仅设置出站信号机，其功能和作用与铁路车站的进、出站信号机相同。

5. 发车表示器（倒计时发车牌）

地铁车站通常在正向出站方向站台一侧、列车停车位置前方适当地点设置发车表示器，向驾驶员表示能否关闭车门及发车的时间。

发车表示器平时不亮灯，列车停靠后无显示表示不能关闭车门、不能发车；当距发车还有 5 s 时闪白色灯光（有的可以显示倒计时），提醒驾驶员关闭车门。在显示白色稳定灯光时表示发车时间到，可以发车。

五、车辆段（车厂）信号机设置

地铁在车辆段（车厂）入口转换轨的外方设置进段（厂）信号机，如图 2 - 15 中的 SJ1、SJ12 信号机所示。进段（厂）信号机显示及灯光配列可与防护信号机相同，也可采用双机构。

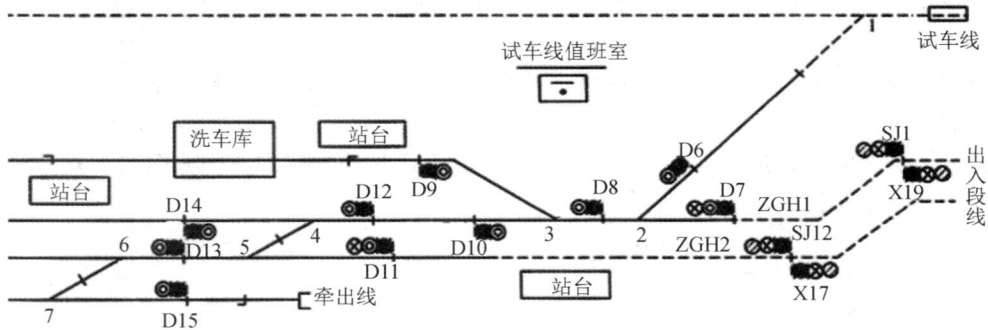

图 2 - 15　进段（厂）信号机的设置

车辆段（或停车场）内其他地点，可根据需要设置调车信号机，通常在同时能存放两列及以上列车的停车线中间进段方向设列车阻挡信号机（可兼作调车信号机）。

图 2 - 16 所示是某地铁公司车辆段与正线连接部分信号设备布置图。图中 XJ1、XJ2 为进段（厂）信号机。在 XJ1 显示红色灯光时表示禁止列车进入车辆段（车厂）；当显示一个黄色灯光时表示允许进入车辆段（车厂），且道岔 1 开通直向位置；当显示两个黄色灯光时表示允许进入车辆段（车厂），且道岔 1 开通侧向位置；当显示一个红色灯光和一个白色灯光时表示引导信号。

车辆段（车厂）出口处设置出段（厂）信号机，如图 2 - 16 中 SC1、SC2 信号机。其显示及灯光配列可与防护信号机相同。

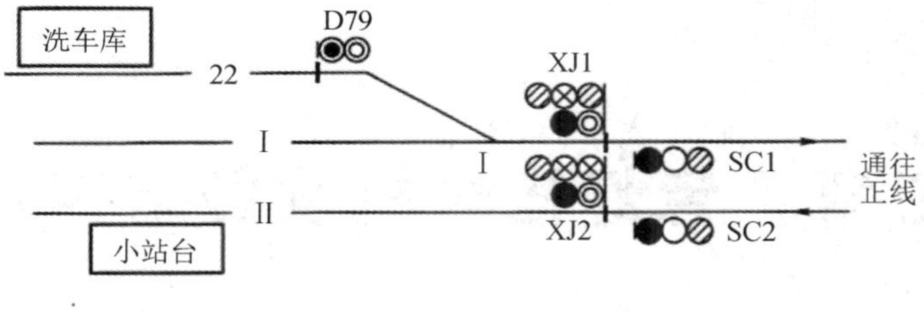

图 2-16　车辆段与正线连接部分信号设备布置图

车辆段(车厂)内其他地点可根据需要设置调车信号机，如图 2-16 中的 D79。其显示蓝色灯光表示禁止越过该信号机调车，显示白色灯光表示允许越过该信号机调车。

在进段(厂)信号机内方的转换轨处靠近车辆段(车厂)的一端，设置红、白两显示列车阻挡信号机，如图 2-15 中的 D7、D11 所示；车辆段(车厂)内可根据需要另设红、白两显示调车信号机，红色灯光的显示意义与蓝色灯光相同。

进段信号机的命名上行用 S，下行用 X，再组合 J 或 JD 并加上下缀编号。下缀编号方法：下行方向编为单号，上行方向编为双号，从段外向段内顺序编号。

出段信号机用来防护正线，指示列车从车辆段进入正线，设于车辆段的出口处。出段信号机的命名上行用 S，下行用 X，再组合 C 或 CD 并加上下缀编号。下缀编号方法：下行方向编为单号，上行方向编为双号，从段外向段内顺序编号。

问 题 思 考

1. 当区间为四显示自动闭塞区段时，进站信号机可显示哪些灯光信号？各灯光显示的意义怎样？

2. 铁路车站的进站信号机是如何命名的？

3. 四显示自动闭塞区段的通过信号机可向司机传达哪些信号？并说出其对应的灯光颜色。

4. 在城市轨道交通的正线上通常设置哪些信号机？并说说它们的设置原则及命名方法。

第三章 色灯信号机设备结构认知

轨道交通的信号机通常采用色灯信号机，色灯信号机按照显示方式和结构的不同主要有三种类型，即透镜式色灯信号机、组合式色灯信号机及 LED(发光二极管)组合式色灯信号机。

第一节 透镜式色灯信号机认知

透镜式色灯信号机采用透镜组将光源发出的光束聚成平行光束，这种信号机结构简单，安装方便，控制电路所用电缆芯线少，所以得到了广泛应用。

一、透镜式色灯信号机结构

透镜式色灯信号机有高柱和矮型两种类型。高柱信号机的信号机构安装在信号机柱上，矮型信号机的信号机构安装在混凝土基础上。

1. 信号机设备组成

高柱透镜式色灯信号机如图 3-1 所示(图示的信号机为单机构二显示，简称二显示机

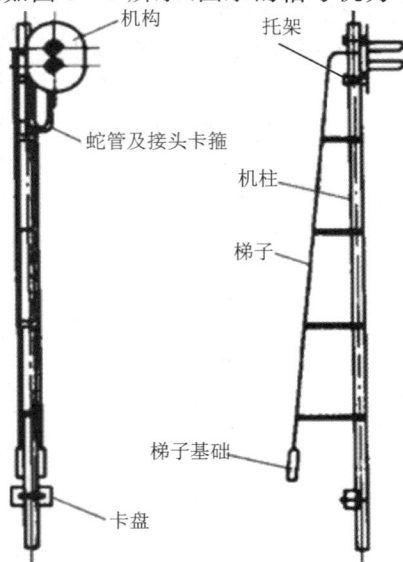

机构
托架
蛇管及接头卡箍
机柱
梯子
梯子基础
卡盘

图 3-1 高柱透镜式色灯信号机

构）。它由机柱、机构、托架、梯子等部分组成。机柱用于安装机构和梯子。机构的每个灯位都配备有相应的透镜组和单独点亮的灯泡以给出灯光信号显示。托架用来将机构固定在机柱上，每一机构需上、下托架各一个。梯子方便信号维修人员攀登。

矮型透镜式色灯信号机如图3-2所示（图示信号机是双机构五显示，即有一个二显示机构和一个三显示机构）。它用螺栓固定在信号机基础上，没有托架，更不需要梯子。

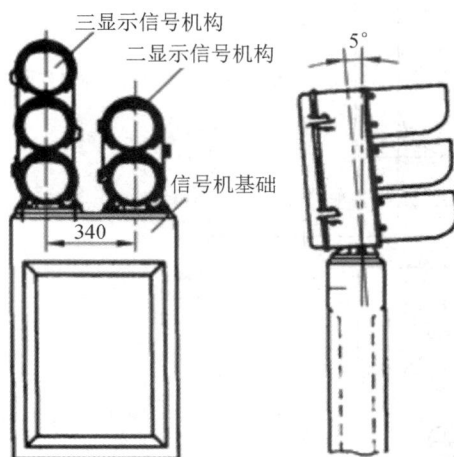

图3-2　矮型透镜式色灯信号机

高柱和矮型透镜式色灯信号机又各有单机构和双机构之分。单机构只有一个机构，可构成单显示、二显示和三显示信号机。一个机构由一个背板及若干个灯室组成。

2. 信号机机构分类

透镜式色灯信号机的机构有高柱单个灯位、二灯位、三灯位机构，矮型二灯位、三灯位机构，遮断信号、复示信号和各种表示器机构等。这些机构的组合和不同颜色灯光的排列可以组成各种用途的信号机。其中二显示及三显示机构对应地划分为两个和三个灯室，灯室之间用隔板分开，防止相互串光。一个灯位固定显示一种颜色的灯光，多种颜色的信号显示由多个灯位完成，所以使用此类机构的信号机又称为多灯型信号机。

单显示机构用于阻挡信号机以及复示信号机、引导信号机及进路表示器。二显示和三显示机构可以单独使用，也可以组合（与单显示机构组合）使用。依照灯光配列和对信号灯位颜色的规定，安装相应颜色的内透镜片就可实现不同灯光颜色的显示要求。

透镜式色灯信号机机构的型号含义如下：

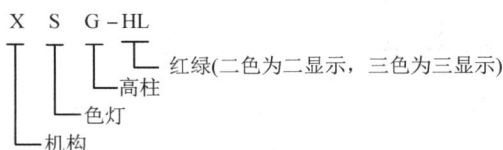

字母XS表示色灯信号机机构；第三个字母为G或A（G表示高柱，A表示矮型，F表示复示、发车）；横线后的字母表示灯位颜色（有几个字母就代表几显示机构，最多三个字母；U表示黄色，B表示月白色，A表示蓝色，H表示红色，L表示绿色）。

常用透镜式色灯信号机机构及主要参数见表3-1。

表 3-1 透镜式色灯信号机构及主要参数

型 号	形式尺寸	图 号	名 称	规 格
XSG-××		X0121-00-00	色灯信号机构	高柱二显示，色别根据需要
XSG-×××		X0122-00-00	色灯信号机构	高柱三显示，色别根据需要
XSA-××		X0123-00-00	色灯信号机构	矮型二显示，色别根据需要
XSA-×××		X0124-00-00	色灯信号机构	矮型三显示，色别根据需要
XSY		X0125-00-00	引导信号机构	月白色

二、灯光机构的组成设备

1. 背板

背板是黑色的，以构成较暗的背景衬托信号灯光的亮度，改善瞭望条件。只有高柱信号机才有背板。一般信号机采用圆形背板，复示信号机采用方形背板，以便与主体信号机区别。

2. 灯室

透镜式色灯信号机机构的灯室设备、结构及变光原理如图 3－3 所示。每个灯室内有一组透镜、一副灯座、一个灯泡及遮檐。灯座间用隔板分开，以防止相互串光，保证信号显示正确。

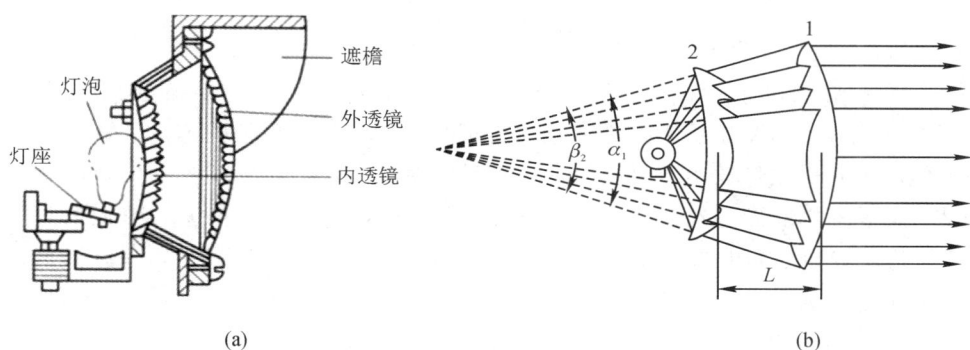

图 3－3　透镜式色灯信号机的灯室设备、结构及变光原理图

透镜组装在镜架框上，由内外两块带棱的透镜组成。内透镜是有色带棱的外凸透镜，有红、黄、绿、蓝、月白、无色六种颜色可选配。信号机的灯光颜色取决于有色透镜，可根据需要选用。外透镜是无色带棱的内凸透镜。内外两块透镜组成光学系统，利用光的折射和反射原理将光源发出的光线集中射向所需要的方向，即增加该方向的光强，这样就能满足信号显示距离远且亮的要求。

3. 信号灯泡

信号灯泡是透镜式色灯信号机的光源。为保证信号显示的不间断，目前绝大多数信号机均采用双灯丝(主、副)双螺旋直丝的铁路信号专用灯泡，其具备光度衰耗小、显示距离远、维修工作量小的优点。信号灯泡的外形有球形(TX(12-25/12-35)A 型)和长条形(TX(12-25/12-35)B 型)两种(T 表示铁路，X 表示信号)，均为 12 V-25 W。两种信号灯泡的外形和主要尺寸如图 3－4 所示。

主灯丝和副灯丝呈直线状且平行。主灯丝在下，其轴心线与灯头的中心线相垂直；副灯丝在上，其轴心线距离主灯丝轴心线 2.5±0.5 mm。主灯丝在前，副灯丝在后，间距为 2.5 mm，以防止副灯丝挡住主灯丝的光线。主灯丝在下可避免主灯丝断丝时，落下的灯丝碰到副灯丝从而影响副灯丝正常工作。

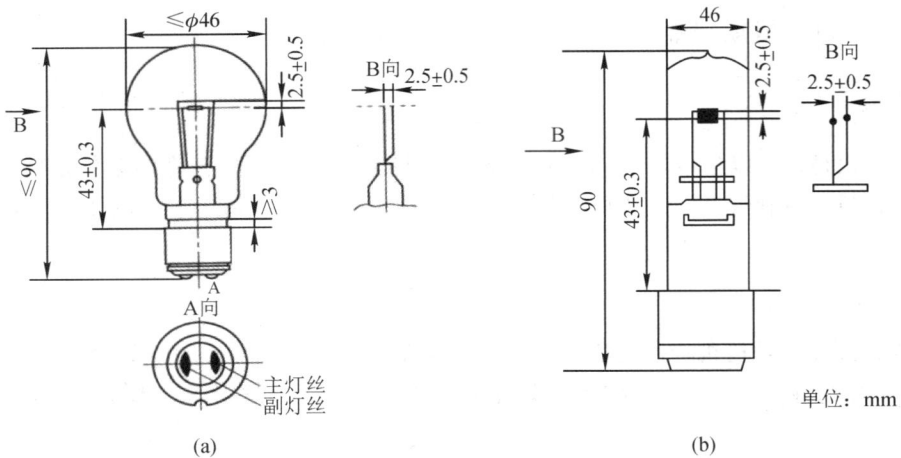

图 3-4 两种信号灯泡的外形和主要尺寸示意图

平时点亮主灯丝，当主灯丝断丝时能通过自动转换设备(灯丝转换继电器)自动点亮副灯丝，可保证信号不间断显示。当发现主灯丝断丝后必须及时更换灯泡，尽管副灯丝平时不使用，但由于它受主灯丝的长时间烘烤，因此使用寿命很短，在灯泡点亮副灯丝后若不能及时更换灯泡，则在副灯丝也断丝时信号机就会灭灯，可能对行车造成影响。

TX 型信号灯泡的光电参数如下：

(1) 额定电压为 12 V/12 V。

(2) 额定功率为 25 W/25 W，最大功率为 27.5 W/27.5 W。

(3) 光通量为 2851 m/2851 m，最小光通量为 2421 m/2421 m，寿终光通量为 2181 m/2181 m。

(4) 最低寿命为 1000 h/200 h。

4. 定焦盘式信号灯座

与直丝信号灯泡配套的灯座是定焦盘式信号灯座。定焦盘式信号灯座可上下、左右、前后调节，以调整光源位置使主灯丝位于透镜组的焦点上，让光源得到充分利用，从而使信号机获得最佳的显示效果。调整好透镜组焦点后固定灯座，更换灯泡时无须再调整。

早期的灯座不带主副灯丝切换试验用按钮开关，如图 3-5(a)所示。它有公共接线端和主、副丝电源接入端三个接线柱，分别与点灯控制单元(点灯变压器、灯丝转换装置)的对应电源输出端相连。为了日常检修信号机方便，改进后的灯座增加了一个主副灯丝切换试验按钮开关，即在原来灯座的基础上加装了一个按钮，并在公共接线端的左边另增加了主灯丝电源接入端，如图 3-5(b)所示。切换试验按钮为二位自复式开关，平时处于接通状态，按下断开以模拟主灯丝断丝，检修时可人为按下该按钮，以检查主副灯丝切换装置是否能正常工作。

定焦盘式信号灯座具有以下特点：

(1) 灯泡和灯座平面接触，可以基本上保证光中心高度的一致性。

(2) 灯头冲压成翻边结构，一般不会变形，从而提高了灯泡和灯座的配合精度。

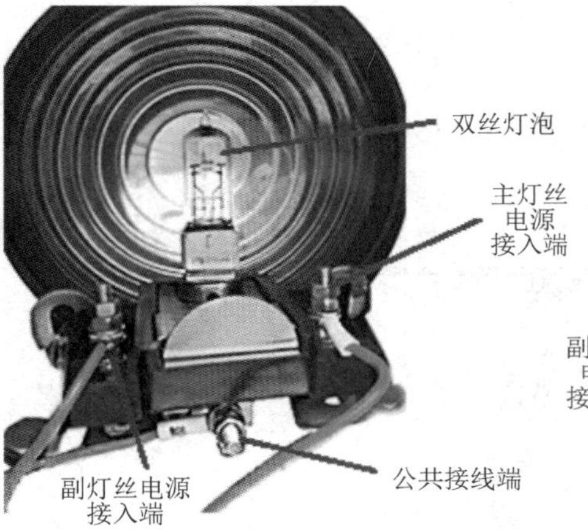

双丝灯泡

主灯丝电源接入端

副灯丝电源接入端

副灯丝电源接入端

公共接线端

(a)

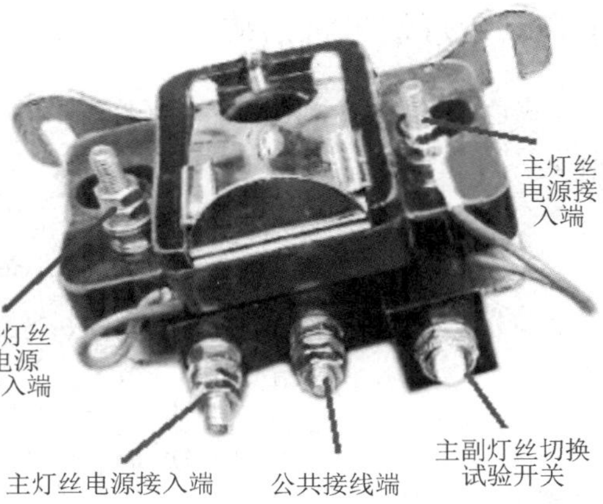

主灯丝电源接入端

副灯丝电源接入端

主灯丝电源接入端

公共接线端

主副灯丝切换试验开关

(b)

图 3 - 5　定焦盘式信号灯座结构图

（3）能防止电接触片受过压造成变形或弹力减小，从而避免出现电接触片与灯泡的接触不良或发热、熔化等故障。

（4）灯座与灯泡的连接采用内六方螺丝固定，灯口不易移位。

（5）更换灯泡时，一般不用重新调整显示，信号显示比较稳定。

因此，定焦盘式信号灯座对提高信号显示的稳定性和减少维修工作量起着积极作用。

5．遮檐

遮檐用来防止阳光等光线直射透镜时产生错误的幻影显示。

三、透镜式色灯信号机的优点

透镜式色灯信号机主要有如下的优点：

（1）透镜式色灯信号机的透镜组由无色的外透镜和有色的内透镜组成，增加了信号机的显示距离。

（2）信号灯泡的灯座使用了可调焦灯座，在灯光焦距恰当时，光源可得到充分利用，以增大信号显示距离。

（3）透镜式色灯信号机结构简单，运用安全，维修方便，使用电缆芯线少，已在全国各条铁路线上得到广泛应用。

第二节　组合式色灯信号机认知

组合式信号机是为了克服透镜式信号机的缺点而研制的新型信号机构。组合式色灯信号机的每个机构为一个独立单元，只有一个灯室，配一种颜色，根据显示要求可以组装成单显示、二显示及三显示机构，故称为组合式。

一、组合式色灯信号机结构

组合式色灯信号机由光系统、机构壳体、遮檐、瞄准镜插孔四部分组成，其结构如图3-6所示。

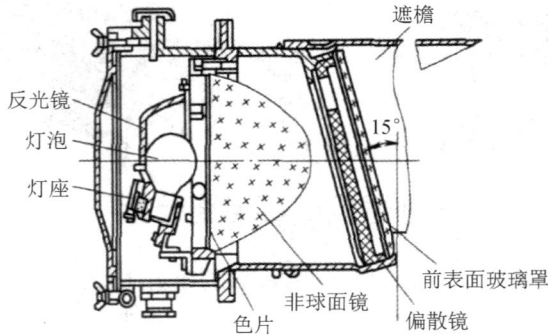

图 3-6 组合式色灯信号机结构图

1. 光系统

组合式信号机构的光系统由反光镜、灯泡、色片、非球面镜、偏散镜及前表面玻璃罩等部件构成。信号灯泡发出的光由反光镜会聚，经色片（有红、黄、绿、蓝、月白五种颜色，信号显示的颜色取决于色片颜色，按需配备）变成色光，再由非球面镜聚成平行光束，最后通过偏散镜将光系统产生的平行光较均匀地聚焦到所需要的可视范围内。

1）反光镜

反光镜是椭球面镜，将光源发出的光反射后聚焦起来。

2）灯泡

信号灯泡采用 TX12-30/12-30 型信号，用双直丝灯泡。

3）非球面镜

非球面镜用于聚光，将散射光变成平行光束。非球面镜的通光孔径大，具有焦距短、球面像差小等特点，因而光能利用率高。

4）偏散镜

偏散镜为偏散透镜的简称，由多个棱镜及曲面镜组成。偏散镜是能使部分光线按所需方向偏散一定角度的光学元件，有 4 种型号，即 1 型、2 型、3 型和 4 型，可根据线路范围或曲线半径的大小正确选用。偏散镜还能增强近距离能见度，使得在距信号机 5 m 处时也能看到信号显示。

5）前表面玻璃罩

前表面玻璃罩设计成向后倾斜 15°，可将外来的环境光反射到遮檐上以防止信号机因反光造成对信号的误认。

2．机构壳体

机构壳体由硅铝合金压铸而成，内外表面涂无光黑漆，可防止光反射。机构壳体结构合理，密封性能好，且体积小，质量轻。

3．遮檐

机构的遮檐采用玻璃纤维增强不饱和聚酯制造，质量轻，耐腐蚀性能好，强度高。遮檐的几何形状是按照既能遮挡阳光又能满足偏散光显示的需要设计的。

4．瞄准镜插孔

信号机构右下方有一个瞄准镜插孔，用于供调整信号机显示方向时观测使用。

二、组合式色灯信号机光学原理

组合式信号机的光学原理如图 3-7 所示。光源（信号灯泡）发出的光经过色片变成色光后通过非球面透镜将散射的色光汇聚成平行光，再经过偏散镜进行折射偏散。其中的一部分光保持原方向射出，称为主光，其强度较高，主要用于远距离显示；另一部分光按偏散镜的偏散角度射出，称为偏光。偏光主要用于曲线部分显示，随着运行的列车逐渐接近信号机，光强也需要逐渐减弱，由于偏光的强度也是随着偏散角度的加大相应地逐渐减弱，因此正与需要相符。可见利用此种偏光设计不仅能充分有效地利用光源，而且能使在曲线上的各个位置所看到的信号灯光的亮度均匀一致，即可使信号具有很好的连续性。

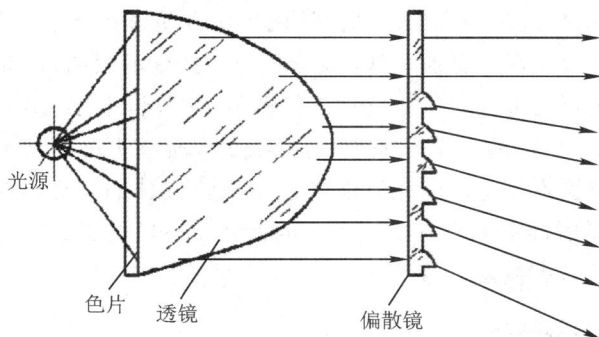

光源　　色片　透镜　　　偏散镜

图 3-7　组合式信号机的光学原理图

三、组合式色灯信号机的优点

组合式色灯信号机的优点可概括为如下几点：

（1）整机外形美观，质量轻，组合方式灵活，安装简单方便，能减少施工、维护等户外作业的劳动强度。

（2）箱盖采用双螺旋压紧，密封材料采用高性能橡胶垫，管接头采用快速装卸结构形式。金属软管包塑料膜，保证了机构防尘密封性能的良好。

（3）机构的铝合金材料全部经亚光喷塑处理，可减少现场维护维修的工作量。

（4）光学系统透镜间距离可调，容易使光学系统达到最佳状态。

（5）适用于瞭望困难的线路，能在曲线半径为 300～20 000 m 的各种曲线线路上得到连续信号显示。

（6）显示距离远，直线可达 1500 m 以上，弯道可达 1000 m 以上。

第三节　LED 组合式色灯信号机认知

简单地讲，LED(light emitting diode，发光二极管)组合式色灯信号机就是利用发光二极管作为光源的色灯信号机。它的基本结构是一块电致发光的半导体材料，将此材料置于一个有引线的架子上，然后四周用环氧树脂密封以保护内部芯线。

LED 组合式色灯信号机的机构由铝合金材料构成，质量轻，便于施工安装，信号点灯单元由 LED 构成，使用寿命长，免维护。LED 色灯控制系统能很好地与现有点灯控制电路兼容，且在 LED 驱动电路与二极管供电方式等技术上的设计也都取得了突破性进展，可通过监测控制系统的电流达到监督信号显示系统工作状态的目的，从而实现对异常情况的预警，且有助于准确判断故障点，便于及时处理故障。LED 信号显示系统作为一种节能、免维护的新型光源在城市轨道交通信号系统中得到了广泛运用。

一、传统色灯信号机与 LED 组合式色灯信号机的优缺点

LED 组合式色灯信号机与传统的色灯信号机相比有明显的优点，它采用轻便、耐腐蚀的单灯铝合金机构，组合灵活，安装简单，安全可靠，且显示距离远（超过 1.5 km）又清晰可辨，不存在主副灯丝断丝造成信号机突然灭灯的故障情况，因为 LED 发光盘是由多个发光二极管（一个发光二极管简称一个光珠）组合而成的，所以不可能出现所有发光二极管同时故障的可能。通过监测点灯电流变化就能知道发光盘灯珠的损坏情况，当发光二极管的损坏数量达到一定数量时会引起点灯电流大小的变化，一旦电流的改变触及监测的门限值就给出报警，从而能及时更换发光盘。

1. 传统色灯信号机的缺点

传统的色灯信号机以白炽灯泡为光源，与新型的 LED 组合式色灯信号机相比，其缺点主要表现在如下几点：

（1）可靠性差，寿命短，易断丝，工效低。

（2）需要承受 10 倍于额定电流的冲击电流。

（3）色片对光强造成一定程度的衰减，导致光色不纯。

（4）灯泡发光效率低。

（5）灯泡寿命不足 1000 h，适应速度达不到需要的 100 000 μs。

（6）耐震动性差，易折断。

（7）维修工作量大。

2. LED 组合式色灯信号机的优点

LED 组合式色灯信号机的光源为 LED 发光盘，取代了传统的双丝信号灯泡和透镜组，从而彻底消除了灯丝断丝这一多发性的信号故障，结束了普通信号机需定期更换信号灯泡的维修方式，减少了维修工作量。LED 组合式色灯信号机更适于正线安装。

实践证明，LED 组合式色灯信号机具有以下的优点。

1）可靠性高

发光盘是用上百只发光二极管和数十条电路并联工作的，在使用中即使个别发光二极管或支路发生故障也不会影响信号的正常显示，提高了信号的可靠性。

2）寿命长

传统灯丝灯泡的主丝寿命为 1000 h，副丝为 200 h，而发光二极管的寿命为 10^5 h，是灯泡的 100 倍，改用发光盘后可以免除经常更换灯泡的麻烦，且有利于实现免维修，降低了运营成本。

3）节省能源

传统信号灯耗电为 25 W，而单灯 LED 光源的功率小于 8 W，发光盘的耗电量还不到传统 25 W 信号灯泡的三分之一。

4）聚焦稳定

发光盘的聚焦状态在产品设计与生产中已经调好，并能始终保持良好的聚焦状态，现场不需要调整，给安装和使用带来了方便。

5）光度性好

发光盘除有轴向主光束外，还有多条副光束，有利于加强主光束散角之外的近光显示效果。

6）无冲击电流

点灯时没有类似信号灯泡冷丝状态的冲击电流，有利于延长供电装置的使用寿命，并减少对环境的污染。

3. LED 组合式色灯信号机需要解决的问题

LED 组合式色灯信号机的优点尽管是主要的，但它也存在一些不足，因此使用的产品必须克服这些问题。LED 组合式色灯信号机需要解决的问题主要有以下几方面。

1）色彩还原能力差

过去的 LED 平均显色指数（CRI）较低，因此在 LED 照射下显示的颜色没有白炽灯真实，容易造成视觉的误差和判断失误，这要从光谱分布上来分析，属于技术问题。但近年来随着荧光粉、LED 使用材料技术的提升，CRI 已经逐渐拉高到了 90 的水准。

2）单个 LED 功率低

由于单个 LED 功率低，LED 光源亮度值不是很高，因此为了提高亮度就需要多个 LED 并联使用。

3）光照距离短

虽然采用多 LED 的方法能提高光源亮度，但是并不能增大光照距离，因为 LED 发出的光线发散，即使聚光调节良好，其照明距离在过去的技术水准下也仅仅只有几十米，LED 光源适用于近距离的照明，并不适合远距离的探照性活动。若要用于远距离照明，需要通过其他技术手段解决。

4）易出现"黄圈"问题

白光 LED 本身制造工艺上的缺陷加上与反射杯或透镜的配合误差，容易造成"黄圈"问题，主要表现在光斑周围出现黄圈，不易消除。白光 LED 颜色偏差还有色斑、颜色偏蓝或偏红等现象。近年来，业界使用混合荧光粉能够获得理想的白光 LED，并能提高显色指数。比如，采用蓝色 LED 激发 YAG 荧光粉与绿色（或红色）荧光粉的混合物可得到白光。如果蓝色 LED＋YAG 荧光粉获得的白光 LED 偏红或有黄圈，可以加入波长为 $500\sim530$ nm 以稀土元素做成的绿色荧光粉，便可补偿多余的黄光，使 LED 的颜色向绿光区域靠近，从而达到消除黄圈的目的。假设蓝色 LED＋YAG 荧光粉产生的 LED 的颜色偏蓝，便加入不含硫化物的红色荧光粉调整。这些方法可以调整 LED 的色坐标和色温，并不会影响到 LED 的寿命。

5）散热问题

LED 产品的另一项问题就是散热，如果不能够有效散热，产品的使用寿命就会缩短。业界正努力开发更多有效的高散热系数材质来应用于 LED 领域。

二、LED 信号机机构及光源

LED 组合式色灯信号机的机构主要由变压整流器（总称点灯装置）、超高亮度发光二极管矩阵（发光盘）、光学透镜与固定框架等组成。目前使用的 LED 组合式色灯信号机有多种类型，主要有 XSL 型、XLL 型、XSLE 型、XSZ（G、A）型与 XLG（A、Y）型等。现以 XSL 型 LED 铁路色灯信号机为例进行介绍。

1. 铝合金信号机构

LED 信号机铝合金的机构与透镜式色灯信号机的机构大小相同，分为高柱机构和矮型机构两种。每种机构又分别包括二灯位机构、三灯位机构两种类型，根据使用需要，还有专门的复示信号机铝合金机构、灯列式进站复示信号机铝合金机构、引导信号机构等。高柱信号机构由背板总成、箱体总成、遮檐和悬挂装置四部分组成；矮型信号机构的安装方法与透镜式信号机构相同，即厂家已按二灯位（或三灯位）组装成一个整体。

2. LED 发光盘

LED 发光盘是 LED 信号机的信号光源。LED 发光盘主要由报警单元、防雷电路、电压调整装置等构成。

发光盘分为高柱发光盘、矮柱发光盘和表示器发光盘三种，分别适用于高柱透镜式色灯信号机构、矮型透镜式色灯信号机构、引导信号机构、矮型复示信号机构和发车线路表示器机构等。

LED信号机发光盘型号有多种，但总的原理大同小异。

1）发光二极管发光原理

发光二极管的核心部分是由P型半导体和N型半导体结合组成的晶片，在P型半导体和N型半导体之间有一个过渡层，称为PN结。在某些半导体材料的PN结中，注入有少数载流子与多数载流子，在两种载流子复合的过程中会把多余的能量以光的形式释放出来，从而把电能直接转换成了光能。

当发光二极管两端加上正向电压时，电流从LED阳极流向阴极，半导体晶体就发出从紫外线到红外线之间不同颜色的光线，光的强弱与电流有关；当PN结加反向电压时，少数载流子难以注入，故不发光。这种利用注入式电致发光原理制作的二极管叫作发光二极管，通称LED。

2）PFL-1型发光盘

PFL-1型LED发光盘的额定电压为DC 12 V，与FDZ型发光盘专用点灯单元（可直接输出12 V直流电压）配合使用。发光盘的型号由汉语拼音字母和罗马数字组成，具体如下：

```
P  F  L  G - H - 1
                  └── 12 V PDZ型发光盘专用信号点灯装置直流稳压供电
               └───── H红色，U黄色，L绿色，A蓝色，B月白色
         └────────── G高柱，A矮型，B表示器
      └───────────── LED
   └──────────────── 发光盘
```

3）发光盘的结构

发光盘为圆形盘状结构，由103个LED串并混联配置组成，个别支路发生故障时不影响信号机的发光，其结构外形如图3-8所示。发光盘前罩上有鉴别销，用于确认该灯位的颜色，只有当发光盘的灯光颜色与该灯位灯箱玻璃卡圈上的鉴别销相吻合的才能顺利安装，否则无法安装。

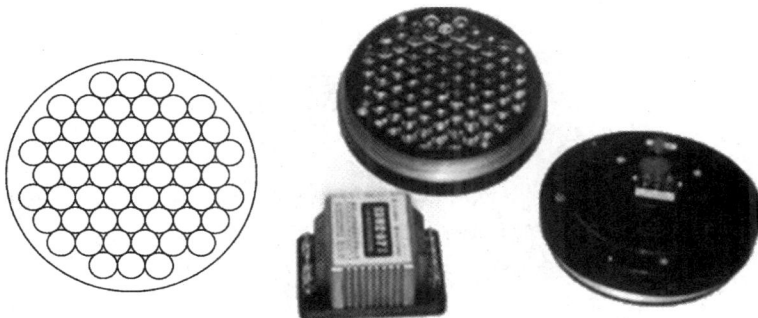

图3-8　LED发光盘的结构外形图

为满足曲线轨道的信号显示，可根据现场实际需要在发光盘灯罩前叠加安装偏散镜片（偏散镜片安装在需要偏散的高柱发光盘的前面），它有10°、15°、20°三种偏散角镜片可选。

3. 报警单元

LED组合式色灯信号机报警单元的功能是当发光盘LED的损坏数量超过总数的30%

时，以及主、备电源有一路发生故障时形成报警条件发出报警信息。有些类型的 LED 信号机发光盘本身就集成了报警功能，而有些类型的 LED 组合式色灯信号机还专门设置了独立的报警单元。

4. 点灯装置

LED 组合式色灯信号机的点灯装置为发光盘提供电源。大多数发光盘需要通过点灯装置将现有信号电源转换成 12 V 直流电以驱动发光盘。有些类型的发光盘如 XSL 型，可以与现有信号灯变压器直接配合使用。

三、LED 组合式色灯信号机的技术标准要求

使用 LED 组合式色灯信号机时必须满足的技术标准或要求如下：

（1）使用 LED 信号机构后，不能改变现有信号点灯电路和相关电路。

（2）发光盘中发光二极管的损坏数量达到 30% 时，不能影响信号显示的规定距离要求，并能及时提供报警信息。

（3）遇强光、雷电、电磁干扰等情况时，不应导致信号错误显示和发光盘损坏；因发光盘及点灯电路短路或点灯装置损坏等情况造成信号机灭灯时，应确保灯丝继电器可靠落下。

（4）机构各灯室之间不能串光，机构的门盖开启灵活。

（5）灯光颜色在寿命周期内符合 TB/T2081《铁路灯光信号颜色》的相关规定。

（6）高柱信号机机构的发光面符合直径为 180 mm、灯间距为 300 mm 的要求，矮型信号机机构的发光面符合直径为 125 mm、灯间距为 215 mm 的要求。

（7）高柱信号机机构安装后，应能在左右各 90°及前俯 5°的范围内任意调整；矮型信号机机构的仰角应为 3°~5°。

（8）额定电压为 DC 12V，额定电流为 DC 700 mA。

（9）应发光盘驱动条件的要求，要选用与发光盘相配套的专用信号点灯装置。

（10）机构光轴方向的发光强度应不低于规定发光强度数据的 90%。

问 题 思 考

1. 轨道交通的信号机通常采用色灯信号机，色灯信号机按照显示方式和结构的不同分为哪三种类型？并简要说出三者的主要区别点在哪里。

2. 双灯丝双螺旋直丝的铁路信号专用灯泡的额定电压及功率是多少？其主副灯丝的位置怎样？为什么？

3. 说说与直丝信号灯泡配套的定焦盘式灯座上的接线端子的位置与分工。

4. 传统的色灯信号机以白炽灯泡为光源，与新型的 LED 信号机相比，其缺点主要表现在哪些方面？

5. LED 信号机的光源来自哪里？为什么说 LED 信号机不存在主副灯丝转换问题？

第四章　信号机点灯电路电气设备及其原理

色灯信号机设备除机械的信号机机构外，其控制灯光显示的电路电气设备主要有两类：一是由信号联锁系统所控制的信号继电器，这些信号继电器的接点状态条件决定了信号机点亮什么灯位；二是负责点灯时的可靠性控制和故障-安全性保障措施的器件。

这里介绍的信号机点灯电路电气设备主要是机构中控制点灯的信号变压器、灯丝转换继电器，以及集两者功能于一体的信号点灯单元。

第一节　信号点灯变压器和灯丝转换继电器

点灯变压器和灯丝转换继电器是信号机点灯电路中的主要电气装置之一，信号机的一个灯位对应一组变压器和灯丝转换继电器，高柱信号机集中放置在信号机箱盒内，矮型信号机直接放置在信号机构的内部。

图 4-1 所示为高柱色灯信号机点灯变压器及灯丝转换继电器实物。图 4-2 所示为矮型色灯信号机（机构内部）点灯变压器和灯丝转换继电器实物。

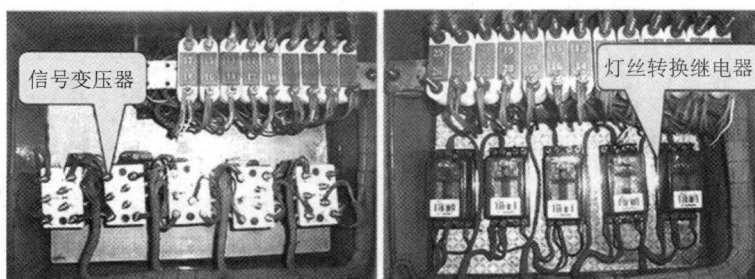

图 4-1　高柱色灯信号机点灯变压器及灯丝转换继电器实物图

一、信号点灯变压器

信号点灯变压器用于色灯信号机的点灯电路中，它将交流 220 V 电压降为 12 V 用于点亮灯泡。目前使用的信号变压器主要有 BX-40、BX-30、BX1-30、BX1-34、BX1-40 等型号。为满足技术发展的需要，在保留 BX1-34 型信号变压器的基础上，又增加了 BYD-60 型远程信号变压器、BXQ-80 型区间信号变压器等。

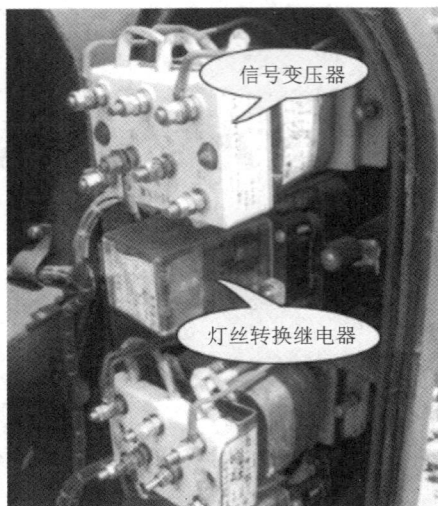

图 4 - 2 矮型色灯信号机(机构内部)点灯变压器和灯丝转换继电器实物图

各型号的信号变压器的结构基本相同,不同的是容量大小及二次侧输出端子数量的多少,即可调整输出的电压量不同。如 BX1-34 型信号变压器的容量为 34 V·A,二次侧输出端子有 4 个(有的新产品也有 5 个输出端子的);BYD-60 型远程点灯信号变压器的容量为60 V·A,二次侧输出端子有 8 个和 10 个两种。

下面主要以 BX1-34 型和 BYD-60 型点灯变压器为例,就其结构、使用等作简单介绍。

1. BX1-34 信号点灯变压器

图 4 - 3 所示为 BX1-40 型信号变压器(两种封装形式)的实物(二次侧输出为 5 端子)。图 4 - 4 所示是 BX1-34 型信号变压器的结构,图 4 - 5 所示是其接线端子分布图。

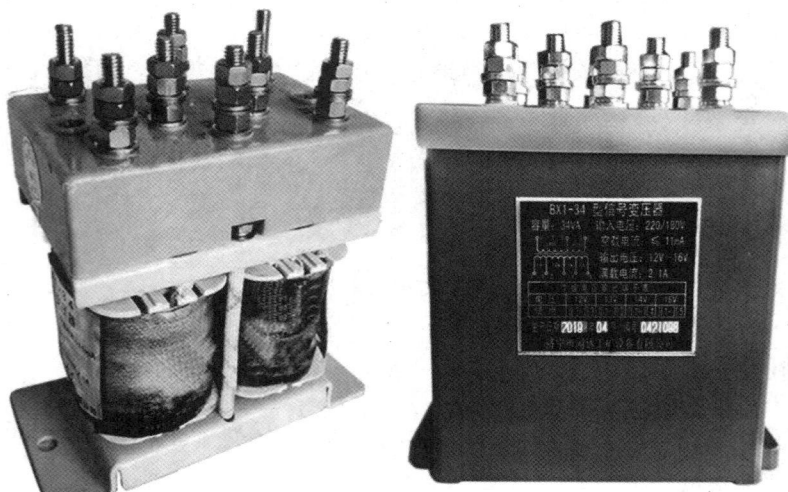

图 4 - 3　BX1-40 型信号变压器(两种封装形式)的实物图

图 4 - 4　BX1-34 型信号变压器结构图

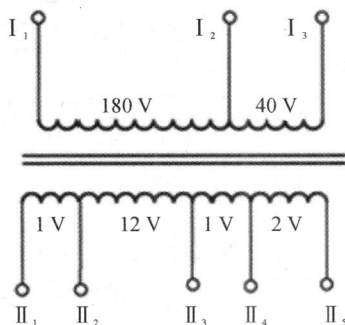

图 4 - 5　BX1-34 型信号变压器接线端子分布图

BX1-34 型信号变压器一次线圈的额定电压交流为 180 V（I_1－I_2）或 220 V（I_1－I_3），二次侧输出电压有 12 V、13 V、14 V、16 V 四个挡。老式的 BX1-34 型信号变压器的二次侧是4 个端子输出（没有II_2端子），可输出 13 V、14 V、16 V 三挡电压。

BX1-40 型信号变压器二次侧有 5 个输出端子，通过调整可输出的电压范围是 10~16 V，共七个调节挡（通过封连相关端子调整）。其变压器线圈结构与引出端子分配情况如图 4 - 6 所示。

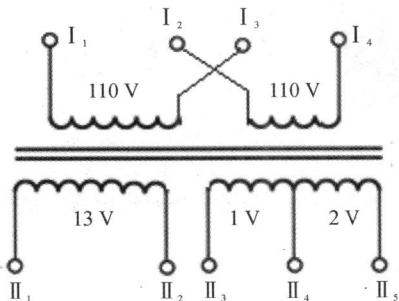

图 4 - 6　BX1-40 型信号变压器线圈结构与引出端子分配图

具体使用信号变压时对输出电压的调整，可对照变压器标签中给出的电压调整表进行连接。

2. BYD-60 型远程信号点灯变压器

BYD-60 型远程信号点灯变压器早期主要用于自动闭塞区间，为远程信号机的信号灯提供电源，通常和室内 BGY-60 型远程隔离变压器配套使用。BYD-60 型变压器实物及线圈结构和引出端子分配如图 4 - 7 所示。对应的 BYD-(R)60 型远程信号点灯变压器采用封闭式盒式结构，使用更安全，免于维护，其变压器采用 R 型无气隙铁芯，空载电流低，电压稳定。

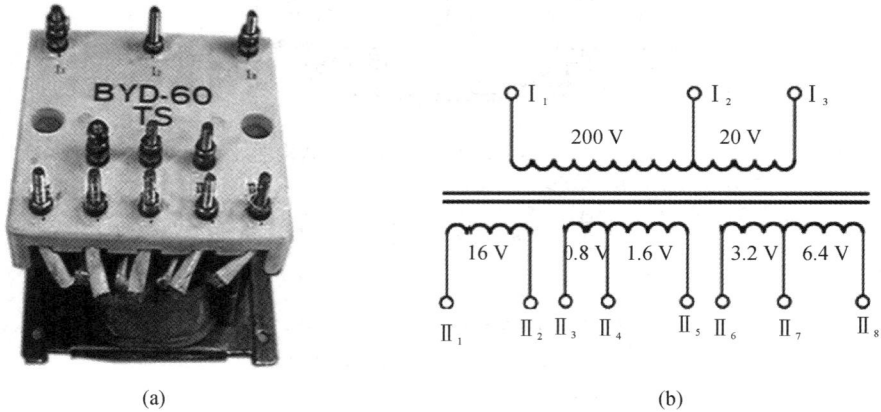

(a) (b)

图 4 - 7 BYD-60 型变压器实物及线圈结构和引出端子分配图

BYD-60 型远程信号点灯变压器额定电压，初级交流为 200～220 V，输出电压可在 0.8 V 上、下调整，调整范围为 11.2～28 V。

图 4 - 8 所示为 BXQ-80 型信号变压器实物及线圈结构和引出端子分配。

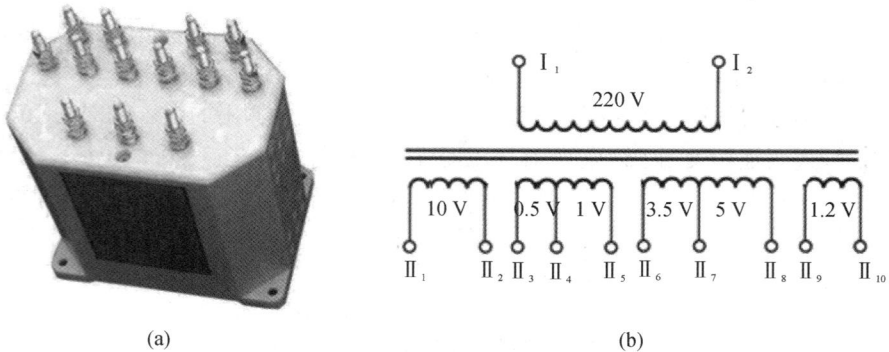

(a) (b)

图 4 - 8 BXQ-80 型信号变压器实物及线圈结构和引出端子分配图

二、信号灯丝转换继电器

在信号机点灯电路中交流灯丝转换继电器的作用是当 12 V/25 W 双灯丝信号灯泡的主灯丝断丝时，能用其一组后接点点亮副丝，以保证信号不间断显示，同时用其另一组后接点接通报警电路。

交流灯丝转换继电器常用的型号是 JZCJ，另外还有 JZSJC（JZSJC1 和 JZSJC2）型等。表 4-1 所示为常见的几种交流灯丝转换继电器主要电气参数。

表 4-1　几种交流灯丝转换继电器主要电气参数列表

型号	接点组数	电气特性/A			转换时间（不大于）/s	备注
		额定值	释放值（不大于）	工作值（不大于）		
JZCJ	2QH		AC 0.35	AC 1.5		与 BX1-30 配合工作值不大于 150 V
JZSJC-0.16	4QH					
JZSC						线圈压降不大于 1.5 V
JZSC1	2QH	AC 2.1	AC 0.35	AC 1.5	0.1	
JZSC2						

1. JZCJ 交流型灯丝转换继电器

JZCJ 交流型灯丝转换继电器很早就用于信号点灯电路中，当主灯丝断丝后能实现自动转换到副灯丝点亮。JZCJ 交流型灯丝转换继电器通常与 BX1-34 型信号变压器配合使用。此灯丝转换继电器属于弹力型非插入式继电器，主要由电磁系统、动接点单元、静接点单元、底座、外罩等部分组成。

图 4-9 所示为 JZCJ 型灯丝转换继电器实物及外接端子分配。JZCJ 型灯丝转换继电器有两组接点，第一组接点一般用于点亮副灯丝电路，另一组接点可作为信号机主灯丝报警条件去使用。

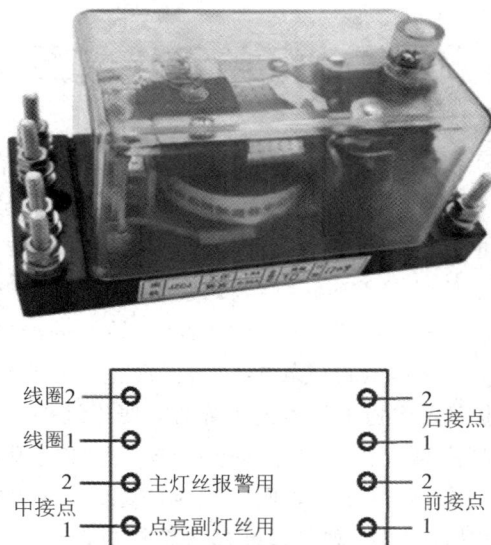

图 4-9　JZCJ 型灯丝转换继电器实物及外接端子分配图

2. JZSJC 型交流灯丝转换继电器

JZSJC 型交流灯丝转换继电器产品的主要特点如下：

（1）继电器为插入式弹力继电器，继电器额定电流为交流 2.1 A。

（2）接点系统由两组动合、动断转换接点组成。

（3）继电器具有直立和侧放两种工作位置。

（4）继电器与插座插合后，用其自带的 2 个不脱落螺钉紧固。

图 4-10 所示为 JZSJC 型交流灯丝转换继电器实物，其两组接点的作用和使用方式与 JZCJ 型交流灯丝转换继电器相同。

(a)　　　　　　　　　　　　　　(b)

图 4-10　JZSJC 型交流灯丝转换继电器实物图

第二节　信号点灯单元结构原理与使用

随着技术的发展，信号系统中使用的设备也在不断更新。就信号机而言，一方面传统灯泡式色灯信号机逐渐被 LED 信号机取代；另一方面，原分立的点灯变压器和灯丝转换继电器也被多功能信号点灯单元装置所替代。

信号点灯单元装置是集信号变压器和灯丝转换功能于一体的电气设备，简称点灯单元或点灯装置，它主要是将原来独立设置的用于主副灯丝转换的继电器内置在具备变压功能的单元器件中，即将点灯电源变压与灯丝转换一体化设置，可使信号机室外点灯电路配线简单化，方便施工，同时也大大增强了设备的可靠性，便于维护。

点灯装置通常采用新型高集成化开关稳压电源作为点灯电源（通常增设防浪涌的保护功能，具有软启动性能，当主灯丝或副灯丝刚点亮时，使冷丝冲击电流限制在 6 A 以下，可大大延长灯丝的寿命），同时具有主、副灯丝断丝告警接口，不论主灯丝或副灯丝断丝时都能及时告警。

图 4-11 和图 4-12 所示分别为信号点灯单元用于高柱和矮型信号机时的安装位置实物。

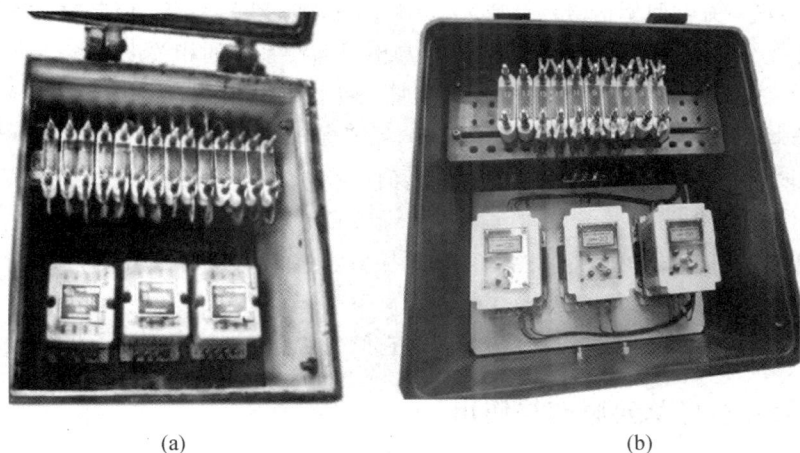

(a)　　　　　　　　　　　　　　　　　　　(b)

图 4 - 11　信号点灯单元用于高柱信号机时的安装位置实物图

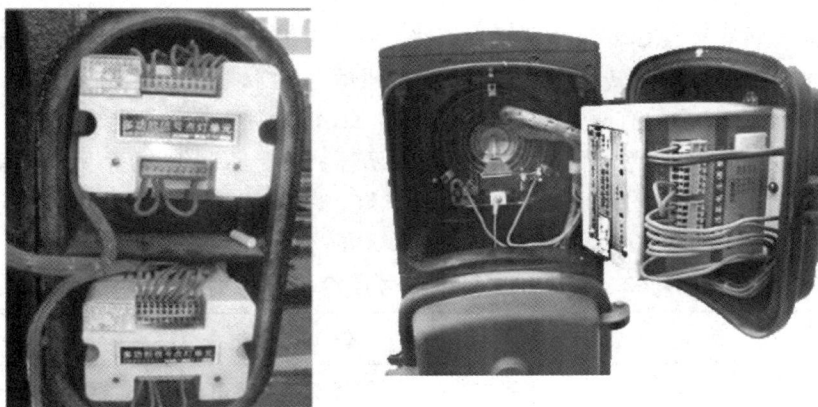

图 4 - 12　信号点灯单元用于矮型信号机时的安装位置实物图

　　信号点灯单元由于生产厂家众多，加之新技术的应用，特别是 LED 信号机的兴起，为适应 LED 发光盘的特殊要求，产品一直都在不断的升级改型之中，因此应用中的点灯单元型号也多种多样。当然，尽管型号众多，但同种功能的设备其工作原理总体相同。

　　就点灯单元的功能而言可分为以下三大类：

　　（1）可简单视作"点灯变压"和"灯丝转换"两功能的组合式点灯单元，简称"普通型信号点灯单元"。它可以利用灯丝转换继电器的接点状态信息提供故障报警条件，但无法提供具体的灯位信息，如 XDZD 型、EXA-50 型、DDX1-34 型等。

　　（2）在具备"普通型信号点灯单元"功能的基础上，在单元内部又增加了单片微机，当点灯故障时能采用数字发码的方式向监测系统送出定位信息，监测系统通过译码能知道故障的信号机及其具体灯位。这类点灯单元可简称为"智能型信号点灯单元"，如 DDX1-4/5 型、XDJF 型、DZD 型等。

　　（3）在具备"普通型信号点灯单元"功能的基础上，除变压外又增加了整流电路，使之能直接提供稳定可靠的 12 V 电压的直流电源，因此它非常方便 LED 信号机的选用。这类点灯单元可简称为"直流电源型信号点灯单元",如 XDZ 型、FDZ 型等。但是这类直流电源型点灯单元通常自身不具备定位报警功能,它需要与信号监测系统的相关设备配合使用来实现。

对 LED 发光盘发光管损坏情况的实时监督,有些点灯单元自身具备故障报警的功能,但有些不具备此功能,不具备此功能的点灯单元必须选择具有此功能的 LED 发光盘配套使用。所以,LED 信号机在选用点灯单元类型时,必须结合 LED 发光盘的需要来选择。

注:输出交流电压的信号点灯单元也可用于 LED 信号机,只是这类 LED 发光盘上必须设有整流电路及灯光故障报警功能电路。同样输出直流电压的信号点灯单元可以用于双丝灯泡的信号机,即新型的点灯单元对灯泡是向下兼容的。

下面就上述三类点灯单元,分别举例讲述它们的工作原理及使用方法。

一、普通型信号点灯单元原理与使用

这里介绍 XDZD 型、BXA-50 型、DDX1-34 型三种点灯单元的电路原理与使用方法。

(一)XDZD 型点灯转换单元

XDZD 型系列信号点灯单元是专门为铁路色灯信号机研制的,用于信号的点灯电路中以取代原信号变压器与灯丝转换继电器,它是集供电、主副灯丝转换、断丝报警等功能于一体的装置。目前使用最多的有两大系列产品:一是 XDZD-40 II 型,其额定容量为 40 V·A,主要适用于站内或短距离的色灯信号机或信号表示器;二是 XDZD-60 II 型,其额定容量为 60 V·A,能满足 18 km 远距离色灯信号机构点灯,以及自动闭塞区段信号显示双灯灯丝断丝故障报警的要求。XDZD 型系列信号点灯单元的类型如表 4-2 所示。

表 4-2　XDZD 型系列信号点灯单元的类型列表

型　号	使 用 条 件
XDZD2-40 II	主要在站内或近距离条件下使用,两组报警接点
XDZD2-60 II	可满足距离远的信号机点灯使用,两组报警接点
XDZD3-40 I	主要在站内或近距离条件下使用,一组报警接点
XDZD3-60 I	可满足距离远的信号机点灯使用,一组报警接点
XDZD4-40	无报警接点,主要用于调车信号机

XDZD 型系列信号点灯单元的型号含义如下:

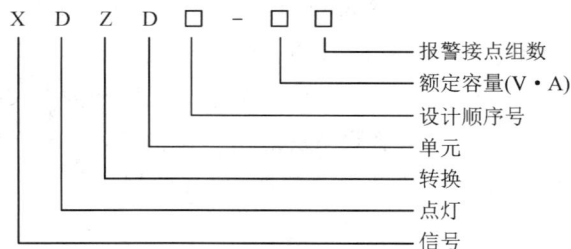

XDZD 型系列的信号点灯单元工作原理相同,下面以 XDZD2-40Ⅱ为例对它们的结构及基本原理作介绍。

1. XDZD2-40Ⅱ点灯单元结构

图 4-13 所示为 XDZD2-40Ⅱ型点灯单元实物。XDZD 型系列信号点灯单元采用一体化盒式封闭结构,实现了点灯与灯丝转换的一体化。其体积小,质量轻,配线简单,施工方便,免于维护。

图 4-14 所示为 XDZD2-40Ⅱ(60Ⅱ)型点灯单元外接端子的分配。其中"Ⅰ₁、Ⅰ₂、Ⅰ₃"端子为点电源输入端(Ⅰ₁-Ⅰ₂:AC 180 V;Ⅰ₁-Ⅰ₃:AC 20 V),"Ⅱ₁-Ⅱ₈"为点灯电压调整端子(有的 XDZD2-40Ⅱ的电压调整端子只设"Ⅱ₁~Ⅱ₅");"副、共、主"作为点灯电源分别对应地接入双丝灯泡。

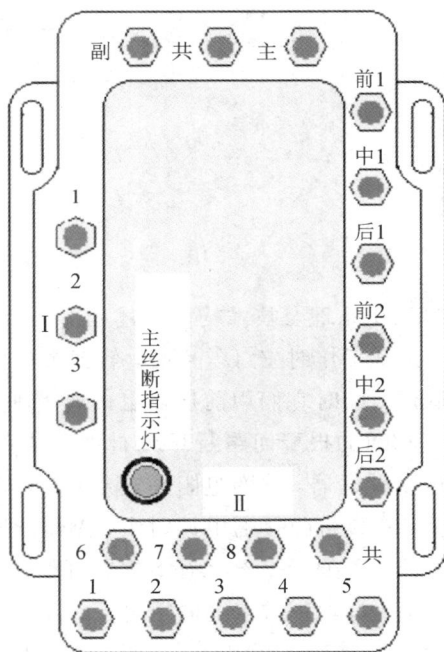

图 4-13 XDZD2-40Ⅱ型点灯单元实物图   图 4-14 XDZD2-40Ⅱ(60Ⅱ)型点灯单元外接端子的分配图

Ⅱ型提供了(1、2)两组灯丝报警继电器接点条件,共有 6 个引出端子,分别是"前 1、中 1、后 1"和"前 2、中 2、后 2"。

XDZD2-40Ⅱ型信号点灯转换单元的容量为 40 W,一次线圈额定电压为 AC 220 V(空载电流≤AC 11 mA);二次线圈电压 AC 10~16 V 有 7 挡电压可调,每挡 1 V。当此类单元的二次线圈引出端子只有"1、2、3、4、5"(没有"6、7、8"端子)时,输出电压可实现"12 V、13 V、14 V、16 V"的 4 挡可调。

XDZD2-60Ⅱ型信号点灯转换单元的容量为 60 W,一次线圈额定电压为 AC 220 V(空载电流≤AC 8 mA);二次线圈电压 AC 11.2~28 V 共有 22 挡电压可调,每挡 0.8 V(二次电流 AC 2.5 A)。具体的电压调整方法对照其上的"电压调整表"铭牌操作即可,这里不再给出调整表。

2. XDZD2-40Ⅱ型点灯单元电路工作原理

XDZD2-40Ⅱ型点灯单元的电路如图 4 - 15 所示(此图是单报警接点电路,双报警的单元电路中增设 J4)。电路主要由供电变压器 B、2 个电流互感器 B_1、B_2 和 3 只继电器 J_1、J_2、J_3 及电感线圈 L 组成。

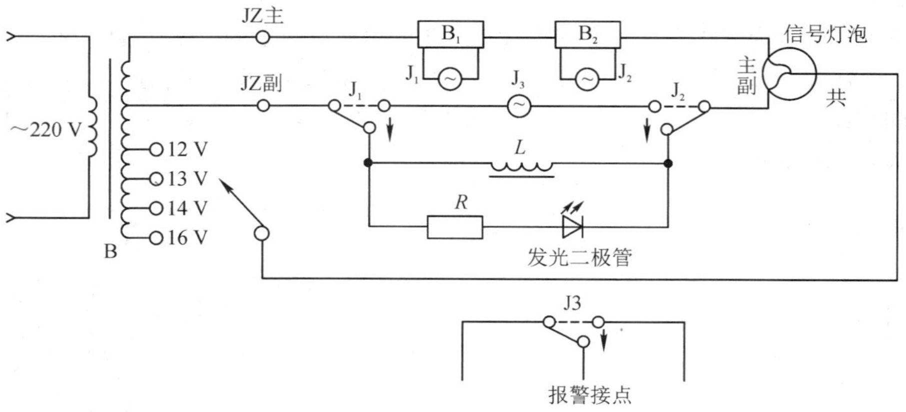

图 4 - 15 XDZD2-40Ⅱ型点灯单元的电路

电路工作原理及技术构成简述如下:

(1) 正常工作时主灯丝点亮,转换继电器 J_1、J_2 分别通过电流互感器 B_1、B_2 获得工作电压而吸起,同时它们用前接点也接通了副灯丝回路(J_3 报警继电器也保持在吸起状态,由 J_3 后接点沟通的报警回路断开)。此时,尽管副灯丝回路也在导通状态,但由于 J_3 报警继电器是电压型继电器,线圈电阻高,流过副灯丝的电流很小几乎不发光。

另外,在该灯位接通电源时主、副灯丝同时被加电,但因电感线圈 L 对电流的抑制作用,从而避免了处于冷丝状态下的副灯丝受电流冲击而发生断丝的可能。

(2) 在主灯丝正常点亮的情况下,若主灯丝出现断丝故障,则 J_1、J_2 继电器因掉电会快速释放而落下使后接点闭合,从而接通副灯丝回路,点亮副灯丝(副灯丝电路接通过程中,同样因电感 L 的作用避免了电流冲击)。同时,J_3 报警继电器也掉电复原落下,从而给出主灯丝断丝报警条件,及时接通报警回路。

另外,该电路还设置了主灯丝断丝报警指示灯,在出现主灯丝断丝点亮副灯丝时,发光二极管点亮给出灯光指示。

(3) 主、副灯丝转换是由 J_1 和 J_2 的 2 组后接点一起切换实现的,而 J_1、J_2 在同一时间发生同样的故障(不吸起)几乎是不可能的,因此防止了主副灯丝同时点灯的可能性,确保在发生一处故障时不会出现点双丝的错误,使电路具有故障—安全性。

(4) 未改进的传统产品因电路结构不尽合理(没有增设电感线圈 L),一直存在"V 副" > "V 主"的问题,一旦主灯丝断丝转换到副灯丝,就会使本已受主灯丝长期高温烘烤老化的副灯丝出现因冲击电流的作用导致的迅速烧断的可能,从而导致信号"灭灯"故障。改进的电路设计中,借助电感线圈 L 的降压作用,电源输入时"JZ 副"略低于"JZ 主"。

3. XDZD2-40Ⅱ（60Ⅱ）型点灯单元报警接点的使用

这里对点灯单元的报警条件与报警系统的连接作简单讲述，详细的知识可参看信号微机监测系统的相关教材。在信号机报警电路中，电路构成分为两种情况：一是只点单灯的信号机；另一种是可以点亮双灯的信号机，如进站信号机在开放引导信号时就要点亮红灯和白灯。

1）点单灯的信号机

XDZD2-40Ⅱ（60Ⅱ）型点灯单元提供了 2 组报警接点，但对于点单灯的信号机，其报警只使用第 1 组。图 4－16 所示为出站信号机的灯丝报警接点连接电路。常态下红灯正常点亮时 HJ3 吸起（对照图 4－15 理解），灯丝报警电路断开；当红灯主灯丝断丝故障时，HJ3落下，从而接通报警电路。

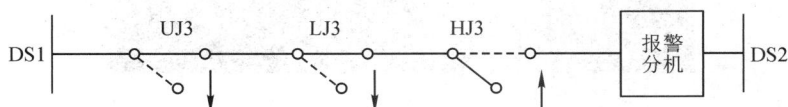

图 4－16　出站信号机的灯丝报警接点连接电路图

2）可以点亮双灯的信号机

设有 2 组报警接点的 XDZD-60Ⅱ型点灯单元能很好地用于远程信号机的点灯电路，可满足自动闭塞区段的三灯位四显示信号机的需要，即能满足在点亮双灯（如 L、U 灯）时的断丝报警要求。

在点亮双灯时（如区间的 LU 灯信号），为达到定位报警的目的，需要同时使用 2 组报警接点（报警接点连接电路如图 4－17 所示，电路中各继电器的状态是 LU 灯正常点亮主灯丝时的状态）。这里的 J_3 是监测报警继电器，只要主、副灯丝任意一个发生断丝故障，均复原落下，它相当于灯丝转换继电器；J_3 串接在副灯丝点灯电路中，当副灯丝点亮时吸起（用其前接点接通报警电路）。

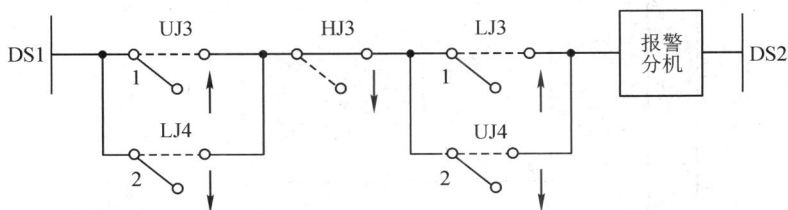

图 4－17　可以点亮双灯的信号机报警接点连接电路图

信号机在正常点亮 LU 灯的过程中，假设黄灯发生主灯丝断丝，则 UJ3 释放落下（后接点闭合），同时 UJ4 吸起（前接点闭合），于是报警电路接通。同样，如果绿灯出现主灯丝断丝，则 LJ3 落下，LJ4 吸起，同样接通了报警电路。

（二）BXA-50 型信号点灯单元

BXA-50 型点灯单元是宁波鸿钢铁路信号设备厂生产的点灯单元，主要与其 LED 系列点灯装置配合使用。与其配合使用的 LED 发光盘采用高亮度发光二极管分组串联、并联连接设置,其内置整流、三端稳压电源、抗干扰、智能报警系统等电路,目前主要应用在城市轨道交通的信号机点灯电路中。

图 4-18 所示为 BXA-50 型点灯装置实物。

图 4-18　BXA-50 型点灯装置实物图

1. 外接线端子的定义

图 4-19 所示为 BXA-50 型点灯单元的端子布置。底座上的接线端子按左右两侧分布,且都有对应功能的名称标注。顶面的盒盖下设置了用于输出电压调节的万可端子,调整用的 8 个端子平分两组(1、2、3、4 为一组,5、6、7、8 为另一组),分别与内部的变压器线圈抽头对应,使用封线短接相应接点即可调整出 10 种电压输出,能满足各种情况下的需要。

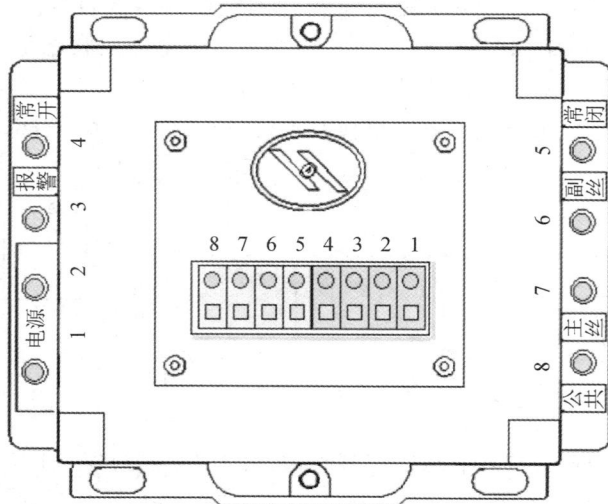

图 4-19　BXA-50 型点灯单元的端子布置示意图

底座上接线端子的功能分配如下:

(1)"1、2"电源端子,用于接入信号点灯电压(AC 220 V)。

(2)"3"报警中接点端子,与内部报警继电器的中接点相连。

（3）"4"报警常开接点端子，与内部报警继电器的前接点相连。

（4）"5"报警常闭接点端子，与内部报警继电器的后接点相连。

（5）"6"副灯丝端子，接信号灯泡的副灯丝端。

（6）"7"主灯丝端子，接信号灯泡的主灯丝端。

（7）"8"公共端子，接信号灯泡的公共端。

2. 输出电压的调整

BXA-50 型信号点灯单元可利用短路线封连相应电压调整端子，得到 10 种输出电压，具体的调整方法见表 4-3。

表 4-3　BXA-50 型信号点灯单元输出电压的调整表

输出电压/V	连接端子 1	连接端子 2	输出电压/V	连接端子 1	连接端子 2
11	8—1		16	8—3	
12	8—5	1—4	17	8—5	3—4
13	8—6	1—5	18	8—6	3—5
14	8—2		19	8—6	3—4
15	8—5	2—4	20	8—7	2—5

3. 点灯单元工作原理简述

BXA-50 型点灯单元基本原理如图 4-20 所示。其工作原理与其他类型的点灯单元相同。当主灯丝断丝时，DSZHJ（灯丝切换继电器）落下，用其后接点接通副灯丝电路，点亮副灯丝，同时通过报警常开接点接通报警电路。

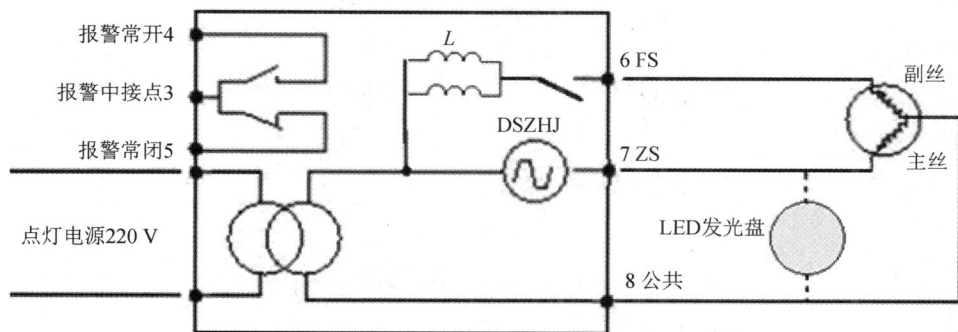

图 4-20　BXA-50 型点灯单元基本原理图

本点灯单元主要是配合鸿钢的 LED 发光盘使用，当使用 LED 发光盘时，点灯电源由"公共 8"和"主丝 7"端子供出。所使用的 LED 发光盘内部有整流电路及点灯电流检测单元电路，其中检测单元通过检测点灯电流的改变判断发光二极管的损坏情况，当损坏数量达到 25% 时可给出报警信息。

（三）DDX1-34 型信号点灯单元

DDX1 系列信号点灯单元（D 单元，D 点灯，X 信号）在铁路信号上使用得比较普遍。DDX1-34 信号点灯单元是具备点灯变压和灯丝转换功能的通用型点灯装置，是早期铁路信号机点灯电路的主要设备，其实物如图 4-21 所示。

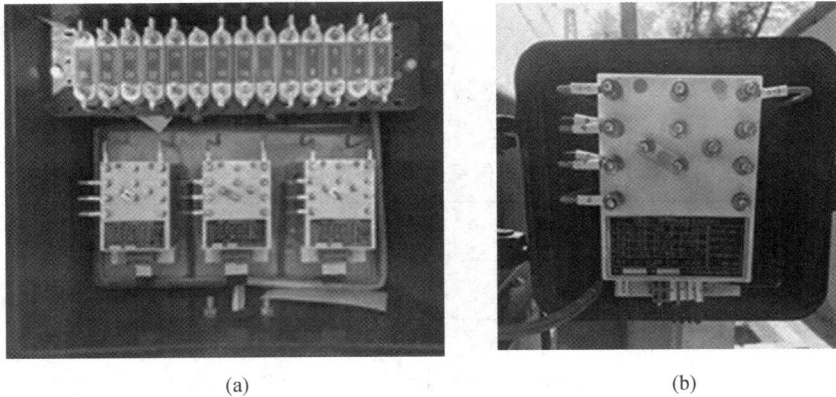

(a)　　　　　　　　　　　　　　(b)

图 4-21　DDX1 系列信号点灯单元实物图

1. DDX1-34 型点灯单元端子定义

DDX1-34 型点灯单元端子的排列如图 4-22 所示。

图 4-22　DDX1-34 型点灯单元端子的排列图

其中各端子的功用或分工如下：

（1）"I_1、（I_2）I_3"为一次线圈输入端（AC 180 V 或 220 V）。

（2）"II_1（G）、II_2、II_3、II_4"为二次线圈引出端子，"I_1（G）—II_2"为 13 V；"I_1（G）—II_3"为 14 V；"I_1（G）—II_4"为 16 V。

（3）"II_1（G）、F、Z"分别为用于连接信号灯泡的"公共、副灯丝、主灯丝"端子。

（4）"21、22、23"为不带定位功能的报警接点应用端子，它对应于灯丝转换继电器的"中接点、前接点、后接点"。

2. DDX1-34 型点灯单元电路原理

DDX1-34 型点灯单元电路主要由信号变压器和灯丝转换继电器组成。信号变压器采用防雷装置,灯丝转换继电器采用 JZSJC 型。图 4 - 23 所示为 DDX1-34 型点灯单元电路原理。

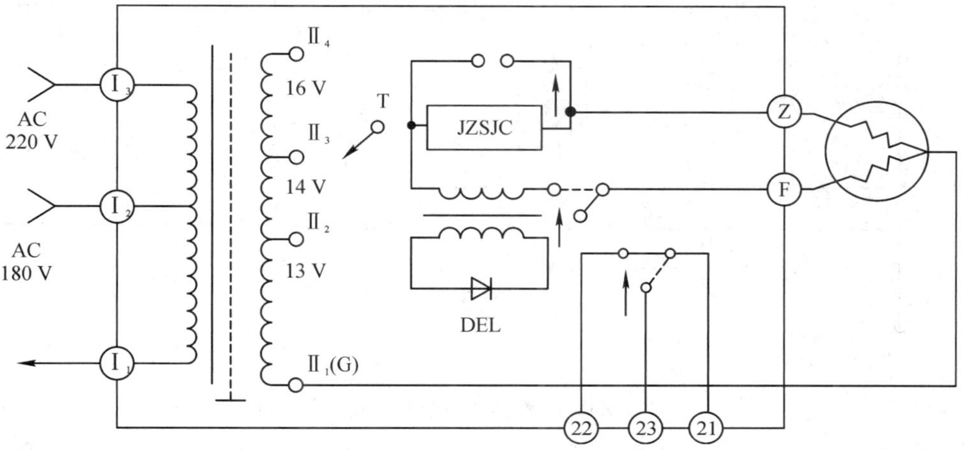

图 4 - 23 DDX1-34 型点灯单元电路原理图

当灯位正常点亮时,JZSJC 灯丝转换继电器通过主灯丝通路保持励磁状态,用其前接点切断副灯丝回路。若此时主灯丝断丝,则 JZSJC 灯丝转换继电器落下,用其后接点接通副灯丝回路,信号机点亮副灯丝,同时,可通过其第二组后接点提供断丝报警条件。

在设有信号微机监测的车站,由于 DDX1-34 型点灯单元没有故障定位功能,因此需要增设报警分机设备以实现故障定位。这时报警分机的故障定位是通过副灯丝端的电压情况来判别的,即需要从点灯单元的"G(共)"和"F(副)"端引出两线与报警分机相连。

3. DDX1-4/5 型信号点灯单元

DDX1-4/5 型信号点灯单元是 DDX1-34 型的改进型,它是集点灯变压、灯丝转换和断丝定位报警(增加采集分机装置实现)等多功能于一体的点灯单元,适用范围为 0~30 km,其中 DDX1-4 型信号点灯单元适用于调车信号机。新型点灯装置采用了分体插接式的结构设计,安装、维修非常方便。

其定位报警电路通过对灯丝电流的采样,依据电流变化情况动作 BJ(报警继电器),通过 BJ 接点状态的改变对外提供故障的灯位信息。灯位报警信息是由主灯丝采集装置通过发送位置编码实现的。

由于点灯单元一方面可利用灯丝转换继电器接点条件提供断丝报警,另一方面由 PB-1 主灯丝采集装置(分机)提供断丝定位,从而使得 DDX1-4/5 型信号点灯单元具有了双冗余断丝报警的功能。

1) DDX1-4 型信号点灯单元电路原理

图 4 - 24 所示为 DDX1-4 型信号点灯单元电路原理。在"PB-1 主灯丝采集分机装置"侧面有一个 8 位调节开关,其作用为调节分机的地址码,用于灯丝断丝的定位报警。点灯单

元的地址码由两位代码组成，拨码开关为 8 位，4 位为一组代表一位代码，可以组合成 16 种状态。

图 4-24 DDX1-4 型信号点灯单元电路原理框图

DDX1-4 型信号点灯单元的基本工作原理与 DDX1-34 型类同，只是增加了"PB-1 主灯丝采集分机装置"的功能单元，通过电流互感器对副灯丝电流的采样值控制 BJ 继电器动作，报警时通过"24，25"端子输出断丝位置信息码。

2）DDX1-4 型信号点灯单元外接端子定义

图 4-25 所示为 DDX1-4 型信号点灯单元实物和接线端子分布。接线端子的定义如表 4-4 所示。

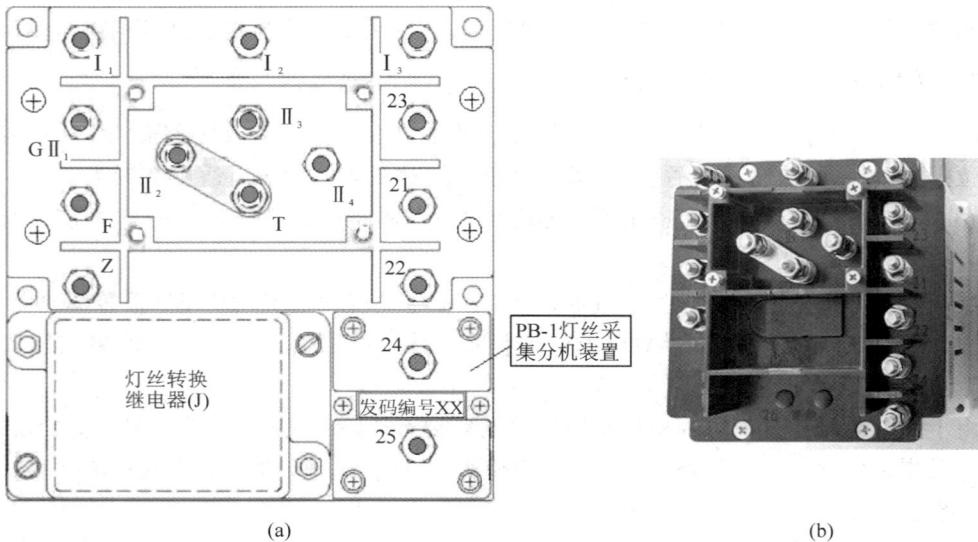

(a)   (b)

图 4-25 DDX1-4 型信号点灯单元实物和接线端子分布示意图

表 4 – 4　DDX1-4 型信号点灯单元接线端子定义

输入	$I_1 - I_2$	180 V		$I_1 - I_3$	220 V	
输出	$II_1 - II_2$	13 V	$II_1 - II_3$	14 V	$II_1 - II_4$	16 V
连接	$T - II_2$		$T - II_3$		$T - II_4$	
负载	Z：主丝		F：副丝		$G(II_1)$：公共	
报警	21、23 动断		21、22 动合		24、25 定位	

外接端子使用及其需要注意的事项如下：

（1）"21、22、23"为普通报警接点，不具备定位报警功能，仅通过其接点接通状态的变化提供报警条件。当主灯丝断丝时，点灯单元内部继电器落下，21、23 端子闭合接通报警电路。错误使用 21、22 端子或将 21、23 配线混连等都会使该组报警接点失效并误报警，所以接线时要核对配线确保正确无误。

（2）"24、25"为断丝定位报警接点，通过外接的报警通道给监测主机发送故障位置信息。

（3）DDX1-5(J)型信号点灯单元内部的报警单元有两个 BJ(BJ1 和 BJ2)继电器，同时增加了"26、27"外接端子，作为主丝断丝试验端子使用。图 4 – 26 所示为 DDX1-5(J)型信号点灯单元端子结构分配。

报警定位编码方法参见后面的 XDJF 型智能点灯单元部分的内容。

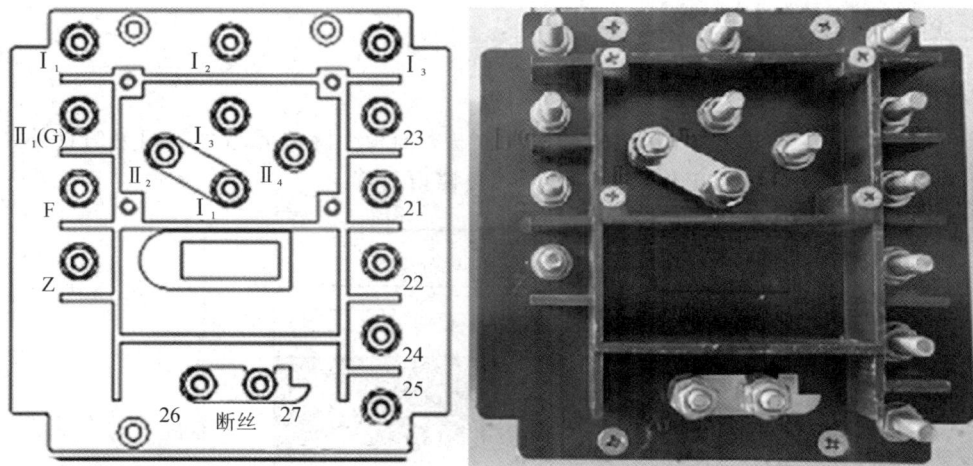

图 4 – 26　DDX1-5(J)型信号点灯单元端子结构分配图

二、智能型信号点灯单元原理与使用

智能型信号点灯单元品种有很多，这里以 XDJF-Z(Q)型(B)和 DZD 型系列点灯单元为例介绍其结构和使用方法。

（一）XDJF 型智能信号点灯单元

XDJF 型智能信号点灯监测单元(简称信号点灯单元)是应用于站内高柱、矮型信号机的集点灯变压、主副灯丝转换和监测报警为一体的智能型点灯装置。

目前其主要使用的类型有两种：一种是 XDJF-Z 型(B)，用于站内信号机；另一种是应用于区间信号机的 XDJF-Q 型(B)。高柱信号机安装在变压器箱内，矮型信号机安装在机构内(采用安装过渡板，先把过渡板固定在机构内，再用螺栓将其固定在过渡板上即可)。

XDJF 型各类点灯单元的基本结构、原理相同。图 4-27 所示为 XDJF 型智能信号点灯单元实物。

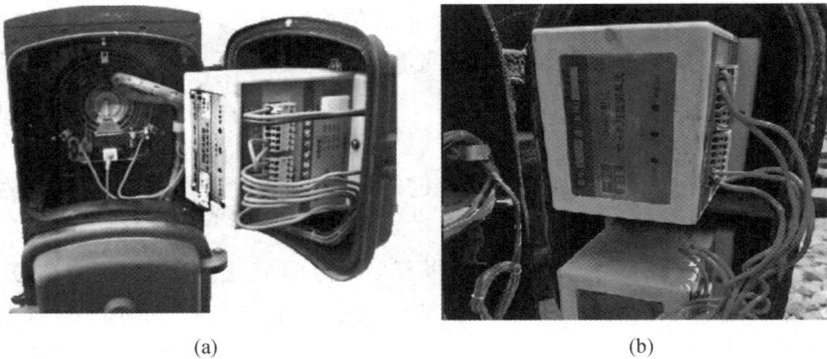

(a)　　　　　　　(b)

图 4-27　XDJF 型智能信号点灯单元实物图

1. XDJF-Z 型(B)信号点灯单元的使用

1）工作指示灯

图 4-28 所示为 XDJF-Z 型(B)点灯单元面板。面板上除单元型号等相关信息外，还设置了 3 个工作指示灯：副丝工作灯、工作灯和报警指示灯。

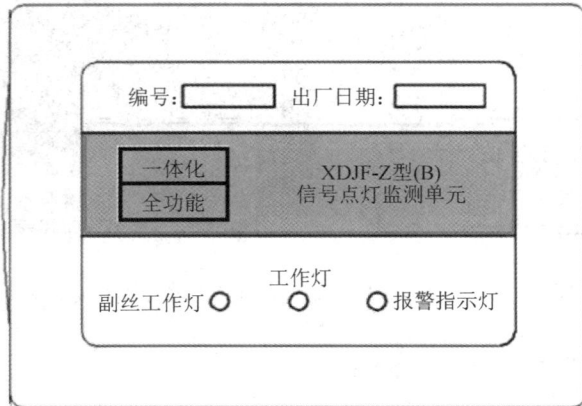

图 4-28　XDJF-Z 型(B)点灯单元面板示意图

指示灯显示意义如下(XDJF-Q 型(B)与之相同)：

工作(绿)灯——点灯单元工作时点亮。

副丝工作(红)灯——主灯丝断丝时点亮。

报警指示(红)灯——主灯丝或副灯丝断丝时点亮。

2) 外接端子定义

XDJF 型智能信号点灯监测单元与设备的连接采用万可端子,置于单元的一侧,并注明了端子名称。图 4-29 所示为 XDJF-Z 型(B)端子分配。

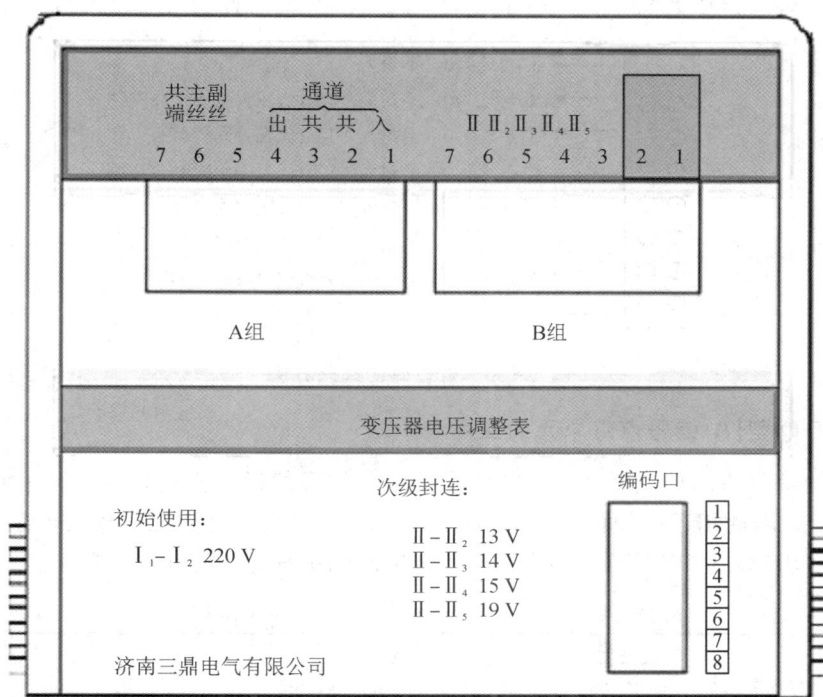

图 4-29　XDJF-Z 型(B)端子分配示意图

点灯单元一次侧 220 V 使用的端子是 B 组的"1、2"号端子(点灯单元贴面上用红色标记标注),配线时应特别注意,以防烧坏点灯单元。

A 组的"7、6、5"号端子用于点灯引线,分别对应连接灯座的"共端、主丝、副丝"端;"1~4"号端子作为报警条件的引出端,"1"为通道入端,"4"为通道出端,"2、3"为通道共线端。

B 组的"3~7"号端子为变压器二次侧输出电压调整端子,根据需要从"3~6"4 个端子中选择一个与"7"短接即可,可选择的输出电压有:13 V、14 V、15 V、19 V。其输出电压调整方式见表 4-5。

表 4-5　XDJF-Z 型(B)信号点灯单元输出电压调整方式

输出电压/V	封连端子
13	$\mathrm{II}-\mathrm{II}_2(7-6)$
14	$\mathrm{II}-\mathrm{II}_3(7-5)$
15	$\mathrm{II}-\mathrm{II}_4(7-4)$
19	$\mathrm{II}-\mathrm{II}_5(7-3)$

3）定位码的设定

在单元侧面的右下方配置了编码窗口，按二进制编码方式以封线确定，每个点灯单元（灯位）都有一个特定的编号。当点灯单元带电编码时，新编码重新上电后予以生效。在更换点灯单元时需按照站场编码表（按实际站场灯位制作的）对新点灯单元进行编码，如不编码，主机不会给出正确的报警灯位。

灯位码的编码方法如图 4-30 所示（XDJF-Q 型（B）编码方法与之相同）。

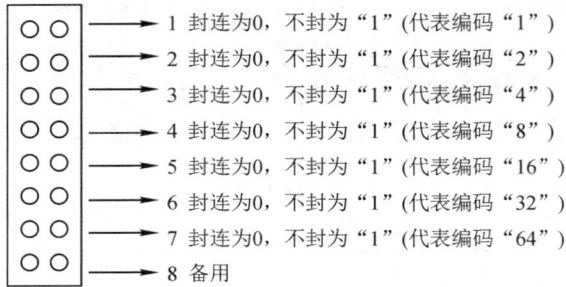

图 4-30　灯位码的编码方法

2. XDJF-Q 型（B）信号点灯单元的应用

由于区间信号机的地点特殊，即点灯单元距离位置的远近不同，对点灯单元输出的电压要求比较宽，因此用于区间信号机的 XDJF-Q 型（B）信号点灯单元的输出电压端子数比 Z 型多 4 个。XDJF-Q 型（B）信号点灯单元 A、B 组的端子分配如图 4-31 所示。

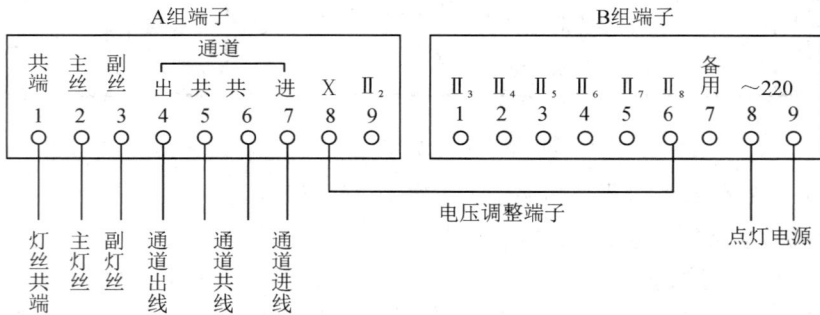

图 4-31　XDJF-Q 型（B）信号点灯单元 A、B 组的端子分配图

XDJF-Q 型（B）信号点灯单元输出电压调整方式如表 4-6 所示。

表 4-6　XDJF-Q 型（B）信号点灯单元输出电压调整方式

输出电压/V	连线端子	输出电压/V	连线端子
8.5	X—II_2	10.5	X—II_3、II_2—II_6、II_5—II_7
9	X—II_4、II_2—II_3	11	X—II_4、II_2—II_6、II_5—II_7
9.5	X—II_5、II_2—II_4	11.5	X—II_3、II_2—II_6、II_4—II_7
10	X—II_5、II_2—II_3	12	X—II_7、II_2—II_6

输出电压/V	连线端子	输出电压/V	连线端子
12.5	X—II$_7$、II$_2$—II$_3$、II$_4$—II$_6$	16	X—II$_4$、II$_2$—II$_6$、II$_5$—II$_8$
13	X—II$_7$、II$_2$—II$_4$、II$_5$—II$_6$	16.5	X—II$_3$、II$_2$—II$_6$、II$_5$—II$_8$
13.5	X—II$_8$、II$_2$—II$_7$	17	X—II$_8$、II$_2$—II$_6$
14	X—II$_8$、II$_2$—II$_3$、II$_4$—II$_7$	17.5	X—II$_8$、II$_2$—II$_3$、II$_4$—II$_6$
14.5	X—II$_8$、II$_2$—II$_4$、II$_5$—II$_7$	18	X—II$_8$、II$_2$—II$_4$、II$_5$—II$_6$
15	X—II$_8$、II$_2$—II$_3$、II$_5$—II$_7$	18.5	X—II$_8$、II$_2$—II$_3$、II$_5$—II$_6$
15.5	X—II$_3$、II$_2$—II$_6$、II$_5$—II$_8$		

3. XDJF 型信号点灯单元电路工作原理

XDJF 型信号点灯单元电路原理如图 4-32 所示（电路图是以 Q 型（B）为例画出的）。

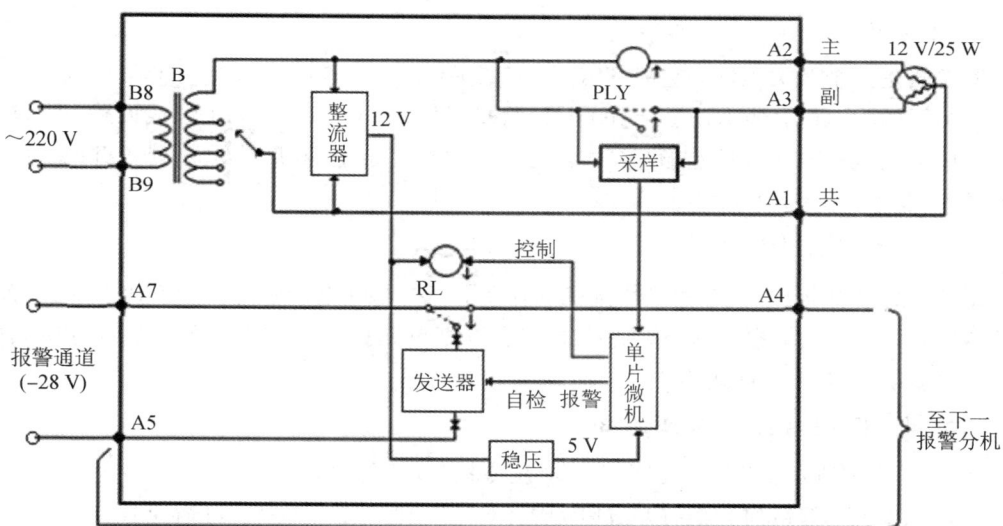

图 4-32　XDJF 型信号点灯单元电路原理图

由原理图可以看出，XDJF 型信号点灯单元主要由点灯电路和断丝报警电路组成。其元器件分别安装在点灯电路板和报警电路板上，两个电路板经插接件用带状电缆连接。

点灯电路由带调整电压端子的 R80 电源变压器、主副灯丝转换继电器 PLY 组成。当主灯丝点亮时，PLY 继电器吸起，其接点切断副灯丝电路。当主灯丝断丝时，PLY 继电器落下，用其落下接点接通副灯丝电路。

下面主要对断丝报警电路的原理作简单描述。

主灯丝断丝报警电路由电源电路、采样电路、单片微机、发送器、控制继电器（RL）等部分组成。

1）电源电路

电源电路由整流器和 5 V 三端稳压器组成。整流器把点灯交流电整流成 12 V 直流电作控制继电器励磁电源，5 V 三端稳压器把直流 12 V 稳压成 5 V 的直流电供单片微机及其附属电路使用。

2）采样电路

采样电路负责采集 PLY 接点上的电压，在主灯丝良好时，PLY 接点端有交流 12 V 电压，采样电路把此电压整流后作为"主灯丝良好"的信息送入单片微机。当主灯丝断丝时，PLY 接点上的 12 V 电压消失，采样电路把零电压作为"主灯丝断丝"的信息送给单片微机。

3）单片微机

单片微机是报警电路的核心器件。当单片微机收到"主灯丝良好"（有电压）的信息时，运行事先编制好的自检程序以使控制继电器（RL）吸起，并通过发送器把自检编码脉冲发送到报警通道；当单片微机收到"主灯丝断丝"（无电压）的信息时，单片微机运行事先编制好的报警程序，使控制继电器吸起，并通过发送器把报警编码脉冲发送到报警通道。

4）发送器

发送器是一个开关电路，它的"开（通）"和"关（断）"受单片微机的输出码控制。当发送器处于"开"的状态时，经 RL（控制继电器）前接点使 28 V 的报警电压形成回路，于是报警通道上产生电流；当发送器处于"关"的状态时，报警通道上的 28 V 电压处于开路，通道内的电流为零。

5）控制继电器（RL）

RL（控制继电器）的状态受单片微机的控制。当控制继电器吸起时，接通本身点灯单元发送器电路；当控制继电器落下时，连通前后点灯单元报警通道，为下一个点灯单元发送自检或报警脉冲准备好通道条件。

（二）DZD 型智能信号点灯单元

DZD 型智能信号点灯单元是集交流电压变换、灯丝转换、故障定位报警为一体的多功能智能点灯单元，其系列类型有 DZD-B/BT、C/CT 和 DZD-PD 型，可适应各类信号机的选用。单元采用插接式一体化的结构设计，安装、维修、更换非常方便。

1. DZD 型智能信号点灯单元主要特点

（1）DZD 型智能信号点灯单元除 PD 型的基本功能外，还具有故障定位报警发码功能，在不增加、不改动原有点灯及报警电路的前提下，利用原有两根报警线进行传输，在信号楼内解码，再通过灯丝断丝定位显示器显示断丝灯位，最长传输距离可达 25 km 以上。

（2）DZD 型智能信号点灯单元的变压器采用高磁通材料定制的 80 铁芯，对初、次级线包进行了特殊的隔离防护处理，能有效地抑制感应雷的冲击，其防雷和抗冲击能力强。

（3）输出电压可调节，灯端电压靠变压器抽头连接调整，可达 8 挡输出，能满足现场的不同要求。

（4）DZD-BT/B、PD 型点灯单元适用于站内信号机，适用范围为 7 km。DZD-CT/C 型点灯单元适用于区间信号机。

图 4-33 所示为 DZD 型智能信号点灯单元的实物。

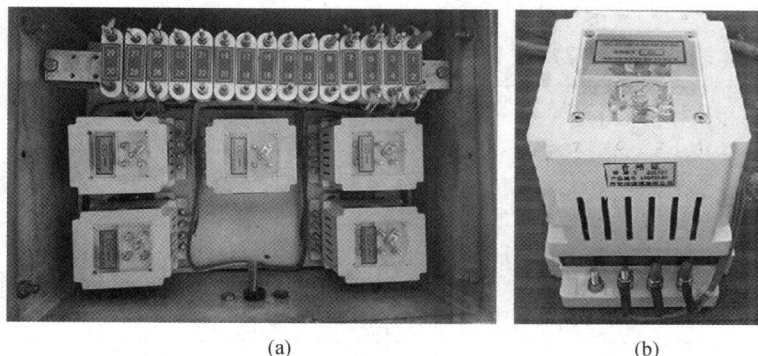

(a)　　　　　　　(b)

图 4-33　DZD 型智能信号点灯单元的实物图

2. DZD 型智能信号点灯单元外接端子定义

DZD 型智能信号点灯单元对外连接 8 组端子，端子定义如下：

（1）"1、2"号端子为点灯电源（AC 220 V）输入端。

（2）"3、4、5"号端子为点灯电源输出端，对应地连接灯座的公共、主丝和副丝端子。

（3）"6、7、8"号端子为报警接点引出端子，其中 6 号为中接点、7 号为后接点、8 号为前接点。

DZD-B/BT、C/CT 型点灯单元均具有报警编码的智能定位功能（可通过单元底部的拨码开关设置位置码），电码信号由"6、8"号端子输出。DZD-PD 型点灯单元中的"6、7、8"号端子只提供副灯丝检查和断丝报警功能，无定位功能。

图 4-34 所示是 DZD 型智能信号点灯单元端子实物及其分布。

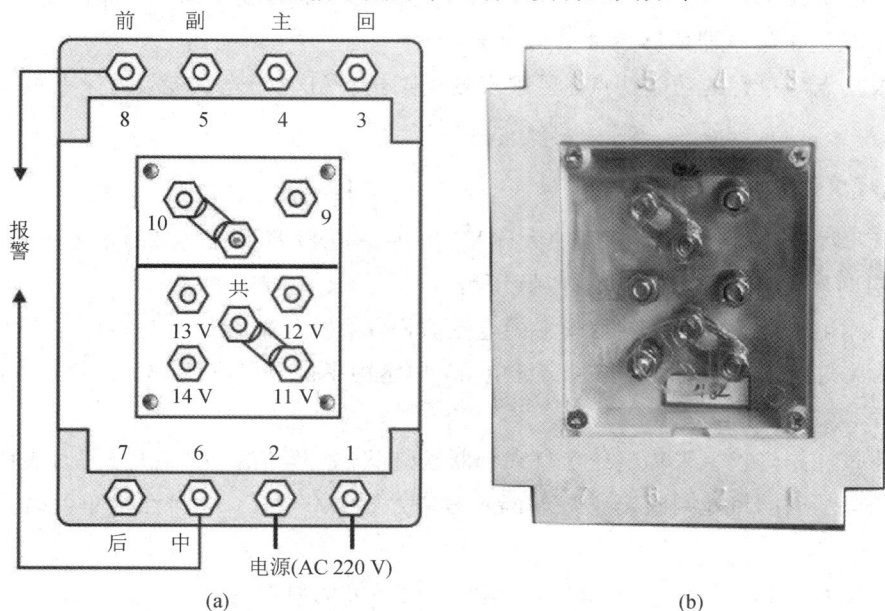

(a)　　　　　　　(b)

图 4-34　DZD 型智能信号点灯单元端子实物及其分布示意图

点灯单元的输出电压可通过调整端子调节,调整方式见表4-7(以输入电源 AC 220 V 为准)。

表4-7　DZD 型智能信号点灯单元输出电压调整方式

PD/DZD-B/BT			DZD-C/CT		
封连端子	无名—9/10	空载输出电压/V	封连端子	无名—9/10	空载输出电压/V
共—11	无名—9	11	共—11	无名—9	11
	无名—10	12		无名—10	12
共—12	无名—9	13	共—12	无名—9	13
	无名—10	14		无名—10	14
共—13	无名—9	15	共—13	无名—9	15
	无名—10	16		无名—10	16
共—14	无名—9	18	共—14	无名—9	18
	无名—10	20		无名—10	20

3. 点灯单元使用注意事项

(1)点灯单元的底部设有拨码开关,出厂时已拨好,安装时不能随意拨动,需要更换点灯单元时必须将此开关拨至和换下的相同。

(2)每次更换点灯单元时,应调整其灯端电压至技术标准的要求,并进行点灯实验,确保室内的灯丝监督继电器能够正常吸起和落下。

(3)根据点灯单元的功能特点,要求现场定期进行灯丝断丝试验,确保点灯单元的安全使用。

4. 点灯单元原理简介

DZD 型智能信号点灯单元的原理大体相同,只是在报警单元电路的设置上略有不同。报警单元对断丝信息的采样通常有两种手段:

(1)采用电流互感器采集副灯丝上的电流值,当采样电流为 0 A 时表明主灯丝工作正常,否则为主灯丝断丝,从而动作报警继电器,向室内提供报警信号,如 DZD-BT 型单元就采用这种手段。

(2)通过在副灯丝上采集电压信息来判断点灯状态,当信息为"有电压"时表明副灯丝在点亮状态,从而间接地判断出主灯丝断丝故障,如 DZD-CT(3 型)点灯单元就采用这一方法。

图 4-35 所示为 DZD-CT(3 型)移频信号点灯单元的原理。

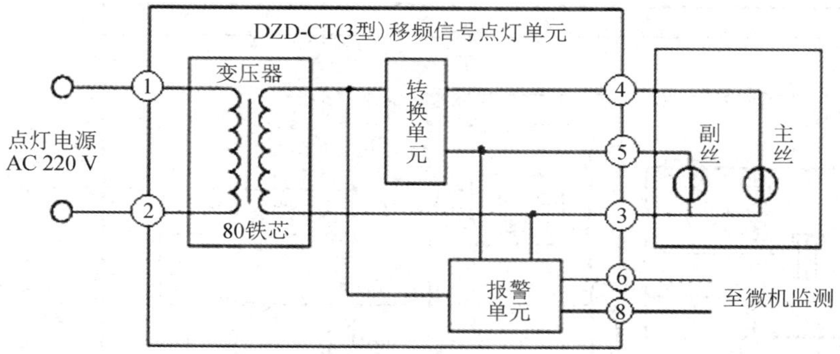

图 4-35　DZD-CT(3)型移频信号点灯单元原理图

三、直流电源型信号点灯单元原理与使用

直流电源型多功能点灯单元或装置主要是为适应 LED 信号机的应用而改进或升级的产品(仍可兼容 25 W/12 V 双灯丝信号灯泡),他们能直接提供直流 12 V 稳定的点灯电源。

在轨道交通智能化发展的进程中,信号微机的智能监测得到了普遍应用,特别是在城市轨道交通领域,微机监测系统是必备的信号设备之一,作为直接传递运行指令的信号机更是被重点监测的对象,这就决定了信号点灯电路设备必须能满足信号监测的需要,也就是说点灯单元装置的器件选用必须适应监测系统的需要。具体地,不同类型的信号机(传统的双丝色灯信号机或 LED 发光盘),除必须选用与之相适应的点灯单元外,还必须要与监测报警采样模块设备相兼容。

比如 TDDS 型灯丝报警监测装置只适用于那些具有落下报警接点的点灯单元,即能提供主副灯丝转换功能的信号机。

下面以可用于 TDDS 型灯丝报警监测装置下的新型 XDZ 和 FDZ-B 多功能信号点灯单元为例,介绍直流电源型点灯单元的工作原理与使用方法。

(一)XDZ 新型多功能信号点灯单元

早期信号机都是使用双丝灯泡作为光源的,但随着 LED 发光盘的普遍应用,为能与TDDS 灯丝报警装置实现兼容,上海铁大公司在传统 XDZ 点灯装置的基础上研发了 XDZ新型点灯装置,以配合 TDDS-B 报警采集模块的使用。

XDZ 新型点灯单元输出的电压在额定负载的情况下,用于矮型信号机时为 DC 10.7～11.9 V,用于高柱信号机时为 DC 10.2～11.4 V。

图 4-36 所示为 XDZ 新型多功能信号机点灯装置原理。该电路主要由降压变压器、整流滤波电路(主副电源各一)、DC-DC 电源变换电路及用于报警和主副灯丝点亮切换电路构成。

1. 电路结构或工作特点

XDZ 新型点灯单元总体上是一种基于反激励式工作原理的高频开关电源对外工作的,它保留了传统形式的继电式灯丝断丝报警逻辑电路,具有主副灯丝切换和灯丝断丝报警功能。

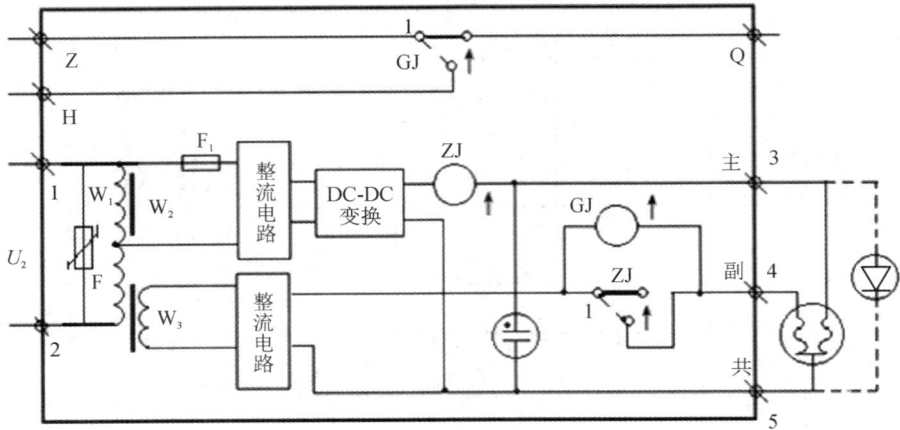

图 4-36　XDZ 新型多功能信号机点灯装置原理图

　　XDZ 新型点灯单元的副灯丝点灯电源(简称副电源)采用线性稳压输出,电路简单,工作可靠;用于点亮主灯丝的电源(简称主电源)结构相对复杂,采用 DC-DC 电源变换电路,可将脉动直流变换成稳定的直流电源输出。在主电源故障时,XDZ 新型点灯单元可通过转换继电器切换到副电源工作,它与普通的信号点灯单元相比工作更可靠。

　　点灯装置提供一组告警继电器(GJ)的落下接点条件供监测使用,以及一组主副灯丝转换继电器(ZJ)的后接点,用于在主灯丝断丝或主电源故障时点亮副灯丝。

　　这里要清楚一点,XDZ 新型点灯单元自身只能监测主灯丝和主电源的完好,不能对发光盘中灯珠的损坏情况进行判断,因其内部没有灯丝电流的检测电路,因此,对于 LED 信号机需采用专用于 PFL 的发光盘(自身具备电流检测功能),或者选用带灯丝电流检测功能的信号点灯单元配套使用。

2. 点灯单元故障检测原理

　　在正常情况下信号机点亮主灯丝,故 ZJ(转换继电器)和 GJ(告警继电器)正常吸起。因为 ZJ 是线圈电阻很小的电流型继电器,它虽然与主灯丝电路串联但分压很少,所以主灯丝能正常点亮;而 GJ 为电压型继电器,线圈电阻大,虽然与副灯丝串联,但因电流很小,所以副灯丝不会点亮。

　　当主灯丝断丝或主电源故障不能输出电压时,ZJ 断电落下,用其后接点接通副灯丝电路,或切换到副电源工作。同时 ZJ 的一组后接点将 GJ 励磁线圈短路,使其落下,这时通过 GJ 的接点("Z、H"接通)条件提供断丝报警信息。在主灯丝电路工作正常的情况下,若副电源故障无输出,或副灯丝断丝,则都会使 GJ 落下,给出报警信息。

　　由上述可见,点灯电路中无论是主灯丝还是副灯丝断丝,或者是主电源或副电源故障,再或者是点灯装置本身故障,等等情况下,都会造成 GJ 的落下,给出报警信息,因此,本点灯装置具有"故障-安全"特性。

　　注: 上面是以双灯丝灯泡为光源设备介绍其功能的,在将此单元应用于 LED 发光盘时,其内部连线需要适当调整,这里就不展开讨论了。

3. 主/副电源电路原理简介

1）副灯丝点灯电源电路

副灯丝点灯电源电路采用线性稳压，其电路除使用桥式整流外，主要采用大功率的三端稳压芯片 LM338，使输出的电压保持稳定，避免冲击电流对副灯丝的伤害，以提高灯泡的使用寿命。LM338 芯片的输出电压在 1.2 V 至 32 V 间连续可调，能很好地满足电路设计需要。XDZ-B 型点灯装置副电源电路原理如图 4 - 37 所示。

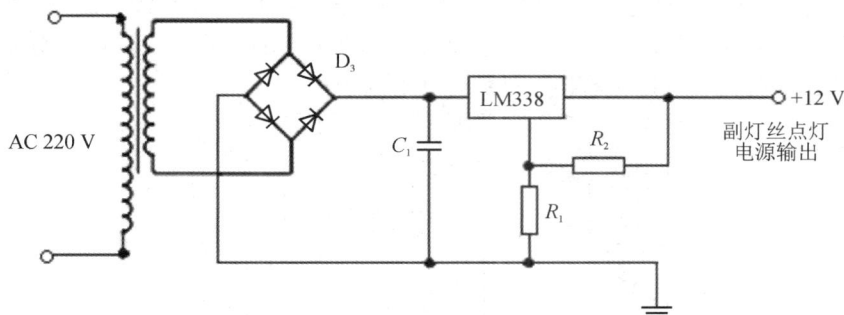

图 4 - 37　XDZ-B 型点灯装置副电源电路原理图

2）主灯丝点灯电源电路

主灯丝电源电路采用反激式开关电源的设计，内部集成了 MOSFET 管和控制电路的 TOP224Y 开关电源芯片以及高频隔离变压器。芯片的精密反馈电路构成反激励变流器电路，使电源输出具备软启动功能，点灯时灯丝不会出现瞬间电涌的现象。高频变压器 TP 除起到能量转换和能量传递的作用外，在反激式电路中还起到储存能量的作用。XDZ-B 型点灯装置主灯丝点灯电源电路如图 4 - 38 所示。

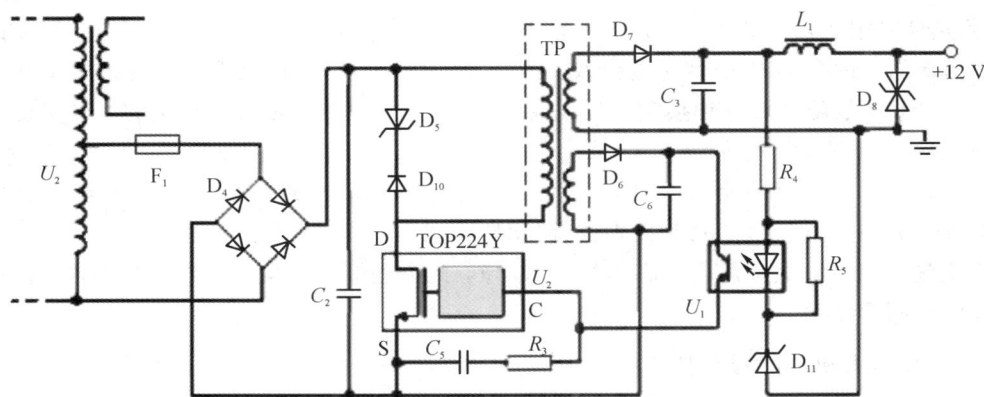

图 4 - 38　XDZ-B 型点灯装置主灯丝点灯电源电路

反馈电路可以根据输出电压的大小，改变 TOP224Y 控制脚（C 脚）上的电流 I_c，实现芯片对输出电压的动态闭环控制。反馈电路采用 TL431 构成的误差比较器对点灯电压进行采样，并利用光耦芯片 PC817 对 I_c 进行线性控制。由于芯片与输出电压 PWM 的占空比增长成反比关系（PWM 为脉冲宽度调制，是一种模拟控制方式，根据相应载荷的变化来调制晶体管基极或 MOS 管栅极的偏置，实现晶体管或 MOS 管导通时间的改变，从而实现开关稳压电源输出的改变。占空比是指在一个脉冲循环内，通电时间相对于总时间所占的比例），当输出电压较小时，I_c 也相对较小，输出电压值的增长速率相对较快，随着输出电压值和 I_c 的增大，PWM 占空比的增长速率逐渐趋于平缓，电压值的增长也趋于缓慢，直到达到灯泡额定工作电压为止。

4. 外接端子的分配及定义

新型 XDZ 点灯单元外接端子的布置如图 4-39 所示。8 个接线端子对称地分布在单元两侧。标注"1、2、3、4、5"号端子中的"1、2"号端子为点灯电源（AC 220 V）的输入端，"3、4、5"号端子分别对应灯泡的"主丝、副丝、公共"接入端。另外三个端子分别是告警继电器中接点（Z）、后接点（H）和前接点（Q）的引出端子。

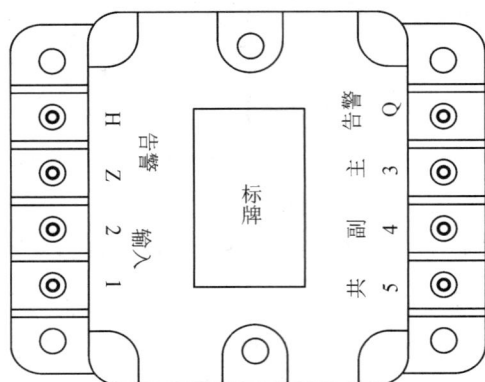

图 4-39 新型 XDZ 点灯单元外接端子的布置图

（二）FDZ 型智能信号点灯单元结构及工作原理

FDZ（Y）型（FDZ：普通发光盘点灯装置；FDZY：预告信号机专用发光盘点灯装置）是 LED 发光盘专用的点灯装置，它是为配合 PFL 型 LED 发光盘（输入 DC 12 V）而研发的新一代点灯装置，内含 DFL-1 型防雷模块。该装置同样采用了"主/备"两路电源热备冗余的设计，在主电源故障时自动切换到备用电源。"主/备"两电源都设有稳压电路，以保证发光盘的显示安全可靠。

此外，FDZ 型点灯单元内增加了 LED 点灯电流的检测电路，当发光盘内部 LED 发光灯珠损坏达到一定数量时能及时给出告警信号。

无论是点灯单元故障还是 LED 发光盘故障，此类点灯单元均可产生告警条件，接通告警电路给出报警信号。

1. LED 信号机故障报警特点

LED 信号机由于采用了发光二极管代替双灯丝灯泡，没有了所谓主、副灯丝之说，所以，当发光管损坏时并不存在所谓灯丝转换的问题。目前市场上也有采用主、备两组发光组的点灯方式的产品，可以实现类似双灯泡式的主副切换功能，但应用不多。因此，为了使 LED 发光盘的光照强度达到技术要求，发光盘中发光管正常点亮的数量必须满足一定的要求。通常发光灯珠损坏达到 25% 时就要给出告警信息，当损坏数量达到 30% 时需要切断电源关闭信号，切断电源是为了保证让点灯电路中的灯丝继电器（DJ）可靠落下。

对 LED 发光盘故障的判断手段，一方面可借助相关电压参数的变化情况，如点灯掉电等，另一方面要监测点灯电流的大小，当检测到的电流大小达到系统预设的门限值时启动报警。不过 LED 发光盘按照技术要求其本身也设立了门槛电压，一来用以防止虚电干扰，同时也能可靠切断电路让 DJ 可靠落下。

2. FDZ 型智能信号点灯单元电路工作原理

1）点灯单元电路的构成

图 4-40 所示为 FDZ-B 型点灯单元电路原理。该电路主要由防护电路、电源变换电路、电源检测电路、LED 发光盘电流检测电路以及告警（告警调试）电路等几部分组成。

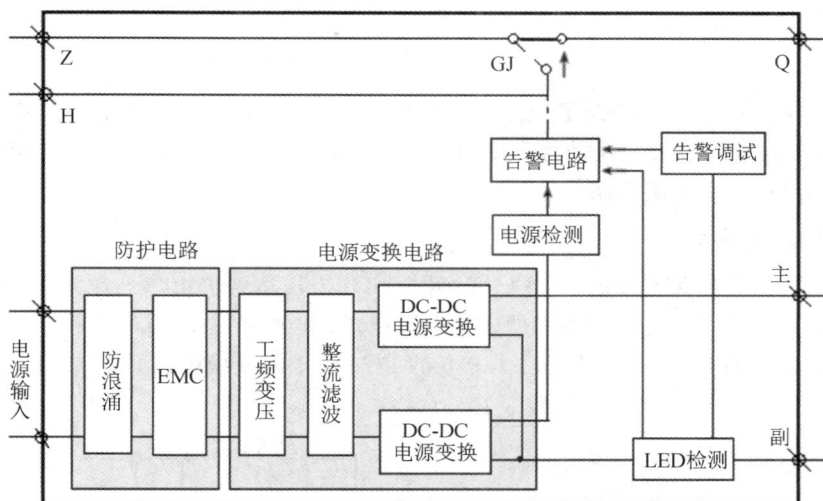

图 4-40　FDZ-B 型点灯单元电路原理图

点灯单元在上电的瞬间，电路中的电解电容、寄生电容迅速充电，工频变压器的磁芯严重饱和，会产生很大的浪涌电流，对设备中的元件造成损坏。为防止浪涌电流出现，在电源变换电路前端采用了防浪涌元件和 EMC 电路。EMC(electro magnetic compatibility，是指系统在其电磁环境中符合要求运行，并不对其他设备产生无法忍受的电磁干扰的能力)电路可滤除线路中的共模和差模信号，降低了点灯单元对其他设备的电磁干扰；工频变压和整流滤波电路对输入的交流电降压，然后整流成脉动的直流电；其后的 DC-DC 电源变换电路负责将脉动的直流电变换成稳定的直流电源输出，同时为 LED 发光盘单元中的其他电路部分供电。

电源检测电路负责检测两路电源的工作状况，保证在某一路电源故障时，可通过告警电路输出告警信号。LED 检测电路通过对灯丝电流的采样来判断 LED 盘中发光管的损坏数量，当损坏数量超过 25% 时，检测电路可通过告警电路发出告警。告警调试电路用来试验检查告警功能的完好。告警电路用于控制告警继电器(GJ)的动作，以决定是否要发出告警信息。

2）防护、EMC 及整流电路

单元电路中在输入端并接了一个 PTC 热敏电阻，此电阻由具有正温度敏感性的半导体材料制成，当超过一定的温度(居里温度)时，电阻值随着温度的升高呈阶跃性的增高(电路设计时也可串接 NTC 负热敏电阻)。上电时温度低电阻小，流过的电流大，随温度升高电阻很大(对电路的影响很小),最后进入稳态,达到了防止浪涌的效果。点灯单元防护及 EMC 电路原理如图 4-41 所示。

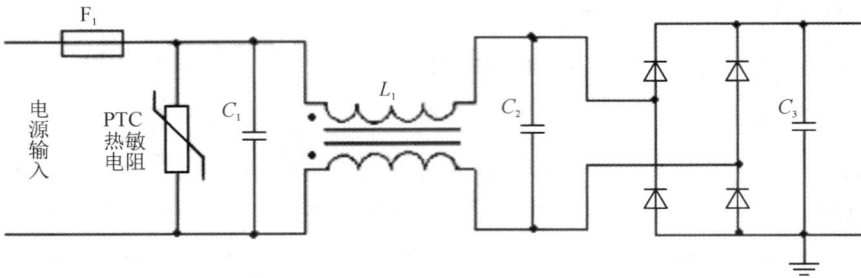

图 4-41 点灯单元防护及 EMC 电路原理图

差模滤波电容 C_1 与共模滤波电感 L_1 实现了 EMC 功能,C_1 滤除交流线路中的差模信号,L_1 滤除交流电路中的共模信号。过滤后的电流送入整流电路,将交流电源转变为脉动直流,再送入 DC-DC 变换电路。

3) DC-DC 变换电路

LT1076 是一款 BUCK 型的 DC-DC 变换器,工作电压达到了 40 V,开关频率为 100 kHz,动态响应高,可实现编程电流限制和微电源关闭模式。电源经过 DC-DC 变换后可转换为稳定在 DC 12 V±1 V 的范围输出。基于 LT1076 的 DC-DC 电源变换电路如图 4-42 所示。

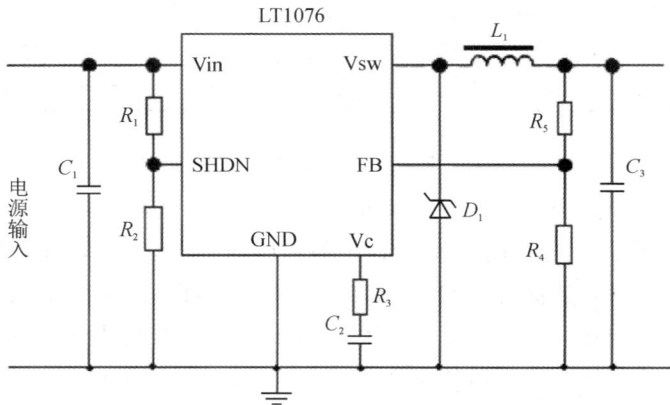

图 4-42 基于 LT1076 的 DC-DC 电源变换电路

4) LED 电流检测电路

LED 电流检测电路通过对发光盘点灯时的总电流跟踪测量,以判断发光盘中发光管的损坏数量是否达到临界。检测电路由电流反馈电路、放大电路和比较电路组成。图 4-43 所示为 FDZ 型点灯单元电路原理(LED 电流检测电路见图中标注的虚线部分)。

检流电阻 R_{cs} 串接在 LED 发光盘电路负端,发光盘总电流经过 R_{cs} 电阻产生一个压降值,由于该电流幅值较小,于是通过 A_1 放大器将压降值信号放大。放大的信号通过比较电路(A_2),将之与一固定电压进行比较(图中 V_{of} 与 V_{ref} 比较,用以判定总电流的变化是否下降到正常值的 30% 以上),用比较电路的输出作为告警电路的控制条件。正常时输出高电平使告警继电器(GJ)吸起,当达到报警条件时比较电路输出低电平使 GJ 落下,从而发出

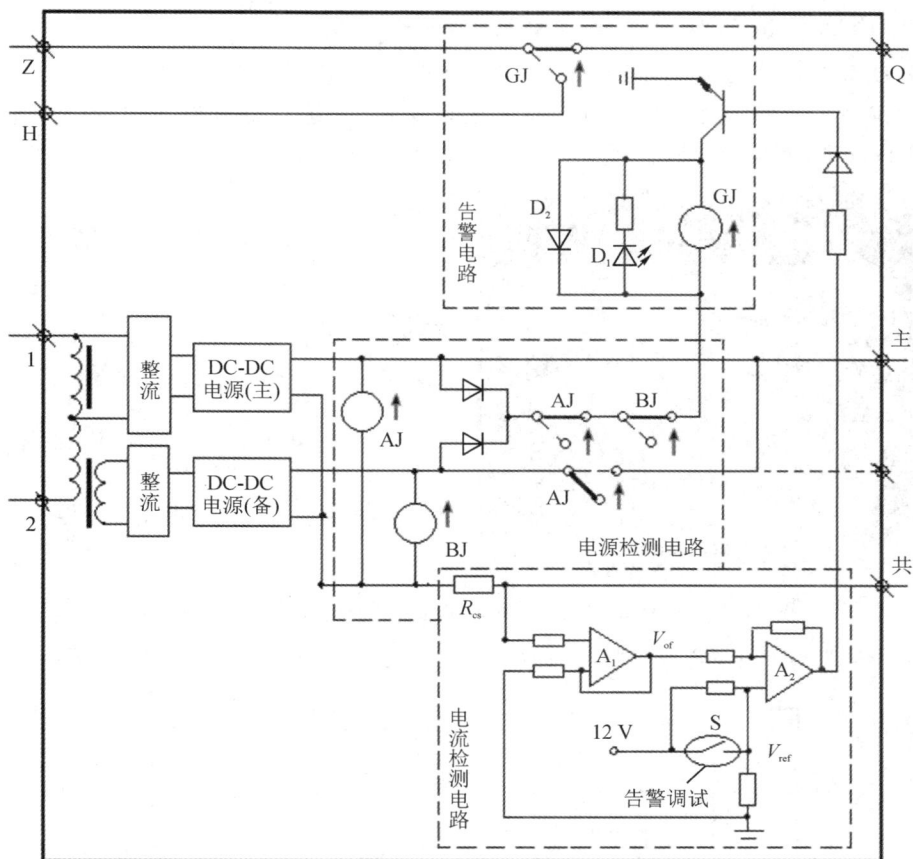

图 4-43 FDZ 型点灯单元电路原理示意图

告警信号。

点灯单元端子板面上设有一个"告警调试"按钮(S),当按下此按钮后,比较电路的比较电压 V_{ref} 发生改变,以模拟 LED 发光盘的电流改变使告警电路发出告警信号。如果按下此按钮后不发生报警,则表明报警电路故障。

5) 电源检测电路

电源检测电路用来检测电源的状态,电路见图 4-43 中标注的虚线部分。当主电源故障无输出时,AJ 落下,GJ 因缺少励磁电源而落下,从而发出告警信号;若备用电源故障无输出,则 BJ 落下,同样也使 GJ 落下而告警。可见,无论哪路电源故障都可给出告警信号。

6) 告警电路

告警电路见图 4-43 中标注的虚线部分。告警有两个触发条件,一是来自 LED 电流检测条件,二是来自电源检测条件。电源故障时,GJ 因无 KZ 电源而落下,其 Z-H(中-后接点)闭合而告警;当电流检测 LED 发光管损坏超过 30% 时,电流检测电路输出低电平,致使三极管截止,切断 GJ 励磁电路使之落下,发出告警信号。

告警电路中的发光二极管 D_1 用来指示告警电路的状态,正常时点亮,报警时灭灯。二极管 D_2 用来去除继电器 GJ 失磁瞬间产生的电火花,以保护继电器 GJ 不受损害。

（三）FDZ-D 型智能信号点灯单元的应用举例

FDZ-D 型点灯单元与 TDDS-D 型报警模块配合多用于地铁信号机。图 4-44 所示为 FDZ-D 型点灯单元装置及 TDDS-D 型报警模块实物（右边为点灯单元面板端子编号示意图）（TDDS-D 型报警模块采用固定支架安装在点灯单元的上方）。

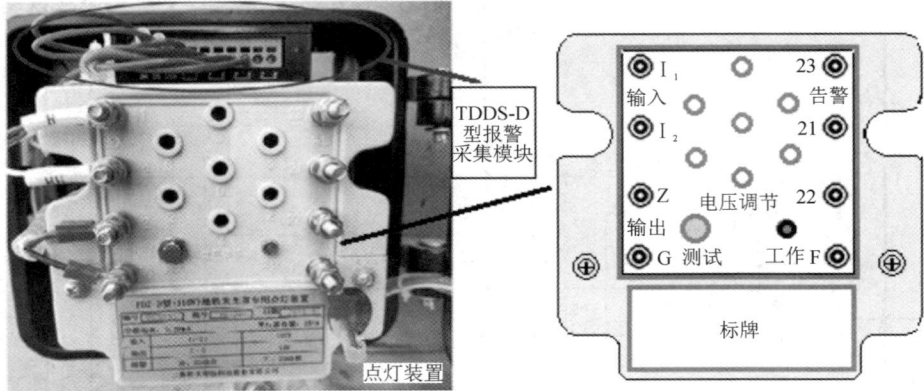

图 4-44　FDZ-D 型点灯单元装置及 TDDS-D 型报警模块实物图

图 4-45 所示为 TDDS-D 型报警模块用于三灯位 LED 信号机的电路配线。

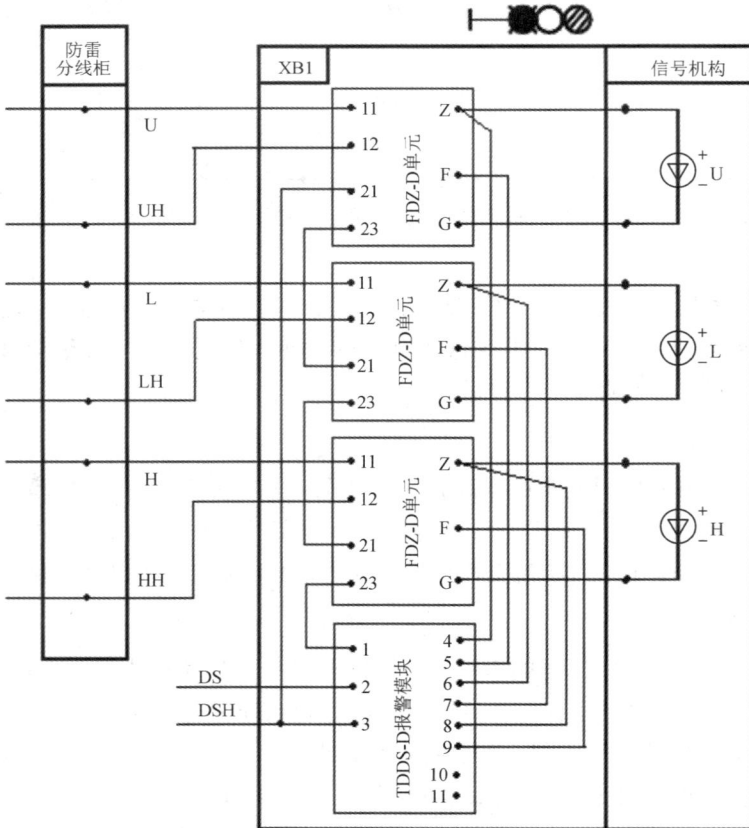

图 4-45　TDDS-D 型报警模块用于三灯位 LED 信号机的电路配线图

问 题 思 考

1. 总结一下信号机点灯电路中点灯变压器的作用？如果点灯电路中不使用点灯变压器会带来哪些问题，可举例说明。

2. 请依据信号点灯单元所能实现功能的不同，说说你认为的类型有哪些。信号点灯电路设计中选择点灯单元类型的依据是什么？结合你所接触到的信号机点灯电路举例说明。

3. 试着用简练的语言描述出 XDJF 型点灯单元电路的工作原理（如灯丝转换、电源或灯盘故障报警等）。

4. 参看图 4-45 所示的配线图描述出当红灯灭灯时给出报警信息的过程。

第五章 信号机点灯电路及其故障处理认知

本章开始进入信号机点灯电路故障处理方法的学习，先从局部电路和单元器件的故障处理方法入手，以逐步加深对信号机点灯电路的认知，掌握点灯电路故障处理的基本方法与手段，最终养成科学合理的故障处理方法和思路。

需要说明一点，本章知识的讲述大多以调车信号机为例，主要是考虑到知识表述上的简洁，尽管各信号机的功能、信号意义等有所不同，但它们的电路构成原则是一致的，故障处理的方法、思路与手段更是相通的，尤其是室外部分的故障处理方法。所不同的是各类信号机控制条件所涉及的因素不一样，故障处理方法完全可以举一反三。

本章主要讲述信号机故障处理的通用性知识，涉及不同信号机的个性知识，如点灯电路图及其控制条件等，在后面的章节中会单独介绍。因此，建议读者在学习时，首先将本章内容弄明白。

第一节 信号机点灯电路控制的基本原理

一架信号机点亮什么灯光是由点灯电路控制实现的。目前轨道交通信号机点灯电路大多仍然采用继电器控制电路，通过联锁系统对室内相关信号继电器的驱动和采集，实现对地面信号机的控制和监督。理解点灯电路的控制原理是故障处理的基础或前提。

一、点灯电路的基本技术要求

设备技术要求指标是进行设备维护工作的基础和依据，其中设备检修标准、设备检修周期和检修内容等都要根据技术指标来制定。对信号机点灯电路的基本技术要求如下：

（1）所有色灯信号机（调车信号机可以根据情况选择）主灯丝断丝时除应能自动转换到副灯丝，不应导致开放的信号关闭；信号机灯泡主灯丝断丝后需要及时更换。

（2）信号机主灯丝断丝时，应能向联锁或信号监测系统提供断丝报警条件。

（3）一次侧额定电压为 AC 220/180($1\pm10\%$)V 时，确保灯端电压为额定值的 75%～90%；现场使用的点灯单元型号决定灯端电压是直流电还是交流电。

二、点灯电路的基本构成

不同类型的信号机由于灯光的意义、灯位数量以及点灯时的联锁条件不同，具体点灯电路的构成要素并不一样，即有其独特性；但从逻辑的控制方式、技术要求以及具体的硬件设备等方面来说又是相同的，即有其共性。

点灯电路依据完成的具体功能不同可划分为三部分：一是点灯条件，它由各相关信号继电器的接点构成，这些继电器的状态由联锁系统控制；二是完成点灯的硬件装置，即信号机构中的元件部分，如点灯变压器（实现调压）、灯丝转换继电器（实现主灯丝断丝时改点副灯丝）或集合两者功能的点灯单元，以及产生光源的灯泡或 LED 发光盘；三是负责安全防护完成报警功能的监测设备，如 DJ、过流熔断器及监测单元等。

点灯电路依据设备所处的位置不同，可划分为室内电路和室外电路（以分线盘为分界），室外电路又可分为电缆和箱盒或机构内电路。

下面以最简洁的调车信号机点灯电路为例介绍点灯电路的共性结构。图 5 - 1 所示为标准的调车信号机点灯电路原理（考虑到调车信号安全级别，也为节省设备投入，调车信号机的点灯电路通常不设置双断法，但这里为知识表达方便，电路采用了同列车信号点灯电路

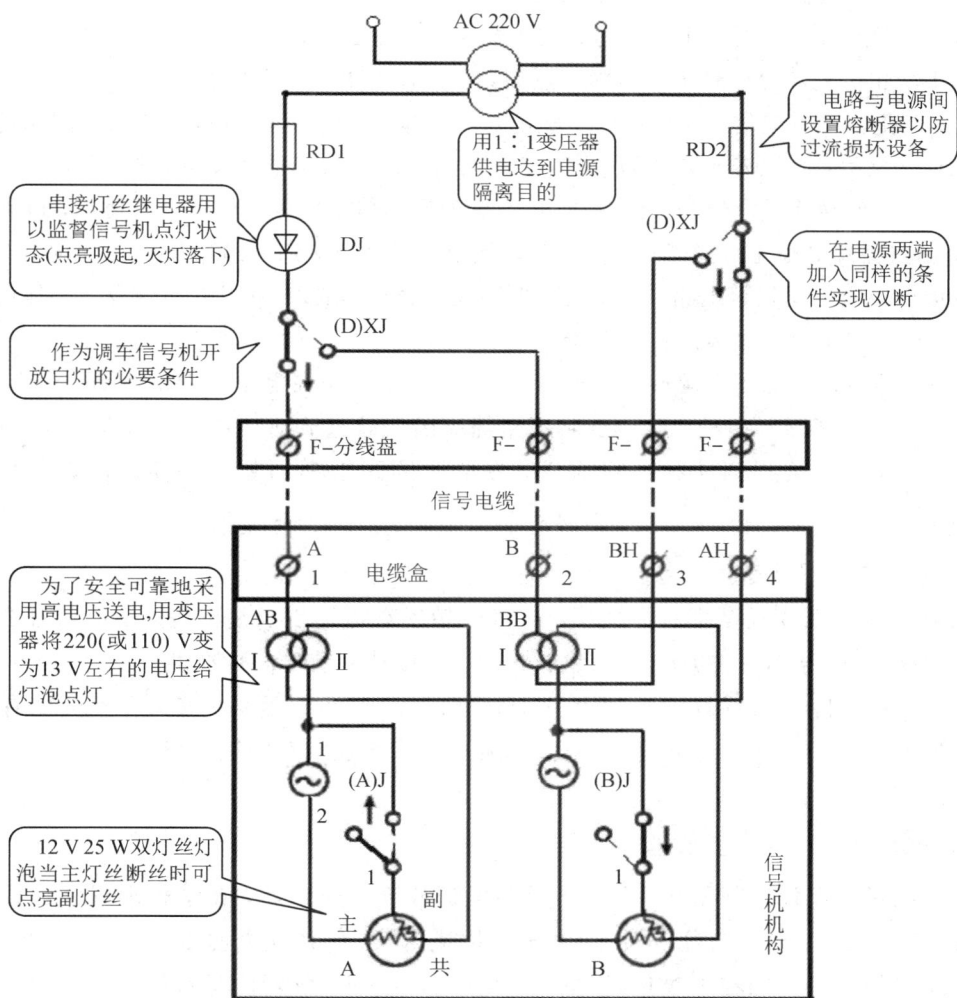

图 5 - 1　标准的调车信号机点灯电路原理图

相同的设置）。

1）电路的控制条件

电路中的 DXJ（调车信号继电器）由联锁系统控制，当需要开放调车信号时，使之吸起，点亮白灯 B，否则使之落下，点亮蓝灯 A（处于常态）。这里的 DXJ 就是点灯电路中控制点亮灯光颜色类别的逻辑条件。信号机能显示的灯光意义越多，控制条件就越多，电路相对也就越复杂。

2）安全防护设备装置

电路中串接的灯丝转换继电器 DJ（电流型继电器）是用来监督信号机工作状态的，以确保电路故障或信号机灭灯时，能利用其落下的条件给联锁系统提供关闭信号的信息，使 DXJ 及时落下，或是给控制台提供灭灯报警信息。因此，在点灯电路工作正常时，必须保证 DJ 可靠吸起；当点灯电流大小不能保证色灯明亮或达不到足够的显示距离时，要能使 DJ 可靠落下，即点灯电流的大小必须达到技术规定，否则必须对信号机进行调整。

由于禁止灯光和允许灯光不能同时点亮，因此，并非每一个灯位都需要设置一个灯丝继电器，而是根据每架信号机能同时点亮的灯位数量，设置灯丝继电器的数量（例如进站信号用双黄灯显示，因此需要 2 个 DJ），这样既能监督灯泡的完整性又能节省材料。

另外，灯丝转换继电器的一组后接点（举例的调车信号机点灯电路中未使用，可参看图 5-3），当点亮的灯位主灯丝断丝时，灯丝转换继电器落下，用一组后接点接通副灯丝，另一组后接点接通灯丝报警电路。灯丝报警电路在具体的电路中使用不同的设备，其结构也不相同，这里先不讨论具体的报警电路。

再者，信号机的点灯电源通常从电源屏分为 4 束供出，在电源屏、组合架的零层、组合的侧面都设置了熔断器防护，防止电路短路等原因引起过流而损坏电气设备、烧毁电源，或造成故障升级。为提高防护的可靠性，在电源的两极都加装熔断器，如图中的 RD1 和 RD2。

3）机构内的灯光装置

机构内的灯光装置是指点灯变压器、灯丝转换继电器以及灯泡等。图中蓝灯变压器（AB）和白灯变压器（BB）将高电压（AC 220 V）变为低电压直接向灯泡供电。

室内向室外传送的点灯电压通常是交流 220 V（某些型号的 LED 信号机也有交流 110 V 的），采用交流高压送电是为了减少线路损耗，增强电路的抗干扰能力，提高点灯的可靠性。

4）电路的可靠性安全性措施

点灯电路在设计上除采用 DJ 及熔断器保证故障—安全外，在结构形式上还采用了位置法、双极性切断法（简称双断法）和电源隔离法（或称独立电源法）供电的防护措施。位置法是将控制条件加在电源负载（灯泡、变压器）之间，双断法是将控制条件分别加在正、负电源上，独立电源法即通过变比为 1：1 的变压器独立供电，避免因混电而错误点亮信号。

三、点灯电路的回路分析

点灯电路中由于使用了点灯变压器，故将控制点灯条件的电路部分与灯丝电流回路实现了隔离，如此在分析点灯电路或对电路进行故障处理时必须明白，其中任一回路出现问题都会导致出现点灯故障现象。现以调车信号机常态下点亮蓝灯情况为例进行分析。

1. 点灯电路的两个回路

图 5-2 所示是常规形式下的调车信号机点灯电路。其点蓝灯时的两条通路是点灯变压器（AB）一次侧的控制条件电路（图中粗线所示）和二次侧的灯丝回路（图中双实线所示）。

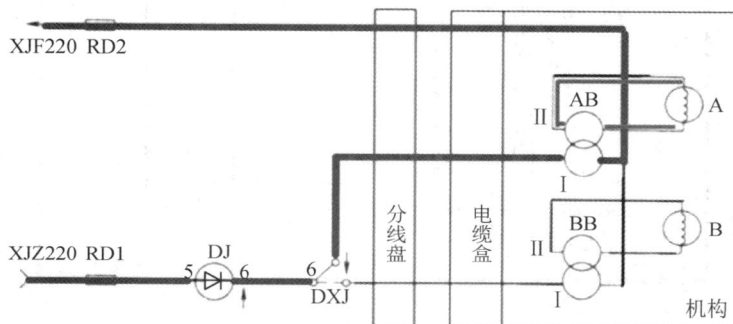

图 5-2　常规形式下的调车信号机点灯电路图

一次侧回路是控制电路，由点灯信号继电器条件构成，它决定了信号机的显示（点亮什么灯），即向哪个灯位的点灯单元送电。此部分电路故障所造成的直接后果就是信号机灭灯或不能开放（点白灯）。

二次侧回路比较简单，由灯泡灯丝与变压器二次侧线圈构成。当确定变压器有电压输入时，若灯泡不能点亮，则表明此回路存在开路故障，要么是两根连线开路，要么是变压器损坏使二次侧无电压输出。

对于信号机点白灯时的两个回路，读者可自己跑通一下，这里不再给出。请读者分析蓝灯和白灯电路的重叠部分，并思考如果电路故障（开路故障）出现在它们的公共部分，那么信号机会出现哪些现象？又如何区分公共电路部分和非公共电路部分的故障？

2. 带灯丝转换继电器的二次侧回路

上面给出的点灯电路在二次侧电路中没有灯丝转换继电器，这种情况只对部分调车信号机适用。目前，将双灯丝灯泡作为光源的调车信号机电路中大多增设了灯丝转换装置，以提高其可靠性。

图 5-3 所示是带灯丝转换装置的点灯电路（室外部分），图示的调车信号机在关闭状态，即蓝灯（A）的主灯丝点亮。

当室内电路已将点灯电源正常送出后（在电缆盒中"1""3"端子间，或 AB 一次侧输入端子上能测量到正常的电压），如果二次侧电路正常，则蓝灯的灯丝转换继电器（A）J 通过主灯丝电路保持吸起，并用其后接点切断副灯丝电路。主灯丝点亮回路如图中粗线部分所示。

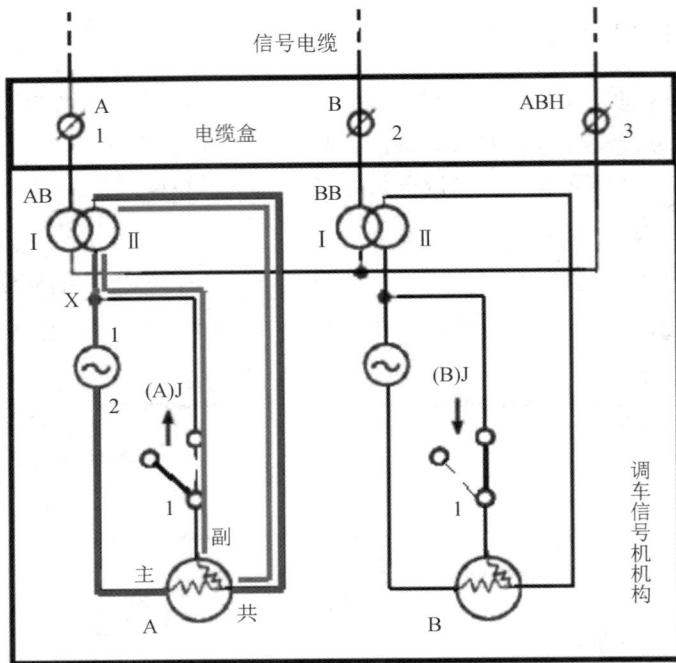

图 5 - 3　带灯丝转换装置的点灯电路(室外部分)图

　　这时如果蓝灯主灯丝断丝，或(A)J线圈"2"端子与灯座主灯丝端子之间的连线开路(设图中的 X 接线端子与(B)J 的"1"端子是重合的)，则(A)J 落下，并用其"11—13"接点接通蓝灯的副灯丝电路，点亮副灯丝(图 5 - 3 中双线所示的部分)。同时，(A)J 的第二组后接点接通灯丝报警电路。

　　注：图 5 - 3 中变压器至灯丝转换继电器后接点之间的连接点 X 可选变压器的二次端子，也可选用转换继电器的线圈端子，具体配线时视情况确定。不过从提高电路的可靠性方向考虑，最好从变压器的端子上引出。如果从转换继电器端子引出，那么变压器至转换继电器之间的线路就成了主副点灯电路的公共部分。若此线路开路，则该灯位主副灯丝都不能点亮，会直接灭灯。

　　其他信号机的点灯电路原理与调车信号机的相似，只是点亮灯泡的控制条件不同，即电路的复杂程度不同。后面在举例讲解不同信号机点灯电路故障处理时再具体介绍。

第二节　无灯丝转换装置机构内故障举例

　　本节以调车信号机机构内部点灯电路故障为例，对故障处理的过程进行分析。读者可初步理解故障处理的思路，为后面的综合故障分析处理打下理论基础。

　　点灯电路机构内部的故障是指室内电路能正常地将点灯电压送到点灯变压器的一次侧，但因机构内部的电路开路造成灯泡不能点亮的情况。

一、蓝灯主灯丝断丝造成信号机灭灯

假设某调车信号机没有使用灯丝转换继电器，即只使用主灯丝，当主灯丝断丝时即灭灯。如果是蓝灯灭灯，在控制台上可以看到的现象是对应的信号复示器闪白灯（闪白灯电路后面介绍）。另外，在有信号机监测的车站，如果将调车信号机断丝也列入被监测的对象，则会有灯丝断丝报警。

1. 故障分析（确定故障范围）

调车信号机平时点蓝灯，现在灭灯，表明蓝灯点灯电路故障。按照信号故障处理流程或技术规定，在处理故障时首先应该区分故障范围，即确定故障在室内还是室外。区分室内室外故障以在分线盘上测量电压看电源是否能送出为依据，测量位置如图 5-4 中的"V_1"（在 A 灯的 ABH 线端子上测量）。当确定分线盘上有电压后，再判断电缆是否断线，即需要在室外电缆盒对应端子上测量电压，确定有正常电压时表明电缆完好，测量位置如图 5-4 中的"V_2"。最后需要确定故障在机构内还是机构外，即在点灯变压器的一次侧测量电压，若电压也正常，则可确定故障出在机构内部的电路部分。

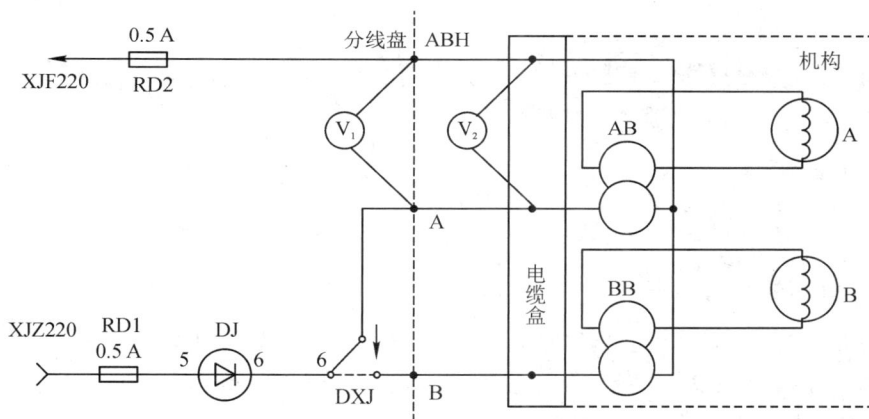

图 5-4　调车信号机蓝灯灭灯故障查找示意图

上面的三步测量过程，实质上就是故障处理中的关键一步——确定故障范围。

2. 故障处理

为更好地帮助读者理解，给出如图 5-5 所示的调车信号机蓝灯机构内部配线及实物连接，下面的处理过程可参看此图理解。

在已经确定了故障发生在机构内部后，本例故障具体的处理过程如下。

（1）测量变压器输入端（图 5-5 中的变压器"I_1""I_3"端子）有电压后，再测量变压器"II_1""II_3"有电压（约 12 V 左右，具体的电压值要看变压器调整输出电压），表明变压器正常。

（2）在灯座的"主丝、公共"端子上测量电压，电压正常，表明故障出在灯泡或灯座上。

（3）取下灯泡，用电阻挡测量主灯丝电阻，发现电阻无穷大，即灯丝断丝。更换灯泡，本故障处理完毕。

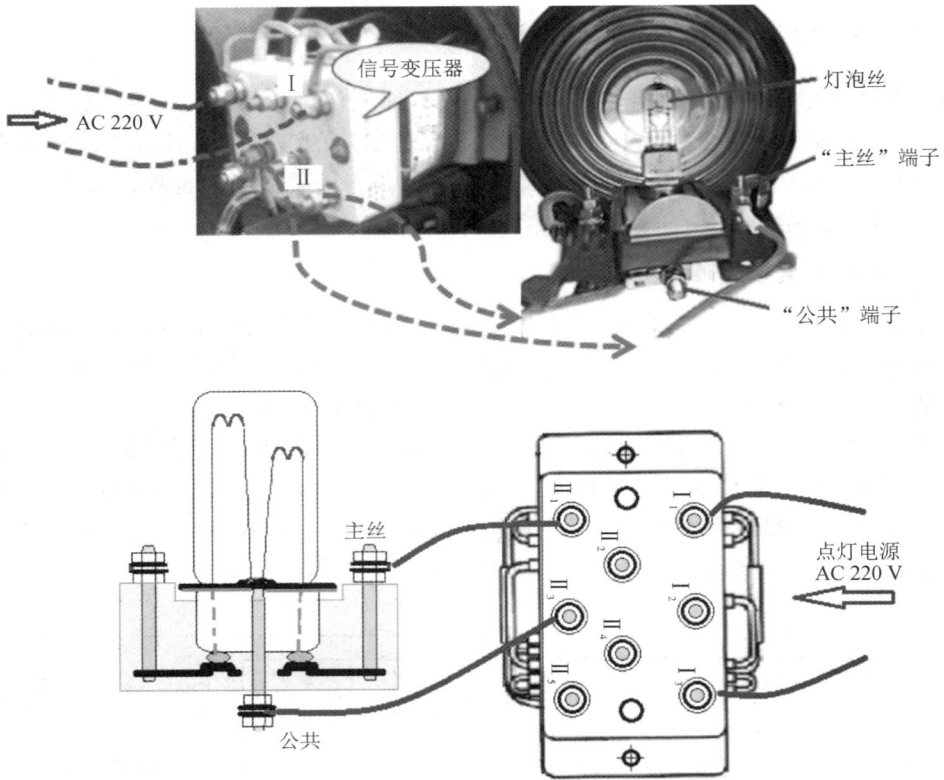

图 5 - 5　调车信号机蓝灯机构内部配线及实物连接示意图

3. 灯泡好坏的判别方法

灯泡好坏是通过测量灯泡灯丝电阻的大小来确定的，鉴别方法如图 5 - 6 所示。将万用表置于电阻挡（测量前注意调零），两表笔分别放在主灯丝触点（或焊点）和灯泡底座的铁片上测量灯丝电阻。如果电阻值无穷大，表明灯丝断丝；如果电阻值很小（约 6 Ω：12 V/25 W），表明灯泡正常。

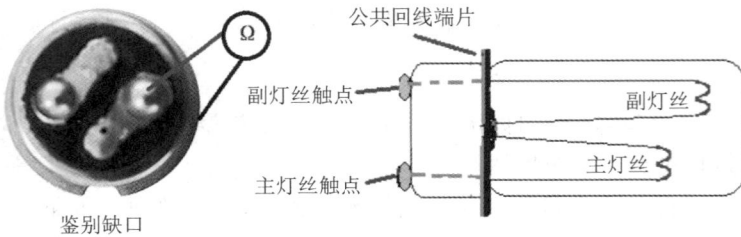

图 5 - 6　灯泡好坏鉴别方法示意图

主灯丝和副灯丝触点的判定方法：将灯泡倒置，即底座面对自己，并使鉴别缺口朝下，右边的点为主灯丝触点，左边的点为副灯丝触点。

4. 灯座故障的处理方法

在确定灯泡完好的前提下，若电压已送到主、副端子，灯泡还是不能点亮，则表明灯座有故障。灯座出现故障造成灯泡不亮，可能性最大的原因是弹片与灯丝触点接触不良，这时可取下灯座进行调整。如果调整后还不正常，则可能灯座内部有故障。其判断方法如下：

取下灯泡将灯座取出，翻转过来（让接触压片朝上），如图5-7所示，可带电通过测量电压判断，也可甩开公共连线，通过测量电阻来判断。

图5-7 灯座的结构图

比如，当怀疑主灯丝端子与主灯丝压片之间接通不良时，可直接测量两者间的电阻值判断；带电时可通过测量电压来判断，将万用表选择交流电压挡，两表笔分别放在公共端子和主灯丝压片上，若无电压（或电压很低），则表明接通不良。具体的方法不再细讲，读者可自己动手实践一下。

二、公共回线断路故障

接着上例，若造成调车信号机灭灯的原因是公共端至变压器端的公共连线断路，此时该如何找到故障点呢？

公共回线断路故障是指如图5-8所示的"×"处断线，其所造成的故障现象及处理过程

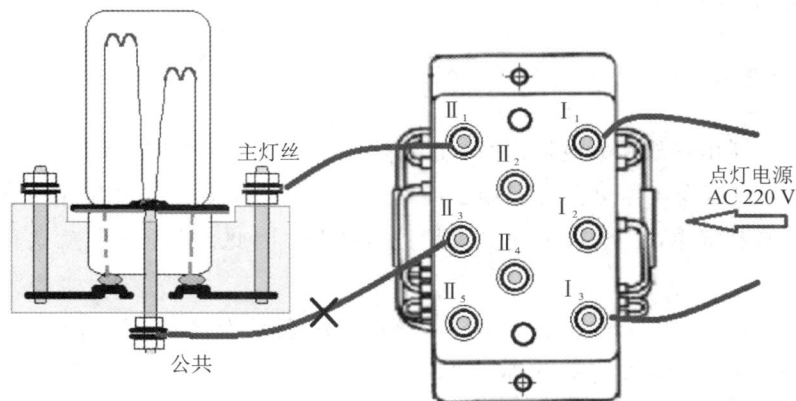

图5-8 灯座公共回线故障示意图

与上例相同。当测量了变压器"Ⅱ₁—Ⅱ₃"端子间有正常电压后,接着测量灯座上"主灯丝""公共"端子之间的电压时,发现读数为 0 V,由此可知"Ⅱ₁""Ⅱ₃"与"主灯丝""公共"之间的两根引线开路(回线与主灯丝线其中一根断线)。

接下来采用交叉测量法(或借电步进测量法)来确定断线位置。为表述方便,现结合图 5-9 来表述,其中"Z"和"G"分别表示"主灯丝"和"公共"端子,"1"和"3"代表点灯变压器的"Ⅱ₁"和"Ⅱ₃"端子。

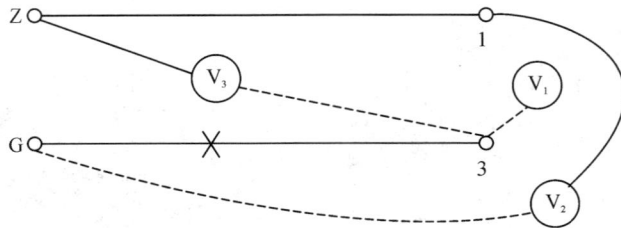

图 5-9 "交叉测量"法示意图

设图中的虚线代表红表笔线,实线代表黑表笔线(实际测量时红、黑表笔可以互换,因为点灯电压是交流电)。现假设"Ⅱ₁—Ⅱ₃"端子间的电压值为 AC 12 V。

1. 交叉测量法

图 5-9 中先测 V_2 再测 V_3(或者先测 V_3 再测 V_2),则其结果将是 $V_2=0$ V, $V_3=12$ V。

2. 借电步进测量法

(1) 图 5-9 中先测 V_1 再测 V_2,其间黑表笔置于"1"端不动,只是红表笔从"3"端移到"G"端,其结果是 $V_1=12$ V, $V_2=0$ V。

(2) 图 5-9 中先测 V_1 再测 V_3,其间红表笔置于"3"端不动,只是黑表笔从"1"端移到"Z"端,其结果是 $V_1=V_3=12$ V。

其实无论是交叉测量法,还是借电步进测量法,两者在本质上是一样的,只是在测量过程中测量者的思维角度不同而已。

三、点灯变压器故障

当点灯变压器出现故障无电输出时,也会造成信号灯不点亮的现象。

在实际中,点灯变压器也会出现端子虚接、断线及线圈烧毁等故障情况,而且在一些技术比赛或技能鉴定中,还会人为地去设置此类故障。因此,这里我们就这种故障的查找作简单讲述。

以常见的 BX1-34 型(4 输出端子)为例,图 5-10 所示为该型变压器的实物和线圈端子分配。假设点灯电源的输入电压为 AC 220 V($I_1—I_3$),输出使用"Ⅱ₁""Ⅱ₂"端子。

在处理故障过程中若在测量"$I_1—I_3$"端子间有 220 V 交流电,而在测量"Ⅱ₁—Ⅱ₂"端子间却无电压,则表明变压器故障。变压器故障要么出在一次侧线圈(线圈断线或其引线开路),要么

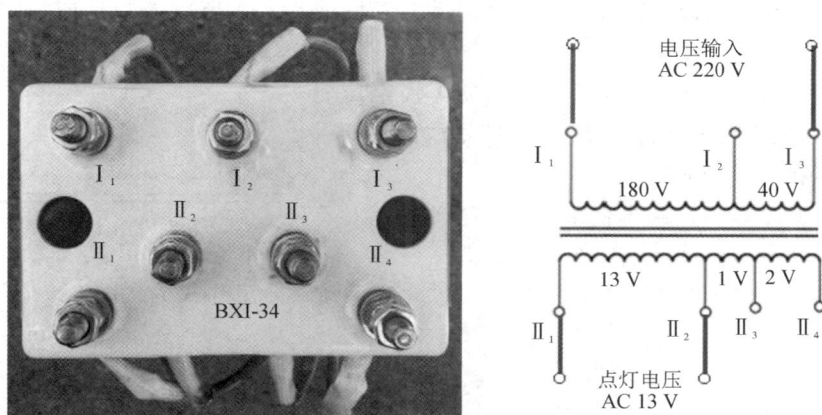

图 5 - 10　BX1-34 型变压器实物图和线圈端子分配图

出在二次侧线圈(线圈断线或其引线开路),如图 5 - 11 中标注"×"的位置所示。

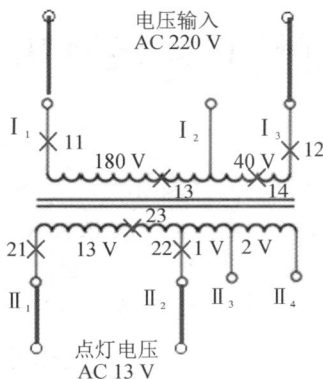

图 5 - 11　变压器线圈开路示意图

找开路点的方法如下(假设只有一处故障点):

(1)判定故障出在哪一侧。将万用表挡置于交流 25 V 挡位上,将一表笔置于 Ⅱ₄ 端子上,另一表笔逐个测量二次侧其他所有端子间的电压。这个过程中只要有一处有电压就表明一次侧是好的,否则故障出在一次侧。

(2)如果二次侧故障,则故障点有 3 处可能(如图 5 - 11 所示),即图中"21"或"22"或"23"处。

① 测量"Ⅱ₂—Ⅱ₄"端子间的电压。如果有电,则排除"22"点;如果无电,则"22"处开路。

② 确定"22"处无故障后,检查"Ⅱ₁"端子下部引线,如果能确定引线完好,则表明"21"处完好,"23"处故障。

注:引线故障只能通过观察其与接线端子的连接情况来判断,如果引线在线圈包装内部断线,则是分不出线圈断线还是引线断线的,可将其视为线圈断线。

（3）如果一次侧故障，则故障点有 4 处可能，即图 5 - 11 所示的"11"或"12"或"13"或"14"处。

测量"II_2—II_3"端子间的电压（注意要更换电压表挡位）。如果有电，则可排除"12"和"14"处故障；如果无电，则"12"和"14"处故障。

注： 如果变压器不是在线使用的，完全可以通过测量线圈电阻的方法来判断故障。但在线使用的变压器不能使用电阻法，如果要测量电阻，必须将其从电路中完全甩出来。

如果使用的变压器是二次侧有两组线圈的，使用中有封连，如 BX-40 型信号点灯变压器使用"II_1—II_4"端子时（如图 5 - 12 所示），如果已判断为二次侧开路故障，那么还会有封线开路的可能。判断方法请读者自行思考。

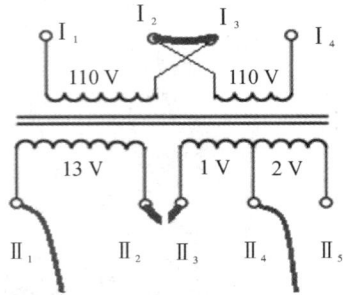

图 5 - 12　BX-40 型信号点灯变压器的线圈端子引线图

第三节　带灯丝转换装置机构内故障举例

本节仍以调车信号机为例，与上节例子不同的是，本例的点灯电路中设置了灯丝转换继电器，在灯泡的主灯丝断丝后会自动点亮副灯丝。由于在点灯电路中对副灯丝电路的完好性无法实时监督，因此只有在主灯丝断丝后才能被发现。这也是《铁路信号维护规则》（以下简称《维规》）中规定在信号机检修作业时要求做主副灯丝转换试验的主要原因。

图 5 - 13 所示为带灯丝转换装置（灯丝转换继电器 DSZJ）的调车信号机机构实物。

图 5 - 13　带灯丝转换装置（灯丝转换继电器 DSZJ）的调车信号机机构实物

一、蓝灯主灯丝断丝不能改点副灯丝

在蓝灯主灯丝断丝后不能改点副灯丝，说明除了主灯丝断丝故障外，在其点亮副灯丝的回路中还存在其他故障。

因为调车信号机的常态为蓝灯，所以当蓝灯主灯丝断丝后，若不能改点副灯丝，则信号机灭灯。信号机灭灯使 DJ 落下从而接通控制台的信号复示器表示电路，使之闪白光。

调车信号复示器表示灯电路如图 5-14 所示。复示器闪白灯的接通条件是"DJ↑"和"DXJ↓"。

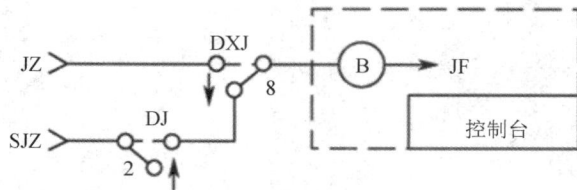

图 5-14　调车信号复示器表示灯电路图

1. 故障范围压缩

由于点灯电路包含室内和室外两部分，如果故障明明发生在室内，而盲目地跑到室外，这势必影响故障处理的效率，因此，在处理信号电路故障时，通常先进行故障范围的初步判断。范围的判断可通过控制台试验（必要时可进行相关进路的办理试验）现象综合分析。

（1）信号复示器表示灯电路闪白光，表明该调车信号机灭灯（蓝灯不能点亮）。

（2）以此信号机为始端办理一条调车进路，信号能正常开放，表明蓝灯电路与白灯电路的公共部分完好，并由此判断故障在 DXJ63 至点灯变压器一次侧间（如图 5-15 所示的粗线部分），或蓝灯与变压器二次侧回路故障。

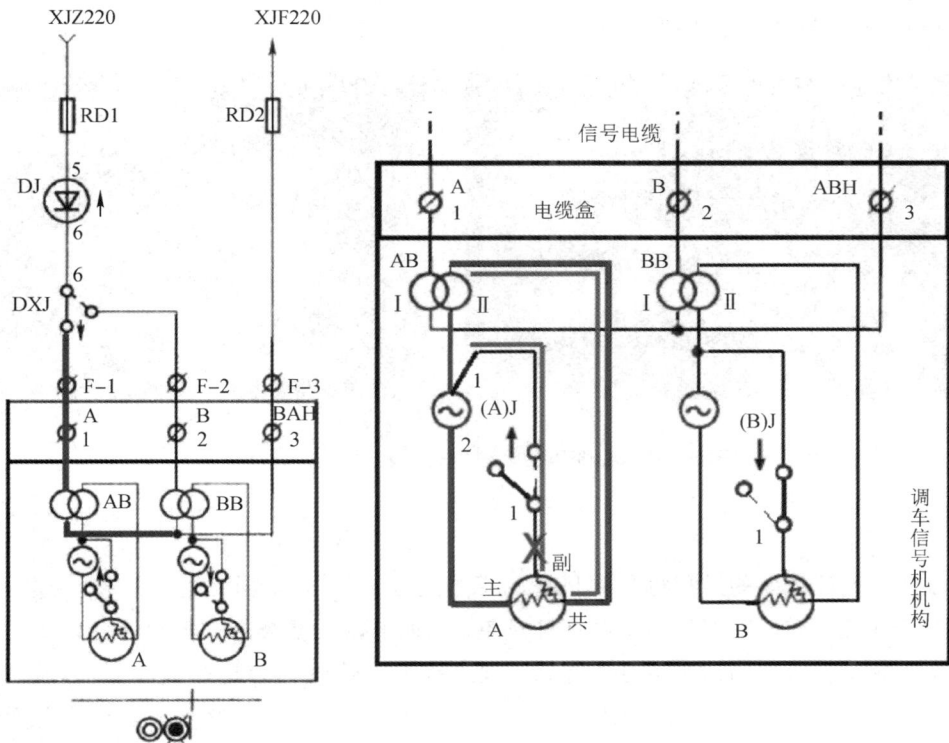

图 5-15　蓝灯故障范围示意图

（3）接着在分线盘上（或分线柜内）测量"A—ABH"电压，结果电压正常，则排除室内故障，故障被确定在室外。测试方法如图 5-16（a）所示。

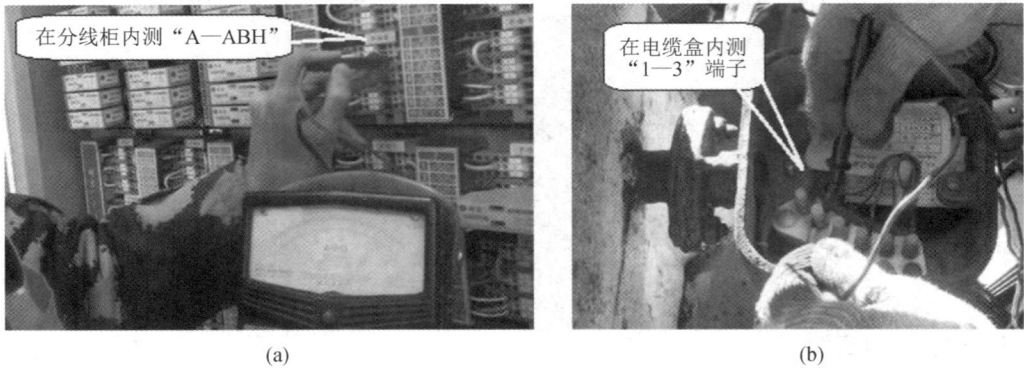

（a）

（b）

图 5-16　在分线盘和电缆盒测量"A—ABH"电压方法示意图

（4）来到室外，打开电缆盒，测量"A—ABH"（"1—3"端子）电压，结果电压正常。由此进一步确定故障在信号机机构内。测试方法如图 5-16（b）所示。

（5）确定故障出在机构内后，打开机构。首先测量变压器一次侧（"Ⅰ$_1$—Ⅰ$_3$"端子）输入电压，再测量变压器二次侧（"Ⅱ$_1$—Ⅱ$_3$"端子）输出电压（注意变换电压挡位），结果都正常，排除变压器故障，即故障是在二次侧回路中（由此也证明前面在室内所作的故障压缩试验结论是正确的）。测试方法如图 5-17 所示。

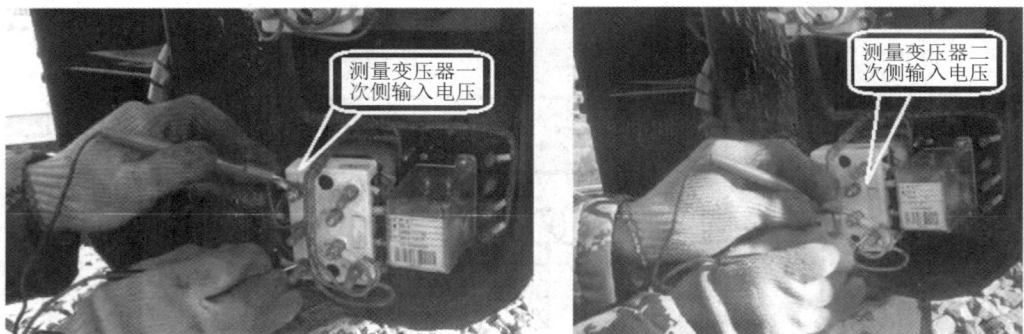

图 5-17　在变压器上测量点灯电压方法示意图

2．查找故障点

事实上，处理故障的过程也是测量者的思维过程。在具体查找故障点时，测量者心中必定有一个预设，即心理上所指定的怀疑对象，不同的预设就会产生不同的行为流程。

比如本例，在有电的情况下灯不亮，常规思维下自然就认为是灯泡坏了，于是就会先去检查灯泡。我们知道，信号机采用的是双灯丝灯泡，且主灯丝断丝后能自动点亮副灯丝，如果是灯泡坏了，则表明其主、副灯丝都断丝了。但有专业常识的人都明白，同一个设备同时出现两个故障的概率要远低于单个故障，因此，若心理预设的故障为公共回线断线，则会先去检查公共回线。可以想见,心理预设不同,接下来的查找过程就会不同。

查找故障没有固守不变的流程,因为事实上的故障大多并不像所预想的那样,当然,经验加上合理的思维是快速处理故障的基础。

为便于直观理解此故障的查找过程,给出信号机机构内设备配线,如图 5-18 所示(假设本例的开路点为图中所标注的"×"处)。

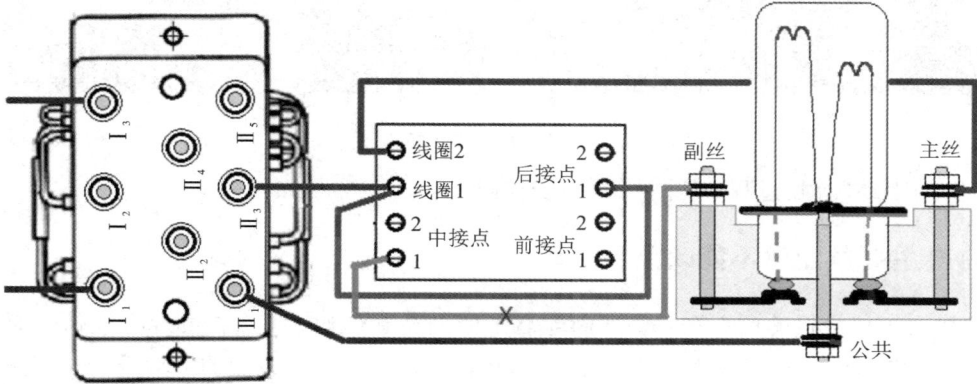

图 5-18　信号机构内设备配线示意图

1)查找过程一

(1)首先怀疑灯泡双断丝。取下灯泡查看灯丝状态,结果是主灯丝断丝,副灯丝完好(进一步证明故障出在副灯丝的回路中)。灯泡取下后不要安装回去。

(2)在灯座上测量"公共—主丝"端子间电压,结果电压正常;接着测量"公共—副丝"端子间电压,结果无电压(正常应该有电压,因为主灯丝断丝后灯丝转换继电器通过后接点将点灯电压送到副灯丝上)。结论:副灯丝引线开路,即变压器"Ⅱ$_3$"端子至灯座"副丝"的支路断线。

(3)采用借电步进测量法,将万用表(交流 25 V 电压挡)的一表笔置于"Ⅱ$_1$"端子上不动,另一表笔先后步进测量灯丝转换继电器"线圈 1",有电;测量"后接点 1",有电;测量"中接点 1",有电;最后测量灯座"副丝"端子,结果无电压。本例故障点找到。

注:如果将原主灯丝断丝的灯泡安装回去,也可以利用"在闭合回路中开路点之间有电压"的特性来查找故障点。这里不做具体解释,请读者自行思考。

当然,本案例也不排除灯丝转换继电器的接点接触不良的可能,此问题读者自行分析。

2)查找过程二

(1)首先怀疑公共回线开路。将万用表(交流 25 V 电压挡)的一表笔置于"Ⅱ$_1$"端子上不动,用另一表笔先后测量灯座上的"主丝"和"副丝"端子。本例的结果是:测量"主丝"端子有电压,测量"副丝"端子无电压,由此确定副灯丝引线开路。如果是公共回线开路,那么上面两个测量结果应该都有电压(因为此时的灯丝转换继电器落下,电压能送到"副丝"端子)。

测试方法如图 5-19 所示。

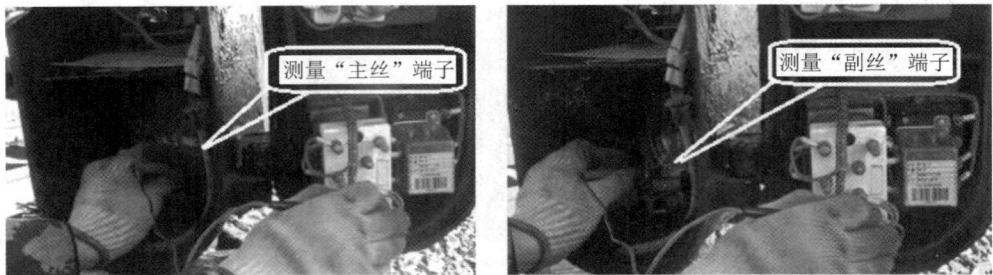

图 5-19　查找灯泡引线故障方法示意图

（2）与上述"查找过程一"中的第（3）步相同。

二、白灯主灯丝断丝不能改点副灯丝

如果调车信号机的白灯在主灯丝断丝后不能点亮副灯丝，那么在办理开放信号时白灯无法点亮。由于白灯不能点亮，因此会造成 DJ 落下进而使已经吸起的 DXJ 落下，于是信号自动关闭，又改点蓝灯，即此故障会造成调车信号机无法正常开放。

本故障的处理过程与上例的蓝灯情况基本相同，但也有以下不同的地方需要注意。

（1）若白灯主灯丝断丝后不能改点副灯丝，则平时在控制台上没有任何现象，只有在以此信号机作始端办理进路的过程中才能表现出来。

（2）如果发现信号不能开放，那么可以再办理一次重复开放信号手续，通过观察控制台表示灯现象分析故障范围。如果在重复开放信号时复示器白灯不亮，则可能是由于 DXJ 不能吸起（如果 DXJ 能正常吸起，复示器就能点亮白灯），之后再办理开放信号操作时就要重点观察 DXJ 的动作情况。

在重复开放信号时，如果发现信号复示器点亮白灯后又熄灭，则可断定 DXJ 能正常吸起，此时故障最大可能出在点灯电路本身。

（3）由于信号不能正常开放，在办理开放时电路会自动改点禁止灯光，如果采用测量电压的方法（同上例方法）查找故障，就必须要在办理信号重复开放的过程中测量，以确保电源能送出。

因为信号机的允许灯光平时不点亮，即此白灯电路中无电，所以，可在确定不带电的情况下采用测量电阻的方法查找故障。但要注意，应确定测量不会造成不良后果，防止因表笔造成短路使故障升级。也因此，电阻法对使用的设备进行故障处理时是禁止采用的。

三、机构内配线错误故障

错线故障一般发生在工程施工、更换信号机内部配线或更换器材后，在日常维修中较少发生。如果一旦有错线故障发生，则现象比较特殊，没有固定的规律可循，不过有些现象与断线故障相似，极易引起误判，要特别注意。对这类故障的处理可考验维护人员对电路的熟悉程度及思辨能力。在此以机构内几种配线错误情况作简单分析，以引起读者的重视。

图 5-20 所示为点灯电路机构内正确配线。

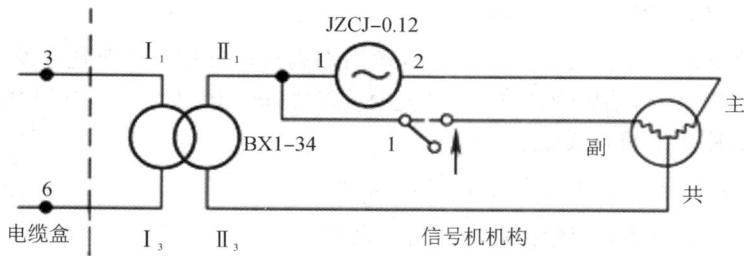

图 5 - 20　点灯电路机构内正确配线图

1. 几种错线造成的故障现象

下面是机构内电路 4 种配线错误的情形下所表现出的现象。

1）主灯丝线与公共回线配错

主灯丝线与公共回线配错的电路如图 5 - 21 所示。其错误造成的现象为主灯丝点亮正常，当主灯丝断丝时则该灯位灭灯。如果该灯位是禁止灯光，那么除信号机灭灯外，控制台复示器闪白灯（若是进站信号机则闪红灯）；如果该灯位是允许灯光且主灯丝断丝的情况下此信号机不能开放，那么开放信号过程中控制台复示器亮白灯后又熄灭（若是进站信号机则亮绿灯后又熄灭）。

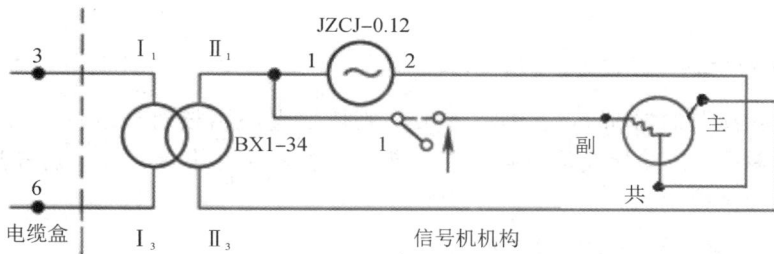

图 5 - 21　主灯丝线与公共回线配错电路示意图

2）副灯丝线与公共回线配错

副灯丝线与公共回线配错的电路如图 5 - 22 所示。其错误造成的结果是主、副灯丝线串接，故能同时点亮，但亮度明显降低。如果主灯丝断丝，则副灯丝能正常点亮。

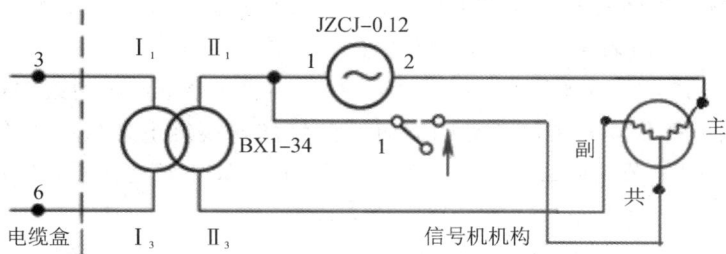

图 5 - 22　副灯丝线与公共回线配错电路示意图

3）主、副灯丝线配错

主、副灯丝线配错在实质上造成了主灯丝当作副灯丝使用，即把副灯丝变成了主灯丝，而平时点亮的是副灯丝，副灯丝断丝后也能改点主灯丝。因此，这个错误如果不做特殊的试验观察或测试检查很难被发现。

4）灯丝转换继电器线圈 1 与中接点 1 配错

灯丝转换继电器线圈 1 与中接点 1 配错的电路如图 5 - 23 所示。其错误造成的结果是主灯丝能正常点亮，但当主灯丝断丝后，灯丝转换继电器颤动（落下又吸起，吸起后又落下）。

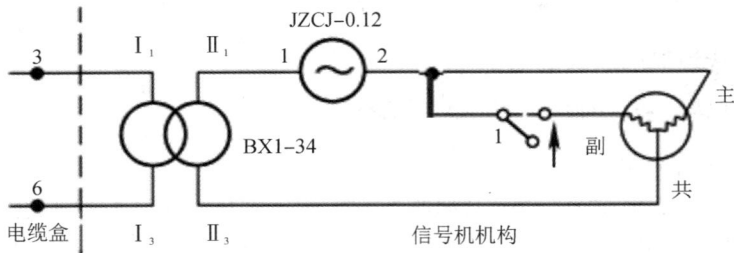

图 5 - 23　灯丝转换继电器线圈 1 与中接点 1 配错电路示意图

对以上几种配线错误的形成原因本书不再详述，请读者自行分析理解。需要提醒的是，正常使用中的信号机如果发生故障，那么处理时应先考虑常规故障，只有在更换配线后才去考虑错线故障。

2．错线查找方法

在电路比较简单的情况下，若配线错误，则依照电路图核对配线一般都能找到问题。如果无法理解对照，比如导线是隐藏的或是绑扎在多根线之中等情况，就需要借助测量电压或电阻等手段来解决。

1）禁止灯位的"主、副、共"三根引线配错

若错线的信号机是禁止灯位（如调车信号机的蓝灯，或列车信号机的红灯），在怀疑点灯单元或点灯变压器到灯座的"主、副、共"三根引线配错时，则可通过测量电压的方法查找错误，因为对禁止灯位室内一直是向点灯单元或点灯变压器供电的。

查找错误时首先从灯座上将"主、副、共"三根引线甩开，然后假设某个引线为"公共回线"，分别对另外两根线测量电压（用交流 25 V 的电压挡），如果测量结果为"有电"（大小为点灯电压），再测另外两根导线为无电压（因主副端间等电位），那么，刚才假设的"公共回线"为真（如果不是上面的结果，可再重新假设）。

接着将找到的"公共回线"挂上灯座的共用端，而后在余下两根引线中任取一根挂到主灯丝端（确保灯泡完好），如果灯点亮的同时听到灯丝转换继电器（DZJ）吸起的动作声音，说明挂线正确，否则"公共回线"是副灯丝的引线。将引线正常连接后，进行灯丝转换试验确认正确即可。

2）允许灯位的"主、副、共"三根引线配错

由于允许信号室内不能将点灯电源送到此灯位，这时只能采用测量电阻的方法来查找错误。

用 R×1 电阻挡进行测试判断。甩开灯座上"主、副、共"三根引线和点灯变压器的一根输出引线（因变压器内部是连通的），电路断开后的状态如图 5-24 所示。

断开电路后，利用公共回线对主灯丝引线和副灯丝引线的阻值无穷大（Ω_2、Ω_3 的读数很大），而主、副灯丝间阻值很小（Ω_1 的读数很小，几乎为 0 Ω，因灯丝转换继电器的线圈电阻很小）的情况，能很快找出公共回线，挂上变压器次级引线和共用引线，而后按"禁止灯位的'主、副、共'三根引线配错"的方法处理即可。

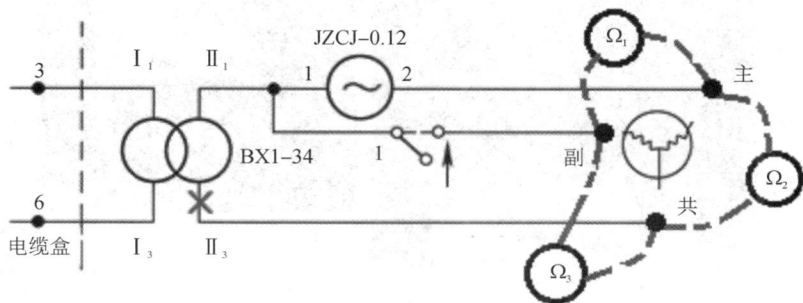

图 5-24 电阻法查找引线电路断开后状态示意图

第四节 其他点灯设备下的电路故障举例

上面两节所举例的对象都是使用点灯变压器和灯丝转换继电器的信号机，本节列举几个使用其他点灯设备时的局部电路故障的例子，并简介其处理方法。

一、使用点灯单元的信号机灭灯故障

使用了点灯单元的调车信号机，机构内的点灯变压器与灯丝转换继电器就不存在了，其两者的功能由点灯单元替代。此时室外电路配线（主要是机构内配线）相对简单，查找故障也简单一些。使用点灯单元的调车信号机点灯电路如图 5-25 所示。

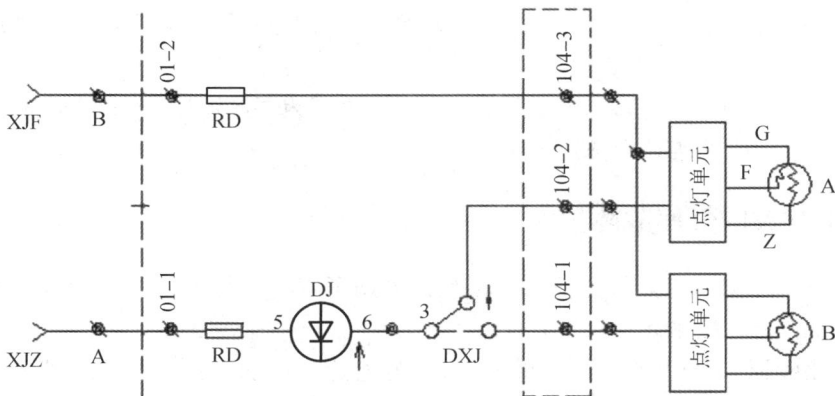

图 5-25 使用点灯单元的调车信号机点灯电路图

这里具体以调车信号机蓝灯灭灯故障为例。图 5-26 所示为使用点灯单元的信号机机构实物，其所使用的点灯单元是 DDX1-34 型，单元上的"G、Z、F"三个端子分别与灯座的"公共、主丝、副丝"端子接线。现假设与灯座的公共引线开路（图中标"×"处所示），而其他设备都完好（包括灯泡）。

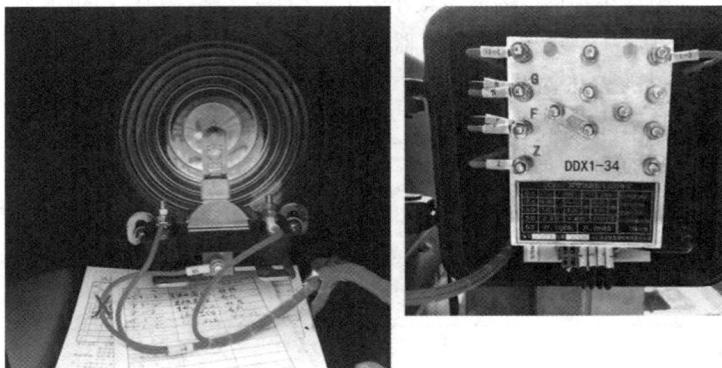

图 5-26   使用点灯单元的信号机机构实物图

根据假设的故障点简单分析可知，该调车信号机现处于灭灯状态。其造成的故障现象以及相关故障范围的判断过程这里不再详述，下面只将主要的处理过程做简单表述，细节问题请读者自行思考。

（1）判断点灯单元能否将电压送出。用万用表交流 25 V 电压挡在点灯单元上分别测量"Z""F"端子对"G"端子的电压（通常主灯丝电压在 12 V 左右，副灯丝电压比主灯丝电压略低。具体要看点灯单元调整的输出电压值），本例的测量结果是都有电压且电压值正常。这里需要读者思考"F"与"G"端子间为什么会有电压存在？

（2）用同样的方法在灯座上再分别测量"主丝"和"副丝"端子对"公共"端子的电压。本例的测量结果是两次都不能测到电压，依据此结果基本可以确定公共引线部分开路。当然，首先要以确定灯泡完好为前提（实际中也存在线断的同时灯泡也断丝的可能，特别是实训设备，因为平时缺少对它的维护）。

（3）进一步确认公共引线开路。将万用表的一支表笔固定在点灯单元"G"端子不动，另一支表笔分别测量灯座上的"主丝"端子和"副丝"端子的电压，结果两者都有电压。此故障被确认。

如果电路中没有其他故障存在，那么本例中在"G"和"公共"端子上可以测量到点灯电压。用此法也可以作为确认故障点的依据。

二、带试验开关的灯座故障

目前现场使用的双灯丝灯泡信号机很多都采用了带主副灯丝切换试验开关的灯座，其灯座的结构如图 5-27 所示。

此类灯座除原三个引线端子外在公共端子的左边又增加了一个"主端"端子，负责与点灯单元或变压器"主丝"电源端子连接；右侧加装了一个按钮开关（常态为闭合），它负责接通或断开灯座上"主端"与"主丝"端子之间的连接。按压此按钮开关即可断开主灯丝电路而接通副灯丝电路，故称之为灯丝转换试验开关。在按压此按钮开关时同时可以听到继电器

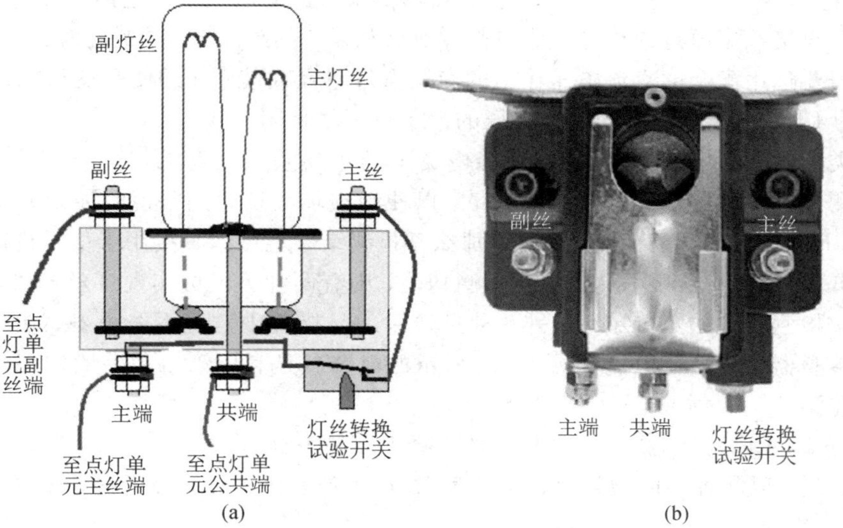

图 5-27 带主副灯丝切换试验开关灯座结构示意图

动作的声音。

带开关的灯座的故障率比较高的地方就是这个按钮开关,若开关接触不良,则会表现出间歇性的灯丝转换。处理此故障时,在确定副灯丝点亮的情况下,可直接测量"主端"与"主丝"端子上的电压,若有电压,则表明其间有开路。如果要具体确定是开关本身故障还是其中的两处引线断线,就需要取下灯座打开开关进一步检查。

三、LED 信号机灭灯故障

LED 信号机凭借其特有的优点使用得越来越广泛,尤其在城市轨道交通领域。LED 信号机只是以 LED 发光二极管为光源替代了色灯信号机的双丝灯泡,它们的点灯控制电路在室内电路部分是完全一样的,不同的只是机构内即"二次侧"电路中因使用的元件不同,使电路配线略有差别。图 5-28 所示为 LED 调车信号机点灯电路。

LED 信号机由于发光盘型号及其功能(主要电路方面的功能)的不同,需要配备相应的

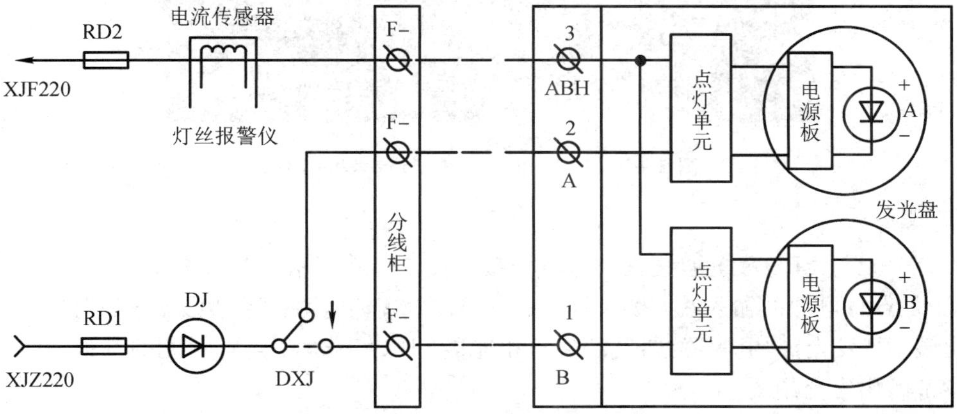

图 5-28 LED 调车信号机点灯电路图

点灯单元使用。比如有些型号的 LED 发光盘内部带有电源整流单元电路，与其配套的点灯单元就可以直接选用原灯泡信号机的点灯单元。相反，如果 LED 发光盘内部无整流电路，那么它就需要选用配套的直流电压输出的专用点灯单元或装置。即便是交流输出的点灯单元，不同的 LED 发光盘需要的交流电压的大小也不尽相同。

不同类型的 LED 发光盘在内部功能电路上的主要差别是有无灯丝电流检测功能。对电流的检测是为了检测发光管的损坏数量，以便当损坏数量达到限值时能及时给出报警条件。如果 LED 发光盘本身有检测功能，那么其检测结果就可以直接用于信号机监测的报警条件。但如果 LED 发光盘不具备电源检测功能，则有两种手段可实现灯丝检测：一种是选用具有电源检测功能的点灯单元；另一种是选用信号机集中监测系统设备，在点灯回线上利用电流传感器采样灯丝电流。图 5 - 28 所示的电路就是利用第二种手段实现对发光管损坏情况的监测的。

综上可知，LED 信号机在点灯单元的选择上要与发光盘类型相配套，不如双丝灯泡的通用性强。下面以几种不同型号设备下的 LED 调车信号机灭灯故障为例，介绍其故障处理的方法。

1. 鸿钢 2010 型 LED 信号机

鸿钢 2010 型 LED 信号机使用的是 2010 系列信号灯单元设备，具有结构紧凑、能耗低、无须调焦、少维护等特点，是新一代用于轨道交通运输线上的色灯信号机，其实物如图 5 - 29 所示。其中 LED 发光盘采用高亮度发光二极管分组串并联连接，内置了整流、三端抗干扰稳压电源及报警系统等功能电路，其中需要输入的工作电源为 AC 12 V±1 V，它多与 BXA - 50 型点灯单元配合使用。

图 5 - 29　鸿钢 2010 型 LED 信号机实物图

1）设备连接

点灯单元与 LED 发光盘之间的电气连接如图 5 - 30 所示。BXA - 50 型点灯单元的"1""2"端子是点灯电源的输入端，接入信号点灯 AC 220 V 电源；"7""8"端子是向发光盘供电的输出端，与发光盘"电源"的"1""2"端子相连接。BXA - 50 型点灯单元的其他参数可看前面章节的内容介绍。

LED 发光盘控制盒外部连接端子定义如下：

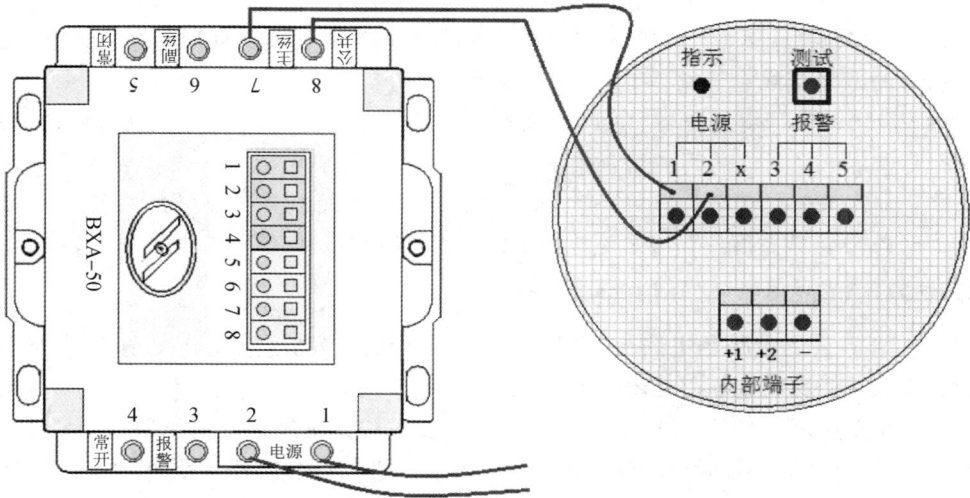

图 5 - 30　点灯单元与 LED 发光盘之间的电气连接示意图

（1）"电源"的"1""2"端子为点灯电源输入端子（12 V±1 V）；"x"端子是备用端子，内部与"2"端子相连接（短接）。

（2）"报警"的"3""4""5"端子为报警条件输出端子，分别连接报警继电器的后接点、中接点和前接点。

（3）"内部端子"的"＋1"端子连接发光盘正极光源的 60% 或 40%（红色套管 A 组）；"＋2"端子连接发光盘正极光源的 60% 或 40%（黄色套管 B 组）；"－"端子连接发光盘负极（黑色套管）。

2）断线灭灯故障处理

设某调车信号机蓝灯机构内因开路造成信号机灭灯故障（假设故障点如图 5 - 31 中标注的"×"所示）。信号机灭灯所造成的故障现象及故障范围压缩方法前面都有详细介绍，这里省略。现在假设在电缆盒的"A-ABH"上测量到了点灯电压，已判定为信号机机构内开路故障。

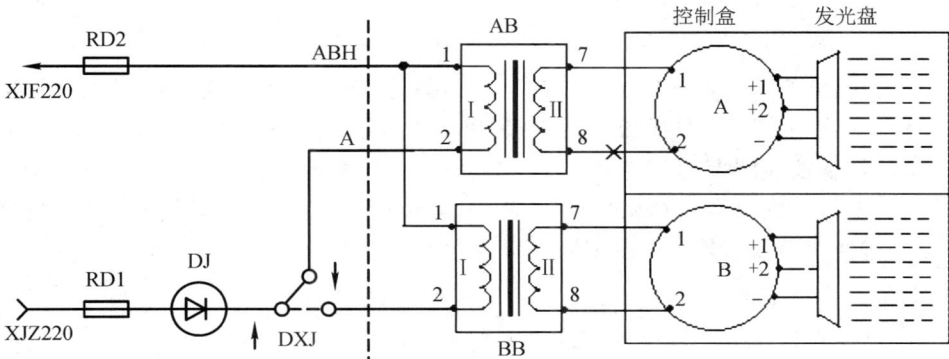

图 5 - 31　信号机蓝灯机构内部开路示意图

接下来的故障查找操作如下：

打开机构，首先测量点灯单元"1""2"端子间的电压，电压正常（使用交流 250 V 挡）；

测量"7""8"端子间的电压，电压正常，为 12 V 左右(使用交流 25 V 挡)。

其次，在控制盒上测量"1""2"端子间的电压，结果为 0 V，表明从点灯单元至 LED 发光盘控制盒的两根接线有开路。

最后，借"(AB)7"步进测量"(AB)8"有电，测量"(控制盒)2"无电，从而找到故障点。

注：造成信号机灭灯的可能情况有很多，如电源屏没有将电源送出，电路任一处开路或者短路，元件损坏或者灯泡断丝。但要清楚的是，当 LED 发光管损坏的数量超过 30% 时也会使信号关闭或者灭灯，不过借助信号监测系统的监测结果可以进行区分。

2. XSZG(A)-130 型 LED 信号机

130 型 LED 发光盘采用电路板(安装电子元件电路)与发光盘(安装发光管)合于一体的整体安装方式。其发光点阵由几十只发光二极管(用于高柱和矮型的数量不相同)的支路并联工作，当发光点阵损坏 50% 以上时，仍可达到技术指标所规定的显示距离。另外，它采用标准化设计，不改变 JZXC-H18 灯丝继电器类型，即在点灯电路上没有改变，只是将原来的 AC 220 V 点灯电源变为了 AC 110 V，与其配套使用的点灯单元是 BXA-40 型。XSZA-130 型 LED 信号机实物如图 5-32 所示。

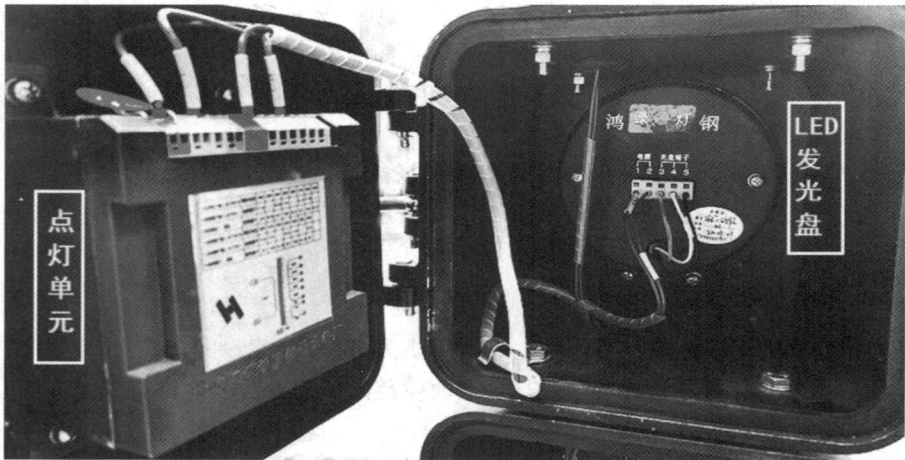

图 5-32　XSZA-130 型 LED 信号机实物图

该型信号装置唯一不足的地方是它自身不具备对 LED 发光二极管损坏数量的实时监测功能，不过它能与 BJ-72 型报警仪配合使用实现监测。当发光二极管的损坏数量达到 30% 以上时，报警仪线圈上的感应电流达不到其规定值(电流小于下限值)，使得 CPU 不能正常工作，于是信号继电器(DXJ 或 LXJ)落下，接通禁止灯光点灯电路，实现"故障—安全"原则，同时使报警仪报警，以便维修人员及时更换发光盘。

1) BXA-40 型点灯单元

BXA-40 型点灯单元一次侧电压的标准值为 AC 105 V/50 Hz，二次侧电压的标准值为 46 V。其单元的上面部有编号为"1~14"的 14 个接线端子插孔，其中"1—2，3—4"端子为点灯变压器的输入端，"5—6"端子为点灯变压器接地端子，"7—14"为点灯变压器电压的输出端子，根据需要选择不同的端子可得到 32~46 V 之间的 15 种电压输出(间隔 1 V 大小)。BXA-40 型点灯单元与发光盘端子分布及连接方式如图 5-33 所示，变压器电源引线及输出电压调整表如图 5-34 所示。

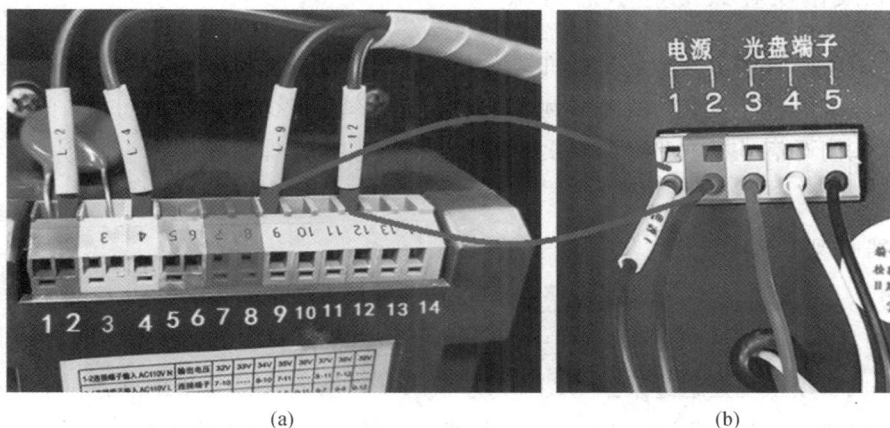

(a)　　　　　　　　(b)

图 5-33　BXA-40 型点灯单元与发光盘端子分布及连接方式示意图

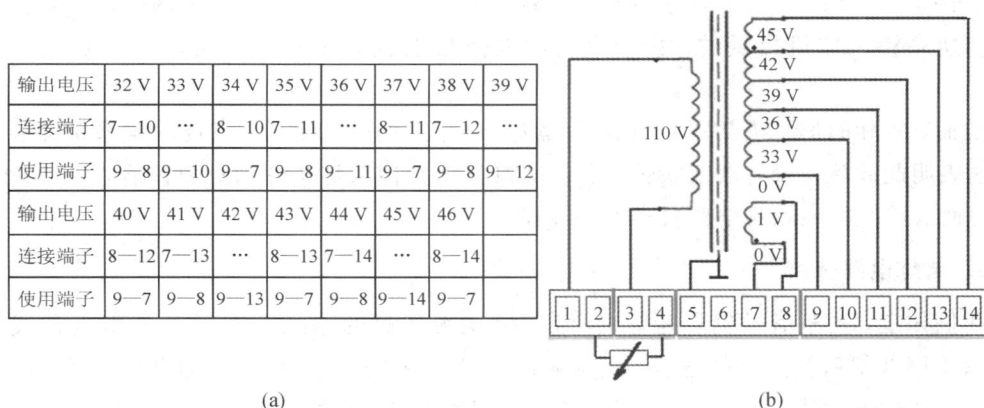

输出电压	32 V	33 V	34 V	35 V	36 V	37 V	38 V	39 V
连接端子	7—10	…	8—10	7—11	…	8—11	7—12	
使用端子	9—8	9—10	9—7	9—8	9—11	9—8	9—8	9—12
输出电压	40 V	41 V	42 V	43 V	44 V	45 V	46 V	
连接端子	8—12	7—13	…	8—13	7—14	…	8—14	
使用端子	9—7	9—8	9—13	9—7	9—8	9—14	9—7	

(a)　　　　　　　　(b)

图 5-34　变压器电源引线及输出电压调整表

XSZG(A)-130 型发光盘外部连接端子有两组，"电源"的"1""2"端子为工作电源输入端，发光盘的工作电压为 32～36 V。"光盘端子"的"3""4""5"分别连接发光盘正极光源的 60％ 或 40％（红色套管 A 组）、发光盘正极光源的 60％ 或 40％（白色套管 B 组）和发光盘负极（黑色套管）。

2）发光盘控制盒内部故障造成信号机灭灯

如果是发光盘控制盒内部故障造成信号机灭灯，那么在测量发光盘上的"3""5"或"4""5"端子时电压为 0 V（或者电压很小）。即点灯单元的电压能正常送入发光盘（控制盒内），但控制盒无电源输出。图 5-35 所示为发光盘控制盒电路板实物。

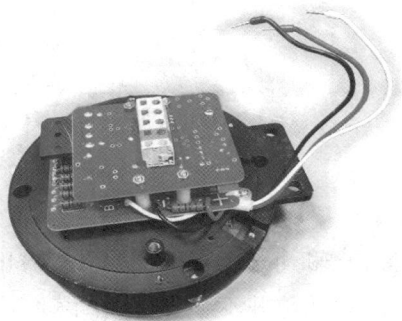

图 5-35　发光盘控制盒电路板实物图

四、因配线错误导致乱显示案例

上一节我们举例了调车信号机机构内电路配线错误的案例，这里我们再举一个因电缆配线错误造成信号乱显示的故障事例。尽管实际工作中很少遇到这类问题，但通过这些问题可激发我们对信号机电路更深层次的思考，拓展故障处理的思路。下面仍然以调车信号机为例。

1. 案例现象及其分析

假设某计算机联锁的车站大修之后，当排列调车进路时，在控制台上的表示和集中监测的界面均正常显示出调车信号机已开放白灯，但司机反映室外点亮的是蓝灯和白灯。

计算机联锁系统是通过采集 DXJ 和 DJ 状态来判断调车信号机的状态的，开放信号后DXJ 吸起可接通白灯，若这时 DJ 处于吸起状态，则表明此信号机已正常开放，从而计算机联锁系统会给出控制台信号开放白灯的表示信息（在 6502 调车信号表示灯电路中，接通白灯的条件就是 DXJ 和 DJ 的前接点条件，参看图 5-14）。信号集中监测的站内显示信息是由计算机联锁工控机提供的，集中监测的界面自然也会正常显示出调车信号机已开放白灯。

然而，实际的信号机却真实地显示"蓝灯＋白灯"的故障现象，对此联锁系统却表现正常，这表明此故障并没有改变联锁条件，即对室内其他点灯条件的对象没有造成影响。因此，对此故障只能在点灯电路自身上去寻找。

2. 点灯电路分析

我们知道，调车信号机点蓝灯时 XJZ220 电源经过的路径是：DJ 灯丝继电器线圈→DXJ 落下第 3 组后接点→接通信号电缆芯线（A 线）→连通室外蓝灯智能点灯单元→接通信号电缆芯线（ABH 线）→XJF220。调车信号机配线正确的点灯电路如图 5-36 所示。

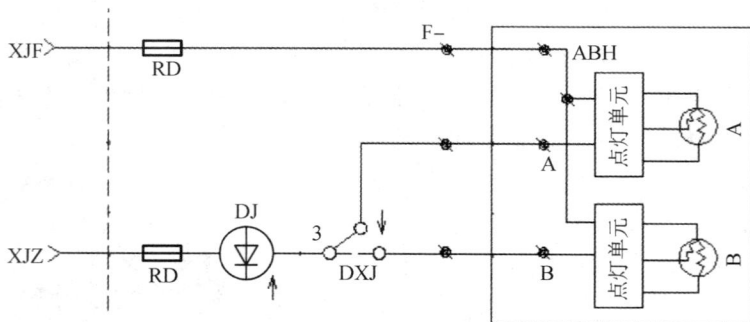

图 5-36　调车信号机配线正确时的点灯电路图

在信号机处于关闭状态时并没有出现乱显示现象（只点亮蓝灯），表明信号在关闭状态（DXJ↓）时故障并不影响白灯，由此证明白灯电路的独立部分正常，即从 DXJ32 到电缆盒的电缆线正常，也没有混电的可能。那么，故障只能发生在 A、ABH 电缆上。

可是在点亮白灯时蓝灯也能点亮，这表明此时蓝灯串联到了白灯的回路中。结合点灯电路分析，两个点灯单元要想串联，且又能与室内连通，唯一的可能是 A 与 ABH 线路配反（交换位置），其错误电路如图 5-37 所示。

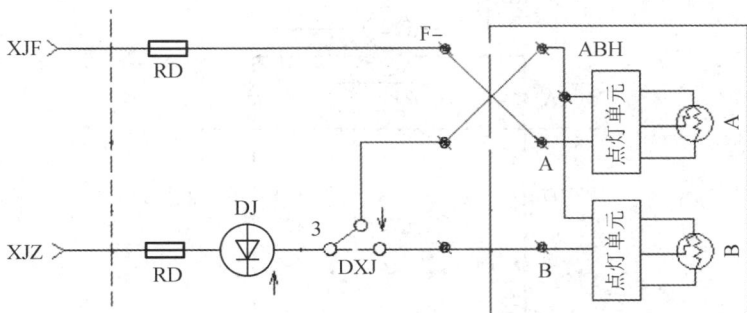

图 5-37　调车信号机配线错误时的点灯电路图

（1）当点灯电路 A 线与 ABH 线交叉配置后，调车信号机点蓝灯时 XJZ220 电源经过的路径是：DJ 灯丝继电器线圈→DXJ 落下第 3 组后接点→接通信号电缆芯线（ABH 线）→连通室外蓝灯智能点灯单元→接通信号电缆芯线（A 线）→XJF220，信号灯正常时仍然显示蓝色灯光，不能检测出配线错误。

（2）在点灯电路 A 线与 ABH 线交叉配置的情况下，在开放调车信号时，调车信号机点灯电源 XJZ220 经过的路径是：DJ 灯丝继电器线圈→DXJ 励磁第 3 组前接点→接通信号电缆芯线（B 线）→连通室外白灯智能点灯单元→连通室外蓝灯智能点灯单元→接通信号电缆芯线（A 线）→XJF220。信号灯正常时室外显示蓝、白色灯光，出现乱显示问题。

通过以上分析可知，在调车信号机配线错误时，其现象与控制台所表现出来的现象完全吻合。最简单的处理办法是在电缆终端盒内倒换 A 线与 ABH 多股铜线，并对配线套管进行标示。

注：对于设备大修或新开线路，除需要做必要的联锁试验外，还应对设备做室内室外的状态及其表示信息的一致检查。对信号机均要做开放信号试验，确认室内外显示是否正确、一致，以防止出现配线错误造成乱显示问题。

第五节　调车信号电路室内开路故障举例

上面几节主要讲述了信号机点灯电路室外开路故障的处理方法，接下来依然通过具体的故障事例，重点介绍点灯电路室内开路故障处理的思路及基本方法。

我们还是以调车信号点灯电路因室内开路造成信号机灭灯为例，且为便于表述，假设室内 ABH 回线开路故障如图 5-38 所示，后面文中描述的端子名称以此施工图中所标注的为准。当然，尽管有些电路图有标准化的要求，但不同的车站、不同的施工单位会因设备的不同，其施工图并不是完全一样的，因此，在实际的工作中处理故障时要以本站的施工图为准。

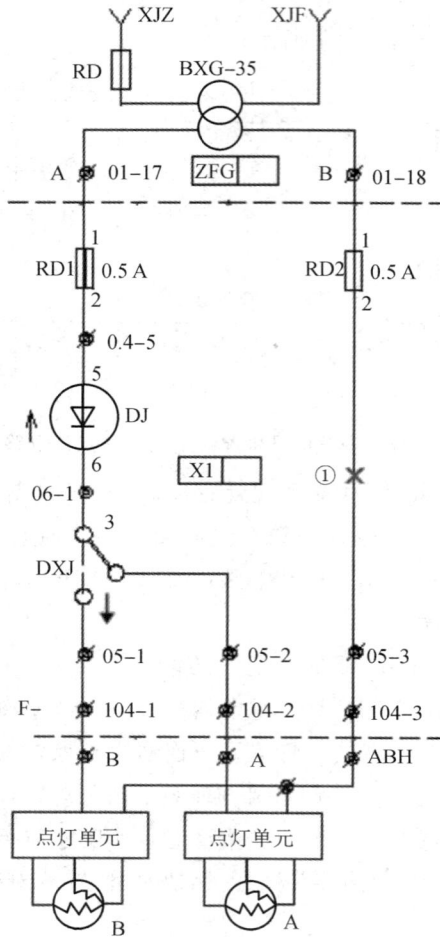

图 5 - 38　室内 ABH 回线开路故障指示图

一、因公共回线开路信号机灭灯

由前面的知识我们知道，信号机灭灯表明此信号机的定位灯光不能正常点亮（列车信号机为红灯，调车信号机为蓝灯）。假设造成灭灯的故障是室内 ABH 回线（蓝灯和白灯的公共回线）开路，即如图 5 - 39 中① 所示处断线，此故障查找步骤如下：

（1）盘面压缩故障范围。以此信号机为始端办理调车进路，发现信号不能开放，表明故障可能是电源断电，或蓝、白灯点亮电路的公共部分开路。

（2）判断故障是在室内还是在室外。在分线盘上测量 B - ABH（F104-1 与 F104-3）端子间的电压，查看点灯电压能否送出室外。结果电压为 0 V，表明故障在室内。

（3）查看熔断器和电源情况。发现熔断器完好，接着测量组合侧面端子板"01-17，01-18"端子间的电压，结果电压正常（AC 220 V）；接着测量"05-2，05-3"端子间的电压，结果电压为 0 V。

通过上面三步可知，故障的范围在两条支路：一是"01-17"端子至 DXJ31 之间（图 5 - 39

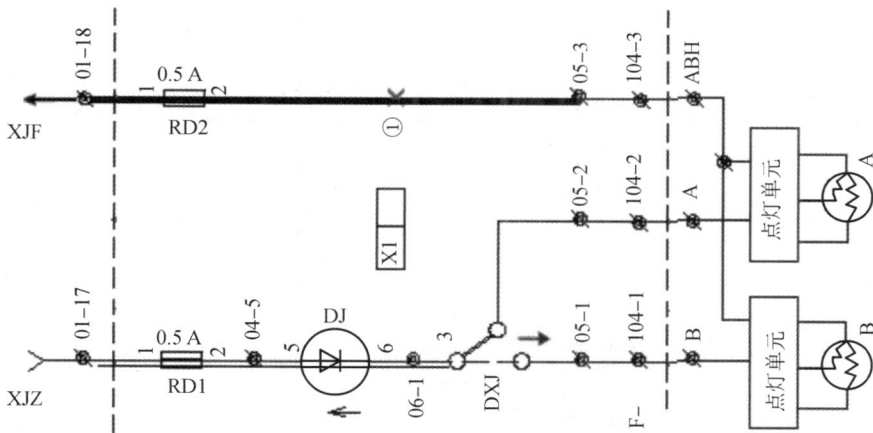

图 5 - 39　电路故障范围示意图

所示的双细线部分);二是"01-18"至"05-3"端子之间(图 5 - 39 所示的粗线部分)。

接下来采用借电步进测量法查找开路点。

(4) 将一支表笔放在该组合的"06-18(XJF)"端子上,另一支表笔测量"05-1"端子(或DXJ31)的电压,若有电压,则排除 XJZ 支路(上面分析的第一条支路,即图中双细线部分)开路。

(5) 将一支表笔放在该组合的"06-17(XJZ)"端子上,另一支表笔测量"05-3"端子的电压,若无电压,则确定开路点在 XJF 支路(上面分析的第二条支路,即图中粗线部分)。接下来开始步进测量。

放在"06-17(XJZ)"端子上的表笔不动,顺序测量 XJF 熔断器到侧面端子"05-3"路径上的各点,测量时若从有电压变为无电压,即为开路点。本例中在测量(RD2)2 时有电(AC 220 V),在测量 05-3 时无电,表明(RD2)2 与 05-3 端子间的线路开路。对于一个接通电源的闭合回路,在确定只有一处开路时,可以用"开路点间有电压"这一规律,再确认开路点(实际工作中能确认尽量确认,不能确认时,可以在重点位置处重测一次)。

找到断线后,通常先查看接线端子处的焊接点是否存在虚焊或者掉线、断股等情况,再判断是否为导线断线(导线断线的可能性相对较低)。

注:(1) 如果开路点在"01-17"端子至 DXJ31 之间(图 5 - 39 所示的双线部分),那么故障现象及处理方法与本例相同,只需在侧面 01-18 端子上借 XJF 沿此支路部分步进测量电压。判断故障点的方法一样,只是测量的路径比较长,测量的点多而已。

(2) 采用借电步进测量法查找开路故障点时,尽量从有电压向无电压的方向步进,这样可以减小误判的可能性。因为从无电压向有电压的方向步进时,本应该有电压的点,但因放错了端子或表线脱落、断线等原因也会得到无电压的结果,从而造成误判。

二、蓝灯线开路使信号机灭灯

假设造成灭灯的故障是室内 A 灯线支路(DXJ33 至分线盘 104-2)开路,如图 5 - 40 中② 所示处断线。此故障查找步骤如下:

(1) 盘面压缩故障范围。以此信号机为始端办理调车进路,发现信号能开放,表明故障

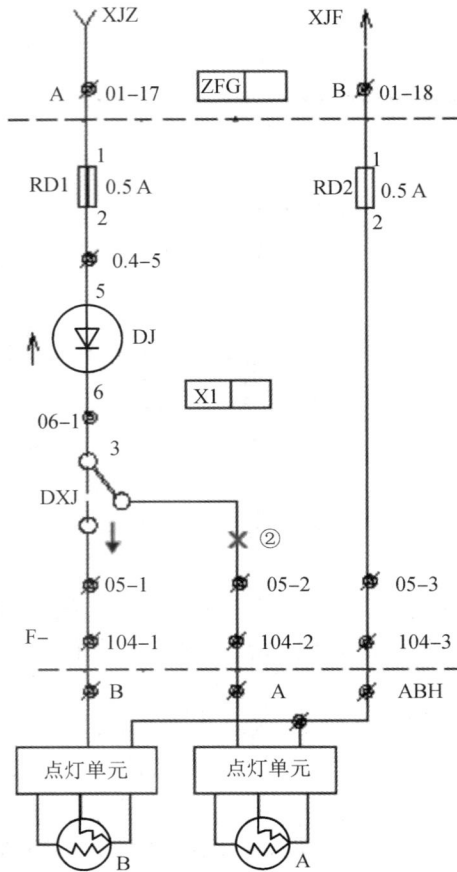

图 5-40　蓝灯电路故障指示图

只影响蓝灯点亮的电路部分。

（2）判断故障是在室内还是在室外。在分线盘上测量 B-ABH（F104-1 与 F104-3）端子间的电压，结果电压为 0 V，表明故障在室内。

通过上面两步可知，故障在"DXJ33 至分线盘 104-2"支路上。

（3）接下来查找故障点的方法同前。在"01-18"或"05-3"端子上借 XJF 电源从 DXJ31 向分线盘方向步进测量电压，故障在有电压与无电压之间。

三、白灯线开路信号不能开放

假设造成白灯不能点亮的原因是室内 B 灯线支路（DXJ32 至分线盘 104-1）开路，如图 5-41 中③所示处断线。

这个故障平时不能被发现，只是在开放信号时控制台上的信号复示器亮白灯后又熄灭。由此现象可判定故障在影响点白灯的电路部分。接下来首先要做的是区分故障是在室内还是在室外。

（1）在分线盘上测量"104-1"与"104-3"端子间的电压。将表笔分别在两个端子上放好，让配合人员办理开放信号操作（让点白灯的电源向室外方向送出），注意观察表针动作情

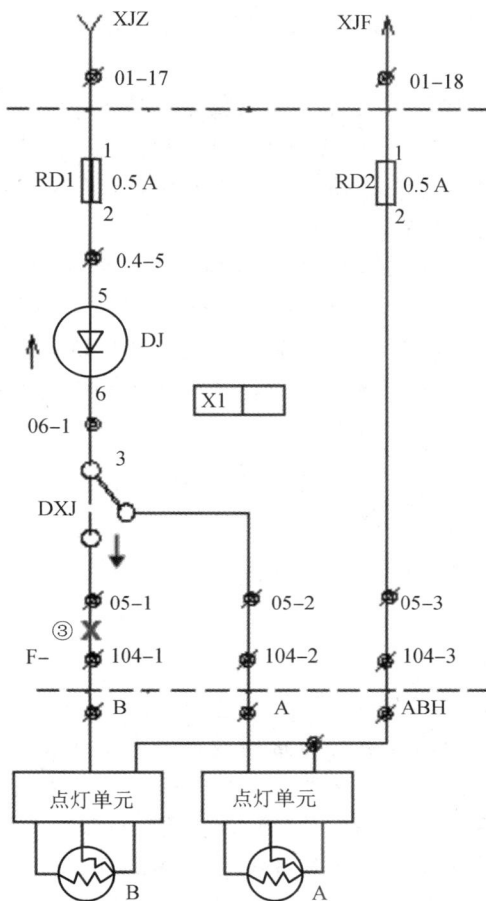

图 5 - 41　白灯电路故障指示图

况。表针不动，证明故障在室内。

　　（2）回到此信号机所在的组合，将两支表笔分别放在"05-1"和"05-3"端子上，再次办理开放信号，观察表针动作。结果电压正常（AC 220 V），故障点找到。

　　这里要清楚，在利用电压法查找信号机允许灯光电路部分故障时，要办理开放信号操作，不然无法测到电压，而且有电压的时间很短（约 2 s 左右），因此在表笔放好后再办理开放信号操作。如果是进站或出站信号机，要注意是哪个灯位故障，确定办理开放相应灯位的信号。

第六节　点灯电路短路故障处理方法初识

　　短路故障不是本书研究的重点，因为短路的故障现象比较复杂，不同地点、不同程度的短路其结果都不一样，对短路故障的处理需要处理人员对电路非常熟悉，有更多的电工知识以及具备更多的实践经验。比如常见的两根导线碰在一起，其对电路的影响结果可能时好时坏，并不是理想的完全短路，可能会表现出"半短路"的情况。可以想象，短路的程度不同，在电气参数（电压、电流和电阻等）上的改变也不完全一样，所以，实际中的短路故障处理需要一定的经验来保障。

当然，事实上的短路故障尽管可能性比较复杂，但不等于没有规律可循，毕竟无论什么样的短路程度都不可能与没有故障时一样，其电路的电气参数多少都会发生一些改变，这些就是处理短路故障的依据。为了研究问题的方便，后面所举例的短路故障皆假设为完全短路的情况（所谓理想化的短路），俗称"短死"状态。

然而，即便是完全短路，但因故障位置的不同，加之设备所使用的元器件参数不同，其结果也不完全一样。比如，双丝灯泡的色灯信号机，若点灯变压器使用的是 BX-34 型变压器，在实际使用中，当短路故障发生在二次侧时，室内的 DJ（灯丝继电器）不会失磁落下，电源熔断器也不熔断，因此从表面现象上看，根本无法判断是短路故障，只有在分线盘上测量点灯电压时才发现电压值比正常值下降了。

设有信号微机监测的车站，建议在处理短路故障时结合信号机电流监测曲线进行分析，这对快速处理故障有极好的帮助。

一、短路故障的现象分析

1. 短路故障常态下的现象分析

（1）如果短路故障能使 DSZJ（灯丝转换继电器）落下，则控制台就会有断丝报警，灯丝报警电路的报警条件都是由 DSZJ 后接点接通的。在计算机联锁车站，通常都配置信号机灯丝报警监测仪（或系统设备），报警监测仪大多是通过点灯单元中的转换或报警继电器条件获取灯丝信息的，因此系统也会适时给出灯丝报警。

（2）如果故障能使熔断器熔断，则电路断电使 DJ 落下，或故障后熔断器虽然不熔断但能使 DJ 直接落下，这些都会使信号复示器闪白灯（进站信号机闪红灯）现象出现，因为 DJ↓→XJ↓复示器关闭。熔断器是否能熔断视短路的程度而定，当短路引起的电流大于 500 mA 时，就会使熔断器熔断（点灯电路中熔断器的容量通常是 0.5 A）。

列车信号机表示灯电路如图 5-42 所示（调车信号机表示灯电路见前）。点灯电路的工作原理就不详细分析了。

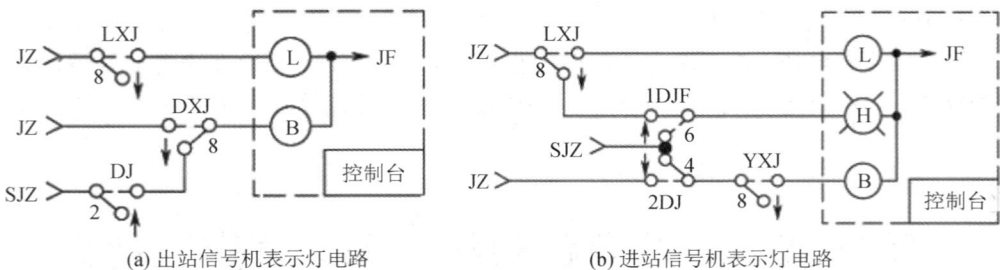

(a) 出站信号机表示灯电路　　　　　　　　(b) 进站信号机表示灯电路

图 5-42　列车信号机表示灯电路

对于计算机联锁车站，虽然没有控制台那样的表示灯电路，但联锁系统会根据继电器条件进行判断，在显示屏上同样会给出相应的灯光现象（点亮表示灯的联锁逻辑条件是一样的)。

总之短路故障的情况比较复杂,具体需要结合设备进行分析。

不过在计算机联锁车站都设有信号微机监测系统,绝大多数的监测系统以在 DJ 处采集到的点灯电流大小为依据,当采集到的数值达到了系统设定的上下限值时(过大或过小),系统就会给出报警。另外,信号监测系统能以图形的形式给出信号机电流大小变化的曲线,通过查看曲线图能够很容易判断电路的故障性质,尤其是对短路故障的分析处理非常有帮助。

注:如果短路故障发生在室内电路部分,一般都能使熔断器熔断,因此灯丝报警和表示灯闪光报警的现象都会出现。如果短路故障发生在室外变压器二次侧,则能否给出报警要视短路的程度而定(短路电流大于 500 mA 时会,否则不会,但在分线盘上的点灯电压会有较大幅度的下降)。

2. 允许信号短路故障现象分析

如果短路故障是只影响允许灯光的电路,那么只有在开放信号时才能看到故障现象。假设此短路故障能使熔断器熔断,其现象如下:

在开放信号时,进站信号机的信号复示器在点亮绿灯的同时闪红灯,约 2 s 后变成闪红灯,则说明允许灯光的点灯回路发生了短路故障;出站信号机和调车信号机的信号复示器在点亮稳定绿灯的同时闪白灯,2 s 后变成闪白灯,则说明出站信号机或调车信号机的允许灯光发生了短路故障。造成此现象的原因如下:

在未开放信号时 LXJ(DXJ)落下,信号机正常点亮红灯(调车信号机点亮蓝灯);开放信号后 LXJ(DXJ)吸起,点亮允许灯光,复示器点亮绿灯(调车信号机点亮白灯)。由于允许灯光的点灯回路短路,点灯电路接通瞬间烧坏熔断器,使 DJ 先于 LXJ 失磁落下,提前点亮了复示器的闪光,等 LXJ(DXJ)落下后,复示器的绿灯灭灯(表示灯同时出现绿灯的闪光),但由于熔断器已熔断,禁止灯光也无法正常点亮,因此继续点亮表示灯的闪光(DJ 仍落下)。

下面我们列举几种短路故障情况,分析故障现象及处理办法,使读者树立应对短路故障的基本思路。

二、灯丝引线短路故障

假设某信号机禁止灯位机构内主灯丝引线与公共回线短路,造成信号机灭灯故障。信号机灭灯,控制台上能否出现常规下的灭灯故障现象要视短路故障造成的结果而定。

1. 短路点在 DSZJ 线圈前

假设故障为信号机禁止灯位机构内 DSZJ 线圈前主灯丝引线与公共回线短路,如图 5-43 所示。此短路相当于点灯变压器(以 BX1-34 型为例)二次侧短路,如果是理想变压器,那么变压器很快就会烧断线圈。而实际的 BX1-34 型变压器尽管一次电流明显升高,但在短时间内变压器不会烧毁,不过变压器的噪声增大,发热温度升高,并且熔断器不熔断,故而 DJ 仍保持吸起。因此,尽管信号机实际灭灯,但是信号表示灯不会闪光报警。

由电路分析可知,短路后泡因无电流而灭灯,同时 DSZJ(JZCJ)也落下,故使控制台出现主灯丝断丝报警的现象。

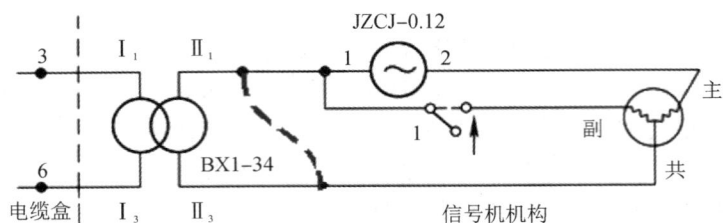

图 5-43　点灯变压器二次侧短路示意图

在利用测量电压的方法处理上述故障时，方法如下：

（1）在分线盘处所测点灯电源的电压比正常的 220 V 有明显下降，约为 150 V 左右（具体视信号机距离室内的远近而不同）。因为变压器二次侧短路后其侧的输入电阻大大减小，所以反射到一次侧的电阻降低，从而使一次侧电流升高，分线盘上的端电压下降。

（2）在分线盘上将去往室外的电缆线断开，再测量点灯电压，电压值正常。表明室外信号机机构内电路短路，若信号机距离较远，也可能是电缆部分有不完全性的短路故障。

注：查找短路故障通常采用"开路法"，即甩开怀疑的故障部分后再测量电压。若甩开后电压正常，则表明短路故障在被甩开的电路内，否则在未甩开的部分。不断地甩开电路，直到找到故障点。

（3）来到室外，在机构内甩开变压器二次侧端子线（如果是高柱信号机，可在变压器箱或电缆盒内甩开去往灯泡的连线），测量变压器一次侧端子的输入电压，电压正常，表明短路在变压器二次侧内。

（4）接着利用万用表 R×1 电阻挡测量去往灯泡的电路的两根线端电阻值，结果为 0 Ω，接着向下查找，直到发现故障点（具体不再细述）。需要提醒的是，在查找短路故障时，要根据线路行走的路径，在造成短路故障可能性最大的地方重点检查。

当然，在具体进行短路故障处理的工作中，也可以借助钳流表，通过测电流的方法查找，这样会更简单。

2. 短路点在 DSZJ 线圈后

假设故障为信号机禁止灯位机构内 DSZJ 线圈后方主灯丝引线与公共回线短路，如图 5-44 所示。由电路图可知，此处短路后，DSZJ 不会落下（保持吸起），故室内不会产生灯丝报警；短路后的点灯电流仍使 DJ 吸起，故而信号表示灯也不会出现闪光信号，尽管信号机在灭灯状态（禁止灯光不亮，即信号机灭灯）。

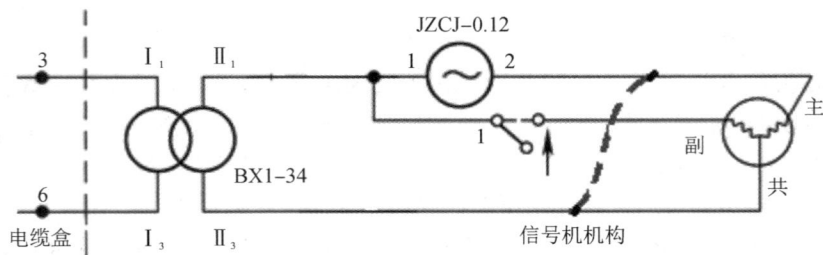

图 5-44　主灯丝引线与公共回线短路示意图

此故障点的查找方法、过程同上例。

三、电缆短路故障

下面以调车信号机的 B 和 ABH 电缆混线（如图 5-45 所示）故障为例（设为完全短路），介绍其造成的故障现象及处理方法。

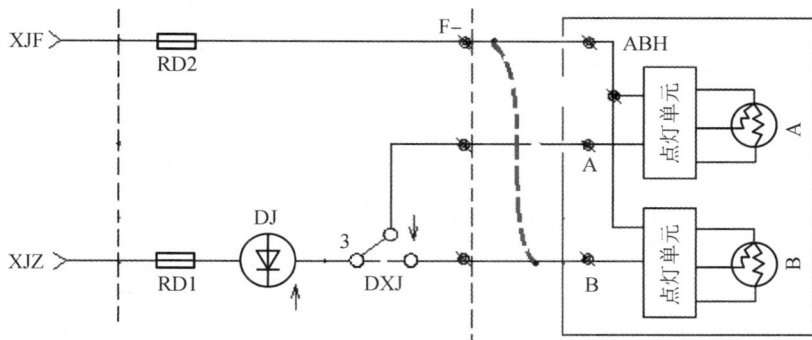

图 5-45　调车信号机的 B 和 ABH 电缆混线示意图

1. 故障现象及分析

平时正常，当开放信号时发现 DXJ 吸起后又落下（白灯不亮），接着出现灯丝报警、信号表示灯闪白灯的故障现象。

没有开放信号时（DXJ↓）点蓝灯，尽管 B 与 ABH 电缆短路，但 B 的点灯单元输入端相当于接在了一起，对电路没有任何影响，因此此故障不能被及时发现。当信号开放时，随着 DXJ 的吸起，XJZ 电源经 DXJ31-32 接点通过短路点及公共回线与 XJF 电源相连，中间只串接了 DJ 的线圈电阻，因其电阻很小（十几欧姆），因此回路中的电流远远高于熔断器的额定值（0.5 A），于是熔断器熔断（通常一个先熔断，若使用的是过流保护器则其跳闸）。

熔断器熔断后，回路断电使 DJ↓→DXJ↓→表示灯闪白灯。同时因信号机灭灯，灯丝转换继电器落下（或点灯单元内报警条件接通），则灯丝报警。

2. 故障查找处理方法

（1）区分室内室外。当发现烧熔断器情况，基本可确定是短路故障，这时首先要区分故障是在室内还是在室外。在分线盘上将 B 灯线甩开，之后压上保险，再进行信号开放操作。若不再熔断，则说明分线盘至信号机处短路；若再次熔断，则说明分线盘至组合内部短路。本例的现象是熔断器会再次熔断，证明短路点在室外。

（2）再次将 B 灯线从室内侧甩开，用万用表电阻挡在分线盘上测量 B 和 ABH 电缆间的电阻。若电阻值约为 0 Ω（很小），则说明室外变压器一次侧回路中有短路（若点灯变压器一次侧回路内无短路，则所测的电阻值为变压器一次侧电阻加电缆电阻）。

（3）来到室外，将去往白灯的引线在机构内甩开，在 B 和 ABH 电缆上测量电缆侧的电阻。电阻很小，几乎为 0 Ω，说明短路故障在 B 和 ABH 电缆上。

（4）临时用备用芯线替换掉 B 或 ABH 电缆的其中一根，并将电路恢复。再次进行开放信号试验，以证明故障处理完毕。

四、侧面端子粘连故障

以调车信号机组合内部的侧面端子 05-1 和 05-2 粘连故障（如图 5-46 所示）为例（设为完全短路），介绍其造成的故障现象及处理方法。

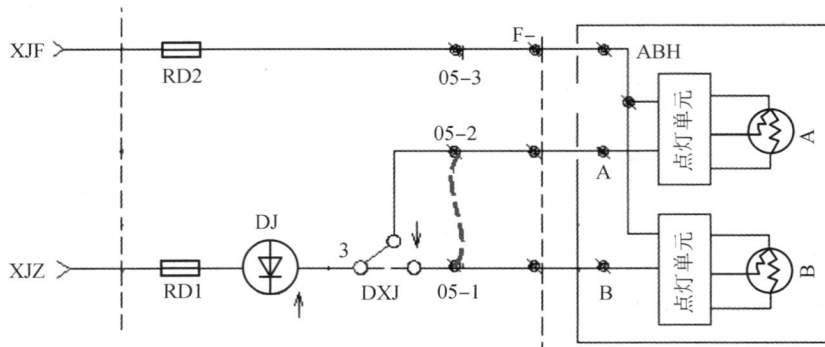

图 5-46   调车信号机组合内部的侧面端子 05-1 和 05-2 粘连故障示意图

1. 故障现象及分析

室内没有任何故障报警现象，一切正常，只是到室外会发现该调车信号机同时点亮了蓝灯和白灯。这时如果进行开放信号操作，室内也能正常显示开放白灯，但信号机的点灯情况依然是同时点亮蓝灯和白灯。

可见这一故障比较隐蔽，若不在室外观察很难及时发现。当然，如果在信号监测中查看电流曲线，可明显看到电流曲线升高。因为这个短路故障造成 A 灯的 B 灯相并联，电阻减半，所以回路中的电流增大。但这个增大的电流还达不到烧毁保险的极限。

2. 故障查找处理方法

（1）区分室内室外。在分线盘上将 B 线甩开，若白灯熄灭，蓝灯依然点亮，则说明短路点在室内；若故障依然如故，则说明 B 线从分线盘至点灯单元输入端子之间与 A 线短路。本例的现象是甩开 B 线，电路正常，证明短路点在室内。

（2）接着测量 A、B 线室内侧的电阻，电阻几乎为 0 Ω（分线盘上甩开的 B 线不要恢复）。

（3）测量、检查"05-1"和"05-2"处的焊点或连线情况，发现两焊接片在端子板后面因变形、套管脱落造成了短接。

最后修复接点，恢复电路，再做确认试验。

问 题 思 考

1. 轨道运输对信号机点灯电路有哪些基本的技术要求？

2. 以标准的调车信号机点灯电路（如图 5-1 所示）为例说出电路中各条件或器件在电路中的作用。

3. 试着总结归纳处理信号机开路故障和短路故障时的基本步骤或流程。

4. 试着给点灯电路假设某一个开路故障，分析其故障现象并写出故障处理的过程。

第六章　出站信号机电路控制分析

第五章我们主要以调车信号机为基本模型，介绍了信号机电路的构成条件及结构特点，将点灯电路划分为点灯变压器"一次侧回路"和"二次侧回路"两部分，并分析讨论了电路故障的基本现象及处理方法和思路，但没有针对具体的信号机电路去讨论，即相当于只是对信号机普遍性知识的介绍。接下来的两章重点介绍各类主流信号机的电路及点灯控制逻辑关系，如进站信号机、出站信号机及其用于高铁和城轨的列车信号机电路，期望读者能找到共性的知识，对信号机电路有更深层的本质的理解，为综合故障处理的学习打下坚实的基础。

本章主要从通用性的进站信号电路的学习入手，并尽量多地介绍几种其他类型的信号机电路，如地铁正线防护信号机、高速客运专线的出站信号机电路等。

第一节　两方向出站信号机电路

本节以"主要"和"次要"两方向区间发车的出站兼调车信号机点灯电路为例，介绍点灯电路的控制原理。这里的两方向是指：一个次要方向是半自动闭塞区间（如举例站场的上行东郊方向），另一个主要方向是自动闭塞区间（如举例站场的上行北京方向）。

如果车站没有向北京的反方向发车进路，则其出站兼调车信号机依《技规》要求，向次要方向发车开放双绿灯，向主要方向正向发车开放黄灯（二离去区段占用）或绿灯（二离去区段空闲）；调车时开放白灯。

一、点灯电路及其控制条件

两方向出站兼调车信号机点灯电路如图 6-1 所示。

出站信号机防护的区间如果是单方向自动闭塞的，则共有 4 种显示状态；如果有两个发车方向，则增加一个双绿灯显示，这 5 种显示状态由出站兼调车的 LXJ、DXJ、ZXJ、2LQJ 接点条件控制。出站信号点灯电路要求及其技术手段如下。

（1）电路能实现断线防护，当允许灯光灭灯时要使信号机自动改点禁止灯光。电路中设有灯丝转换继电器 DZJ，确保当主灯丝断丝时自动改点副灯丝。

（2）对正线出站信号机而言，在禁止灯光断丝（灭灯）时，禁止开放允许信号，并能提供灭灯报警条件。设灯丝转换继电器监督信号机显示的完整性，灭灯后用 DJ 的落下条件提供

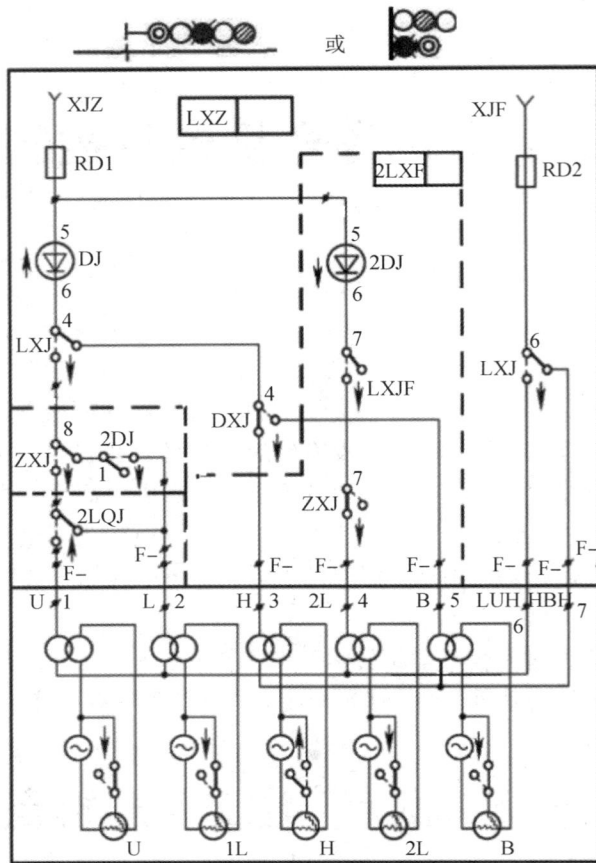

图 6-1 两方向出站兼调车信号机点灯电路图

给联锁设备使信号继电器不能吸起。

（3）电路能实现混线防护以防止外电混入，防止出现乱显示现象，可以采用位置法、双断法及电源隔离法等。

（4）在信号机开放次要方向的双绿灯时，如果第二个绿灯不能点亮或灭灯，则信号不能开放或自动关闭信号。采用监督第二个绿灯的 2DJ 的前接点条件加入第一个绿灯的点灯电路中的方法，即第一个绿灯在第二个绿灯正常时才能点亮。

二、各信号显示的点灯电路

1. 平时点红灯（H）电路

依照《技规》，出站兼调车信号机常态点禁止信号的红灯，其逻辑关系是：

$$（LXJ↓）·（DXJ↓）→信号机点亮红灯→DJ↑$$

其一次侧电路接通公式如下：

XJZ 220—RD1—DJ5-6—LXJ41-43—DXJ41-43—HB Ⅰ₁-Ⅰ₂—LXJ63-61—RD2—
XJF220

此时信号机点红灯的点灯电流也使得 DJ 吸起,表明信号机工作正常。此时若红灯主灯丝断丝,则由灯丝转换继电器的落下或点灯单元实现点副灯丝,同时向车站提供主灯丝断丝报警信息。若主副灯丝双断丝(相当于信号机灭灯),则 DJ 落下,联锁设备在控制台上给出表示灯闪红灯报警。

　　如果是 LED 信号机,由于不存在主副灯丝断丝的问题,因此,在电路调整时应保证 LED 发光盘上的灯珠损坏超过 30% 时,因点灯电流的减小要保证能使 DJ 落下,给出信号机灭灯报警(也因此 LED 的信号机对 DJ 的参数也是有严格要求的,必须配合选择)。为保证 LED 信号机不至于等到灭灯时再报警(因为此时灭灯可能会影响行车),LED 信号机必须设有灯丝电流监测装置,在 LED 发光盘上的灯珠损坏 25% 时就给出报警,以提前更换发光盘。

2. 开放主要方向发车时的黄灯(U)和绿灯(L)电路

　　在主要方向(自动闭塞区间)的第一离去区段空闲时,如果开放信号,那么出站兼调车信号机点黄灯或绿灯,其区分条件是 2LQJ(第二离去继电器)的状态。

　　(1)点亮黄灯时的逻辑关系是:

　　　　(LXJ↑)·(ZXJ↑)·(2LQJ↓)→信号机点亮黄灯→DJ↑

其一次侧电路接通公式如下:

　　　　XJZ220—RD1—DJ5-6—LXJ41-42—ZXJ81-82—2LQJ↓—UBI_1-I_2—LXJ62-61—RD2—XJF220

　　(2)点亮绿灯时的逻辑关系是:

　　　　(LXJ↑)·(ZXJ↑)·(2LQJ↑)→信号机点亮绿灯→DJ↑

其一次侧电路接通公式如下:

　　　　XJZ 220—RD1—DJ 5-6—LXJ 41-42—ZXJ 81-82—2LQJ↑—1LB I_1-I_2—LXJ 62-61—RD2—XJF220

　　2LQJ(第二离去继电器)的状态在电路中用来区分点亮绿灯还是黄灯的条件,2LQJ↓表明第二离去区段有车占用,这时对股道上的列车来说,其前方只有一个区段空闲,所以开放的信号机只能点亮黄灯(自动闭塞区间为三显示),如果开放信号时第二离去区段空闲(2LQJ↑),则信号机点亮绿灯。第一离去区段空闲的条件(1LQJ↑)是作为 LXJ 的励磁条件来检查的。

　　ZXJ(主信号继电器)的条件用来区分向主要方向发车还是向次要方向发车。当向主要方向发车时,联锁设备就使 ZXJ 吸起,决定信号机点亮绿灯还是黄灯;当向次要方向发车时,ZXJ 处于落下状态,可使信号机点亮两个绿灯。

　　这时 DJ↑是监测黄灯(或绿灯)完好的,在开放信号后若黄灯(或绿灯)电路故障不能点亮,或者点亮后因故灭灯,则 DJ↓→LXJ↓,使信号关闭(改点红灯)。

3. 开放调车的白灯(B)电路

　　在出站兼调车信号机进行调车作业时,以此为始端办理调车进路,正常情况下信号机点亮白灯,其逻辑关系是:

　　　　(LXJ↓)·(DXJ↑)→信号机点亮白灯→DJ↑

其一次侧电路接通公式如下:

XJZ220—RD1—DJ5-6—LXJ41-43—DXJ41-42—BBI$_1$-I$_2$—LXJ63-61—RD2—XJF220

这时 DJ↑ 是监测白灯完好的，在开放调车信号后若白灯电路故障不能点亮，或者点亮后因故灭灯，则 DJ↓→DXJ↓，使信号关闭（改点红灯）。

4. 向次要方向发车的双绿灯（1L＋2L）电路

如果车站发车方向有多个，且皆为自动闭塞区间，为表达发车的方向，就会同时点亮发车指示器灯（白灯）。如果有两个发车方向，其中一个发车方向的线路是半自动闭塞的，为便于区分可以用双绿灯表示向次要方向发车。点亮双绿灯时的逻辑关系是：

(LXJF↑)·(ZXJ↓)→信号机点亮第二个绿灯(2L)→2DJ↑

(LXJ↑)·(ZXJ↓)·(2DJ↑)→信号机点亮第一个绿灯(1L)→DJ↑

从这个逻辑关系可知，只有在 2L 灯正常点亮后（2DJ↑），才有可能点亮 1L 灯。之所以点亮 1L 灯需要 2L 已正常点亮的条件，是因为如果 2L 因故不能正常点亮，而仅 1L 灯点亮，那么信号的意义就变成了向主要方向发车，违背了信号指示的本意。

在双绿灯正常点亮后，若因故 2L 灯灭灯，则 2DJ↓→切断 1L 灯电路→DJ↓→LXJ↓，使信号机关闭（改点红灯）；如果双绿灯正常点亮后，1L 灯因故灭灯，则 DJ↓→LXJ↓，使信号机关闭（改点红灯）。

注：在处理双绿灯信号不能开放的故障范围分析时，要清楚其逻辑关系，试验时注意观察两个灯丝继电器的动作情况。

(1) 2L 灯一次侧（2DJ 励磁）电路接通公式如下：

XJZ220—RD1—2DJ5-6—LXJF71-72—ZXJ71-73—2LBI$_1$-I$_2$—LXJ62-61—RD2—XJF220

(2) 1L 灯一次侧（DJ 励磁）电路接通公式如下：

XJZ 220—RD1—DJ 5-6—LXJ 41-42—ZXJ 81-83—2DJ 11-12—1LB I$_1$-I$_2$—LXJ 62-61—RD2—XJF220

第二节　双方向出站信号机电路

本节介绍双方向发车的出站兼调车信号机点灯电路控制原理。这里的双方向发车是指发车方向是复线四显示自动闭塞区间，如举例站场的下行天津方向，且设有反方向发车进路。此类信号机归属"双线区段四显示（带 FB）"的应用型。

依照《技规》，当双方向发车的出站兼调车信号机反方向发车时，区间采用自动站间方式，主信号点亮绿灯，反向进路表示器点亮一个白灯；正向发车时主信号开放黄灯（二离去区段占用）或绿黄灯（二离去区段空闲，三离去区段占用）或绿灯（二离去和三离去区段都空闲），进路表示器不点亮；调车时开放白灯。

双方向发车的出站兼调车信号机的其他技术要求同普通出站兼调车信号机。

双方向出站兼调车信号机点灯电路如图 6-2 所示。其发车进路表示器的白灯也设置了灯丝继电器，用以监测灯丝，使信号机显示更可靠。下面我们分析各种信号下的点灯电路，在分析电路时只列点灯时的逻辑条件，其电路的接通公式就不再给出了，读者可依据点灯的逻辑条件自己跑通电路。

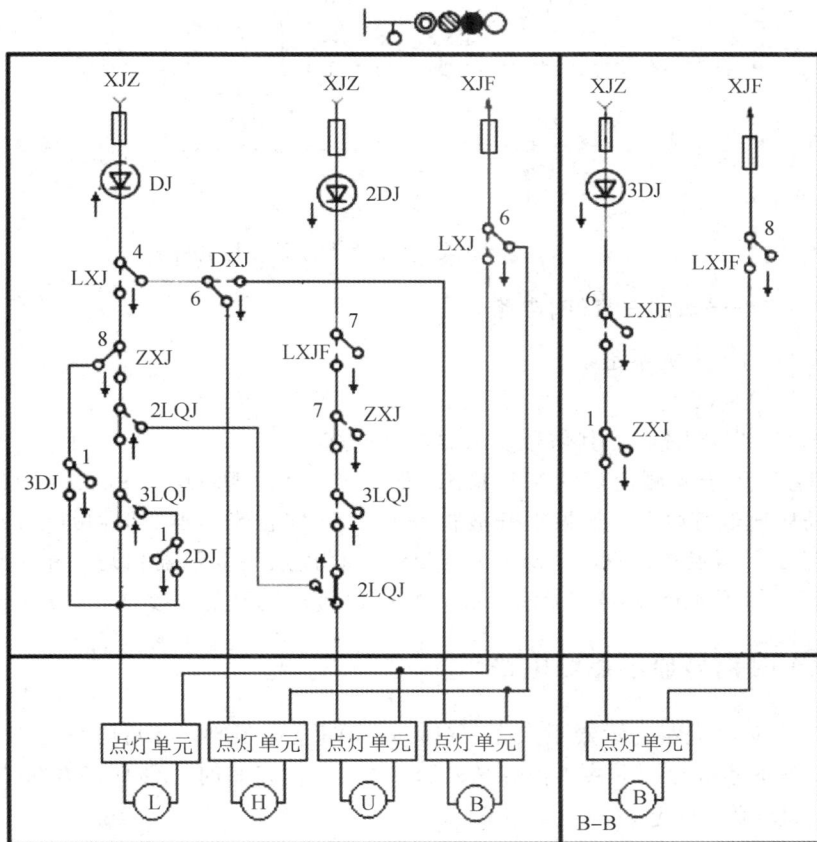

图 6-2　双方向出站兼调车信号机点灯电路图

一、常态红灯和调车白灯电路

双方向出站兼调车信号机的常态同所有列车信号机一样，点亮红灯。当出站信号机兼调车时，可以点亮单个白灯作为调车作业的允许信号。

1. 平时点红灯（H）电路

点亮红灯时的逻辑关系是：

$$（LXJ↓）·（DXJ↓）→信号机点亮红灯（H）→DJ↑$$

点灯电路的一次侧通路经过的条件：LXJ 第 6 组、第 4 组后接点和 DXJ 的 6 组后接点之条件，其中 LXJ 第 4 组后接点与第 6 组后接点相配合可实现电源"双断法"的防护措施，以防电路混电造成信号机错误显示。

当出站信号机关闭时，其信号复示器不点灯。图 6-3 所示为（6502）出站兼调车信号复示器点灯电路。

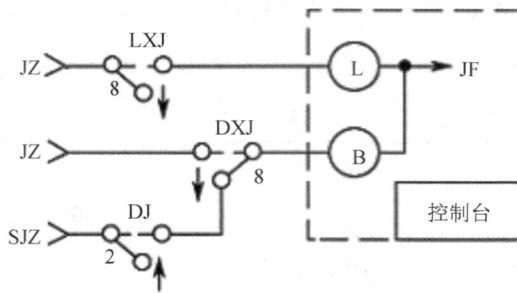

图 6 - 3   (6502)出站兼调车信号复示器点灯电路图

2. 开放调车信号时的白灯(B)电路

点亮白灯时的逻辑关系是：

(LXJ↓)·(DXJ↑)→信号机点白灯(B)→DJ↑

出站信号机在 DXJ↑时，其信号复示器点亮白灯。

此时的 DJ↑用于监测白灯的灯丝状态，若白灯灭灯，则 DJ↓→DXJ↓，切断白灯电路，电路自动接通红灯电路。如果在开放信号时 DXJ 能正常吸起，但白灯因故不能点亮，可以发现信号复示器点亮白灯后又灭灯(因 DXJ↑直接点亮复示器白灯，并切断红灯电路→DJ↓，由于白灯不能点亮，DJ 无法吸起，故 DXJ 缓放后又落下改点红灯)。

二、正向发车时信号显示点灯电路

开放正向发车时进路表示器不点亮，在区间为四显示制时，出站信号可点亮黄灯、绿黄灯和绿灯，平时点亮红灯，共 4 种灯光显示。开通正向发车时，ZXJ(正方向信号继电器，简称正向继电器)必须吸起。

1. 开放黄灯(U)电路

点亮黄灯时的逻辑关系是：

(ZXJ↑)·(LXJ↑)·(2LQJ↓)→信号机点亮黄灯(U)→DJ↑

开放黄灯对区间离去区段的要求是 1LQJ↑，2LQJ↓。1LQJ↑条件的检查是在 LXJ 吸起电路中进行的，即 LXJ 吸起已经检查了 1LQJ↑条件。一旦 LXJ 吸起，若 2LQJ↓，则点亮黄灯；若 2LQJ↑而 3LQJ↓，则点亮绿黄灯；若 2LQJ↑而 3LQJ↑，则点亮绿灯。

2. 点绿黄灯(U)电路

(1) 先点亮黄灯，因只有在黄灯正常点亮后，2DJ↑之后才能接通绿灯电路。其点亮条件的逻辑关系是：

(LXJ↑)·(LXJF↑)·(ZXJ↑)·(2LQJ↑)·(3LQJ↓)→点亮黄灯(U)→2DJ↑

黄灯点灯电路如图 6 - 4 中粗线部分所示。这里的 ZXJ 称为正方向信号继电器(简称正向继电器)，它平时落下，当需要开放正向发车信号时吸起，用于区别反方向发车信号。

(2) 正常点亮黄灯后 2DJ↑，接通绿灯电路。其点亮条件的逻辑关系是：

(LXJ↑)·(ZXJ↑)·(2LQJ↑)·(3LQJ↓)·(2DJ↑)→点亮绿灯(L)→DJ↑

绿灯点灯电路如图 6 - 4 中双线部分所示。

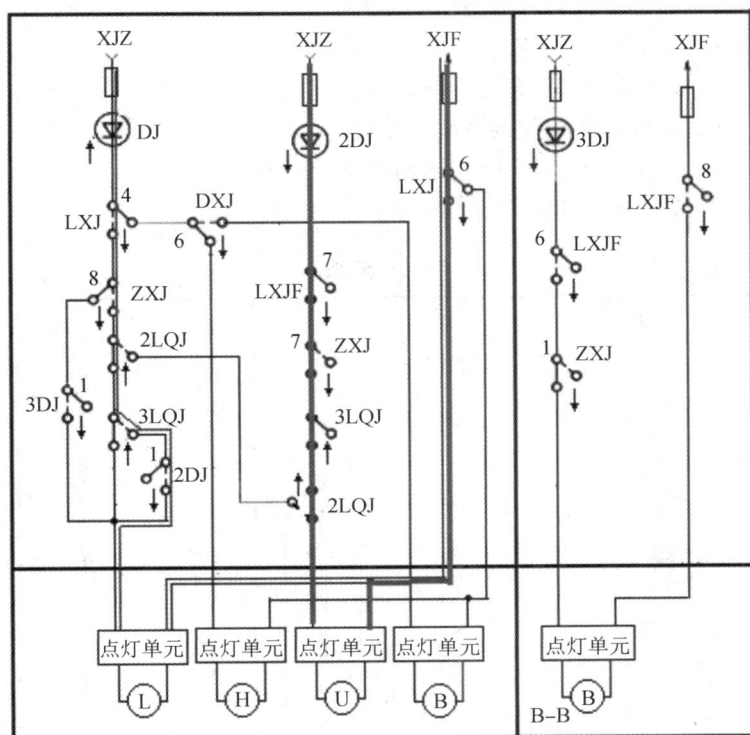

图 6-4　正向发车进路时点灯电路示意图

在绿黄灯点亮的过程中，若 U 灯灭灯，则 2DJ↓（第一组前接点断开）→切断 L 灯电路→DJ↓，从而使信号关闭，改点红灯，不会出现信号升级情况；若绿灯灭灯，则直接使 DJ↓而关闭信号。

如果信号机出现无法开放绿黄灯故障时，首先要分析确认此时的信号开放应该点亮什么灯（是黄灯、绿灯还是绿黄灯，可以通过观察 1LQJ、2LQJ、3LQJ 的状态确认），当确认故障是不能开放绿黄灯时，那么首先要分析是否是黄灯电路故障（黄灯不能点亮，绿灯也不能点亮）。

3. 点绿灯(L)电路

开放信号时若三个离去区段都空闲（1LQJ、2LQJ、3LQJ↑），则信号机点亮绿灯。点亮绿灯时的逻辑关系是：

$$(LXJ↑)·(ZXJ↑)·(2LQJ↑)·(3LQJ↑)→点亮绿灯(L)→DJ↑$$

这时的绿灯电路与绿黄灯电路相比，区别只是用 3LQJ↑条件绕开了 2DJ。读者可尝试跑通其电路。

三、反向发车时信号显示点灯电路

建立向复线自动闭塞区间反向发车进路时，信号开放只点亮一个绿灯，同时反向发车进路表示器的白灯点亮。此时绿灯的点亮必须满足进路表示器正常点亮的条件，实现手段同点亮绿黄灯时一样，用监督复示器灯光完整的 3DJ↑条件作为点亮绿灯的必要条件。

（1）表示器点亮白灯电路条件的逻辑关系是：

$$(LXJ\uparrow \rightarrow LXJF\uparrow)\cdot(ZXJ\downarrow)\rightarrow B-B\ 点亮\rightarrow 3DJ\uparrow$$

其点灯电路如图 6-5 中粗线部分所示。

（2）主信号点亮绿灯电路条件的逻辑关系是：

$$(LXJ\uparrow)\cdot(ZXJ\downarrow)\cdot(3DJ\uparrow)\rightarrow 绿灯点亮\rightarrow DJ\uparrow$$

其点灯电路如图 6-5 中双线部分所示。

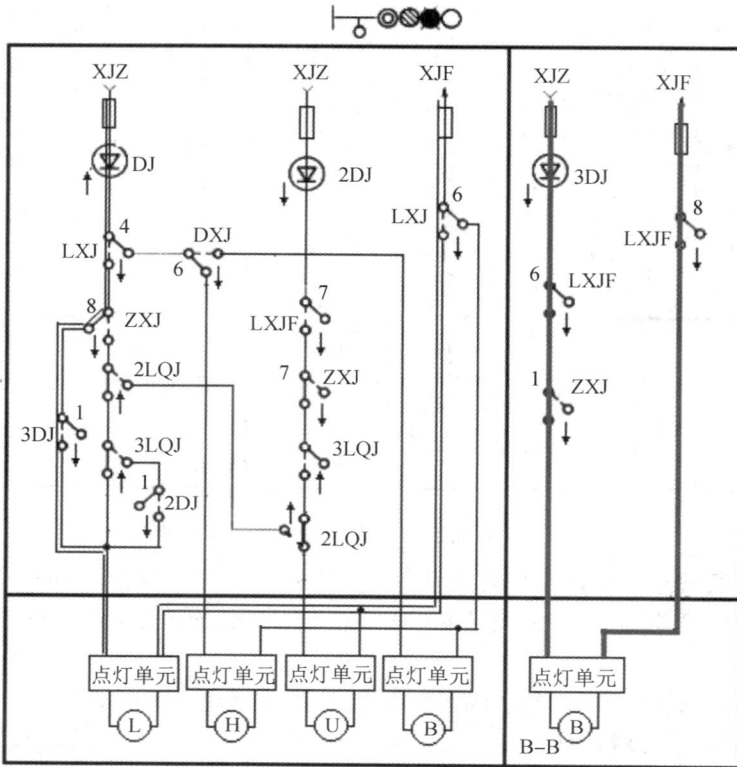

图 6-5　反向发车进路时点灯电路示意图

第三节　三方向出站兼调车信号机电路

三方向出站是指出站信号机能指示三个不同的发车方向，如举例站场下行咽喉区的上行出站信号机，如果设有向北京反方向发车进路，加上东郊方向，那么这个出站信号机就可以设置成三方向出站兼调车信号机。

依照《技规》，三方向发车的出站兼调车信号机，在三个不同发车方向，信号机点灯的技术条件如下：

（1）向正向发车时，主体信号开放的灯光颜色与两方向的出站信号机相同，区间三显示时为黄灯、绿灯，区间四显示时比三显示增加一个绿黄灯；同时，发车方向表示器点亮

B—A 灯（正向指示灯），称为 A 方向发车。

在正向发车时，ZXJ（主信号继电器，请注意与其他信号机中 ZXJ 名称的差别）作为向主要方向发车的必要条件必须吸起。ZXJ 的状态区分向主要方向发车还是向次要方向发车。

（2）向反向发车时，主信号点亮绿灯；同时，发车方向表示器点亮 B—B 灯（反向指示灯），称为 B 方向发车。QFJ（区间反向继电器，简称区反继电器）作为区分向反向发车还是向次要方向发车的区分条件，以确定是点亮 B—B 灯还是 C—B 灯，必须吸起。

QFJ 吸起表明建立的是反向发车进路，QFJ 落下表明建立的是次要方向（东郊）发车进路。

（3）向次要方向发车（如向东郊方向发车）时，主信号点亮绿灯；同时，发车方向表示器点亮 B—C 灯（次方向指示灯），称为 C 方向发车。

三方向出站兼调车信号机点灯电路如图 6-6 所示。由电路图可见，三方向出站信号机点灯电路在主体灯光电路上与两方向出站信号机的电路是完全相同的，电路主要在发车表示器部分有差别，前者多了两个白灯，另外在点灯条件中多了一个 QFJ（区间反向继电器）。QFJ 与 ZXJ 的状态相互配合，决定点亮哪个方向的表示器白灯。

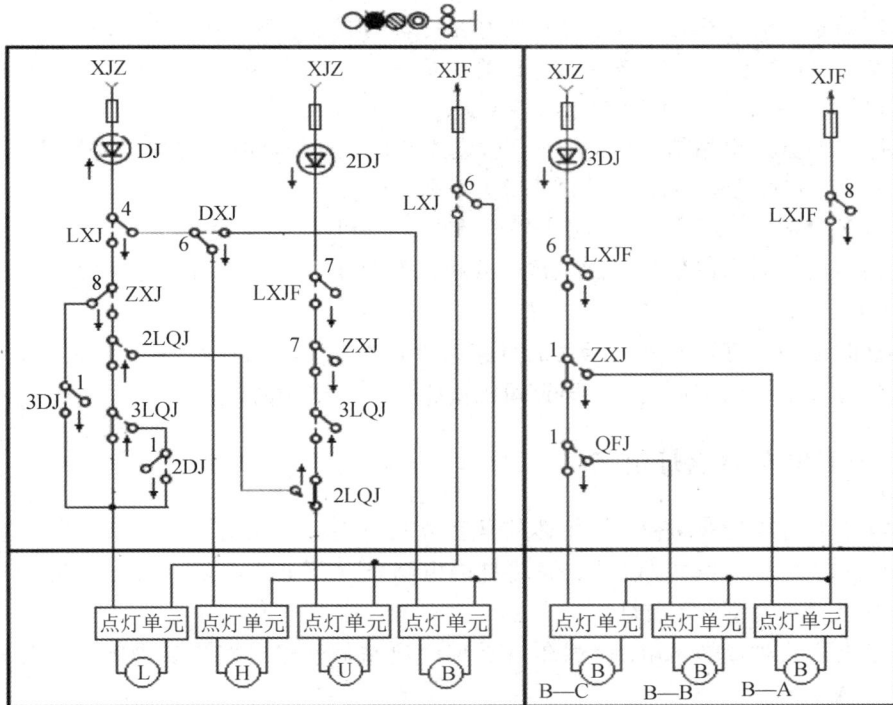

图 6-6 三方向出站兼调车信号机点灯电路图

下面我们主要分析与两方向出站机点灯电路不同的地方，而常态红灯和调车白灯电路与两方向出站兼调车信号机的完全相同，这里就不再重复了。

一、正向发车时点灯电路

三向出站信号机在开放正向发车信号时，主体信号在区间为四显示制，可点亮黄灯、绿黄灯和绿灯，点灯电路及其继电器条件完全相同，区分三种灯光的条件依然是 2LQJ、3LQJ 的状态(具体的点灯电路见上节的两方向出站信号机部分)。

正向发车时表示器点亮 A 方向指示 B 灯，其点灯条件的逻辑关系是：

$$(LXJ\uparrow\rightarrow LXJF\uparrow)\cdot(ZXJ\uparrow)\rightarrow A-B\,点亮\rightarrow 3DJ\uparrow$$

要注意的是，向正向发车时，其主体信号灯的点灯电路并不检查表示器的显示情况。如果这时室外进路表示器的灯不亮，室内是没有故障现象的，只有在室外看到信号机的显示状态时，此故障才能被发现。出现这种故障时，可通过改排另一方向的发车进路，试验判断表示器电路的共用部分是否良好，之后再分析处理。

二、反向发车时点灯电路

建立向复线自动闭塞线路反向发车进路时，主体信号开放只点亮一个绿灯，同时反向发车进路表示器的 B−B 白灯点亮。此时绿灯的点亮必须满足进路表示器正常点亮的条件，实现手段同绿黄灯时一样，用监督复视器灯光完整的 3DJ↑ 条件作为点亮绿灯的必要条件。

(1) 表示器点亮白灯电路条件的逻辑关系是：

$$(LXJ\uparrow\rightarrow LXJF\uparrow)\cdot(ZXJ\downarrow)\cdot(QXJ\uparrow)\rightarrow B-B\,点亮\rightarrow 3DJ\uparrow$$

其点灯电路与两方向出站信号机的 B−B 灯基本相同，只是电路中增加了 QXJ↑ 条件。

(2) 主信号点亮绿灯电路条件的逻辑关系是：

$$(LXJ\uparrow)\cdot(ZXJ\downarrow)\cdot(3DJ\uparrow)\rightarrow 绿灯点亮\rightarrow DJ\uparrow$$

其点灯电路与两方向出站信号机的主体信号机点绿灯电路完全一样，这时的绿灯开放检查了 B−B 灯的完好性。

如果这时点亮绿灯不检查表示器的点亮条件，若表示器因故障不能点亮，那么主体信号的绿灯就变成了表示正向发车，导致司机接收到一个错误的信号。

三、次要方向发车时点灯电路

建立向次要方向发车进路时，主体信号开放只点亮一个绿灯，同时反向发车进路表示器的 C−B 白灯点亮。此时主信号点亮绿灯的电路条件及电路与反向发车时完全一样，不同的是此时点亮的是 C−B 白灯。

学习了上面几种出站机电路，其他各类型的出站信号机电路更易理解，这里不再一一列举。

第四节　高速客运专线出站信号机电路

高速客运专线出站信号机常态为灭灯，列车以自动控制方式运行。在为未安装 ATP 车载设备或车载设备故障列车办理相关进路时，应首先将对应信号机转为点灯状态，需要启用信号机时必须由值班员进行相关的操作。信号机在开放（绿灯或黄灯）状态时，指示列车按站间闭塞方式运行；遇信号机灭灯时按红灯处理。

出站信号机采用"红、绿、白"三灯位机构，通常为矮型信号机。区间无岔站、线路所应参照进站信号机、出站信号机设置相应的防护信号机。

一、出站信号机显示意义及点灯控制

出站（兼调车）信号机显示的信息相对比较少，通常就只有红、黄、白灯三种灯光显示，但与一般出站信号机不同，它可以开放"引导信号"。

1. 信号机显示意义

（1）一个绿色灯光——准许列车由车站以站间闭塞方式出发。

（2）一个红色灯光——不准列车越过该信号机。

（3）一个红色灯光和一个月白色灯光——准许列车由车站以站间闭塞方式出发，出站列车按规定速度出站，并随时准备停车。

（4）在兼作调车信号机时，一个月白色灯光——准许列车越过该出站信号机进行调车作业。

2. 信号机点灯控制

对信号机的点灯控制主要是指启动信号机应用的"点灯"操作和让信号机熄灯的"关灯"操作，包括自动熄灯的条件。因此，联锁设备按车站咽喉区设置了"点灯按钮（KDA）"和"关灯按钮（GDA）"两个自复式按钮，其中"关灯按钮"设铅封。

需要开灯时使 KDJ（开灯继电器）吸起，关灯时使 KDJ 落下。KDJ 常态落下，用其前接点断开点灯电路的 XJZ 电源使信号机熄灯。相关的控制如下：

（1）出站信号机的点灯控制：按压"点灯按钮（KDA）"和对应出站信号机的列车按钮，信号机点亮红灯，当办理的发车进路锁闭后点亮相应允许灯光。控制逻辑关系是：

按压 KDA→（联锁系统驱动）KDJ↑→点灯电路接通（启用开灯）

（2）出站信号机的关灯控制：按压"关灯按钮（GDA）"和对应出站信号机的列车按钮，信号机熄灭。控制逻辑关系是：

按压 GDA→（联锁系统停止驱动）KDJ↓→点灯电路断开（停用熄灯）

（3）列车越过开放的出站信号机后，该信号机应改点红灯；当进路的第一区段解锁后KDJ↓，信号机灯光自动熄灭。人工关闭信号时也使 KDJ 落下。

（4）对熄灯状态下的信号机办理进路时，联锁系统不会驱动信号继电器。只在 KDJ 吸起后，办理列车进路时，联锁系统才根据信号显示驱动相应的信号继电器吸起。

（5）信号机与联锁系统的接口电路故障时，包括灯丝断丝、采集（驱动）断线等，信号机点亮红灯。

注：（1）在联锁系统"停稳计时"未结束前，禁止人工将原接车时点亮的出站信号机红灯熄灭；（2）调车信号机点灯控制不设开关灯操作。

二、点灯电路及信号显示条件

高速客运专线出站信号机点灯电路如图 6-7 所示(此信号机不兼调车)。下面给出不同信号显示下的逻辑条件,具体灯光电路的接通公式请读者自己完成。

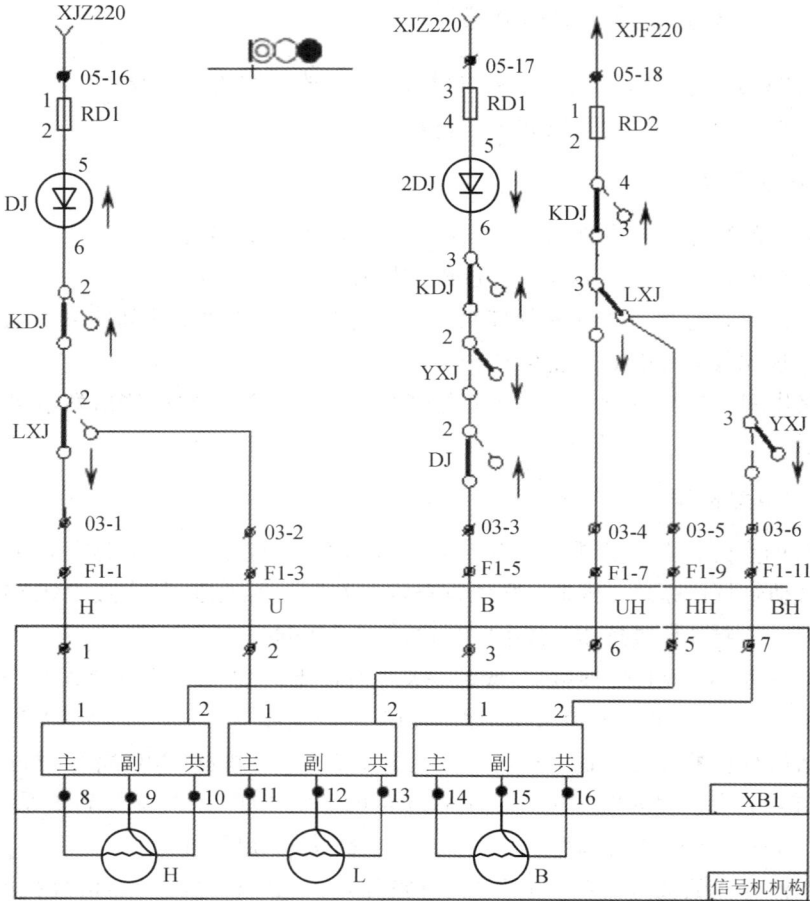

图 6-7 高速客运专线出站信号机点灯电路图

(1)开灯后红灯电路的逻辑条件是:

$$(KDJ↑)·(LXJ↓)→ 红灯点亮→DJ↑$$

(2)开放绿灯电路的逻辑条件是:

$$(KDJ↑)·(LXJ↑)→ 绿灯点亮→DJ↑$$

(3)引导信号(H+B)点灯电路的逻辑条件是:

在信号机关闭(红灯)的情况下,使 YXJ↑再点一白灯。

点亮白灯的逻辑条件是:

$$(KDJ↑)·(LXJ↓)·(DJ↑)·(YXJ↑)→ 白灯点亮→2DJ↑$$

这里 DJ↑用来检查红灯点亮正常。若 DJ↓不能点亮白灯,或者引导信号开放后红灯灭灯,则应立即关闭白灯,以防止信号升级显示。

第五节　城轨出段兼调车信号机电路

在城市轨道交通中为列车出车辆段、停车场等所设信号机称为出段（库）兼调车信号机。信号机采用 LED 色灯信号机，通常采用三灯位（黄、白、红）四显示制式。

采用智能点灯单元的信号机，点灯单元能通过对点灯电流的采样来监测灯光状态，当发光二极管损坏过多（通常是损坏数量达到 30%）时，可提供信号灯位故障报警信号。故障灯位的定位报警时间≤5 s。

如果 LED 信号机点灯单元不具备故障灯位定位报警功能，那么可配套使用信号机监测报警仪实现对发光二极管损坏的实时监测，以实现故障灯位的定位报警功能。

一、出段兼调车信号机点灯电路图

图 6-8 所示为城轨出段兼调车信号机点灯电路。

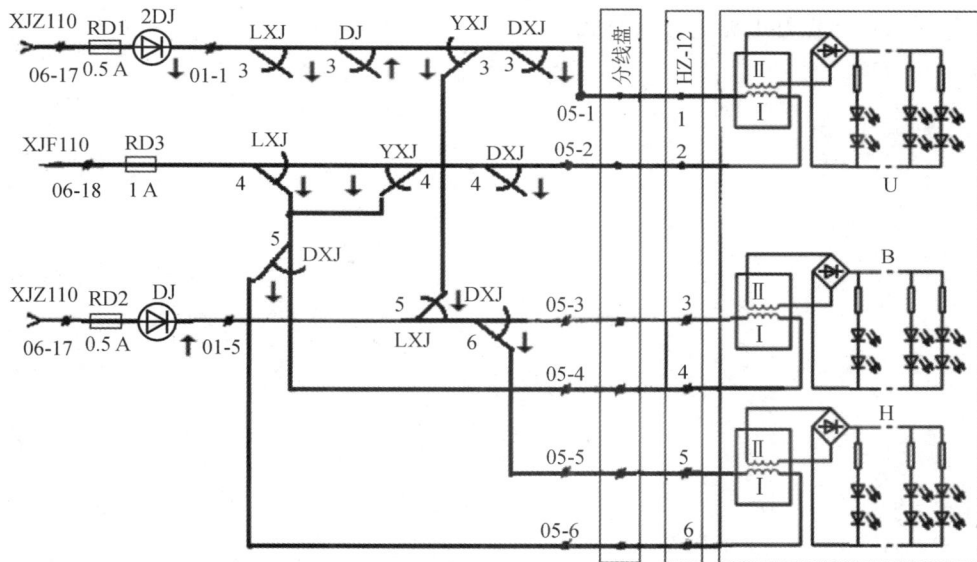

图 6-8　城轨出段兼调车信号机点灯电路图

二、各灯光意义及点亮条件

出段兼调车信号机的灯光颜色由上而下分别为"黄、白、红"，其显示意义和逻辑条件如下：

(1) 红灯——不准列车越过该信号机，点亮的逻辑条件是：

$$（LXJ↓）·（DXJ↓）→ 红灯点亮→DJ↑$$

(2) 黄灯——准许列车进/出车辆段等，点亮的逻辑条件是：

$$（LXJ↑）·（YXJ↓）·（DXJ↓）→ 黄灯点亮→DJ↑$$

（3）白灯——准许调车，点亮的逻辑条件是：

　　　　（LXJ↓）·（DXJ↑）→ 白灯点亮→DJ↑

（4）引导信号"红黄灯"——准许列车以规定的速度出段，并随时准备停车。在信号机关闭（红灯）的情况下，使 YXJ↑再点亮黄灯，点亮黄灯的逻辑条件是：

　　　　（LXJ↓）·（DJ↑）·（YXJ↑）·（DXJ↓）→ 黄灯点亮→2DJ↑

开放引导信号时的黄灯需要用 DJ↑条件（此时 DJ 检查红灯完好），若红灯灭灯，则黄灯将不能点亮；在开放引导信号后，若红灯灭灯，则 DJ↓→U 灯灭灯，从而防止信号升级显示。

问 题 思 考

1. 出站信号点灯电路的技术要求及其实现技术要求的手段是什么？

2. 双方向出站信号机的点灯电路是通过什么条件来区分正向发车还是反向发车的？

3. 对照城轨出段兼调车信号机电路（见图 6-8），说说此信号机能开放哪些灯光颜色的信号？并写出这些点灯电路的接通公式。

第七章　进站信号机电路控制分析

用于 6502 大站电气集中车站的进站信号机有其定型的点灯电路，不过随着信号技术的发展及轨道运输形式的多样化，信号机电路可依据不同的使用场地适当修改，因此信号机电路的基本构成及其显示形式有很强的共同性，只要掌握了定型的信号机电路，就可做到举一反三。

本章在重点介绍大站通用的进站信号机电路的基础上，兼顾目前应用的其他各种灯光显示电路，包括高铁及城市轨道交通中的进站信号机电路。对于城轨的正线防护信号机，从它所防护的进路性质来看，具有进站信号机的职能，因此，将其放在本章来介绍。

各类进站信号机的显示形式及其灯光意义基本相同，只是针对不同车站的进站信号机需要显示的灯光数量不同。对于城市轨道交通因正线上的车站在行车方式上比较单一，且很多车站没有站线，其进站信号机的显示仅提供给司机是经道岔直向位进站还是经道岔侧向位进站的信息，加之城市轨道交通对信号的显示标准也没有统一的规定，所以在信号机的显示形式及其灯光意义方面存在一些差异。

第一节　铁路进站信号机的点灯电路

本节以铁路通用（或称定型）的车站进站信号机的点灯电路结构及其控制方式为基础，讨论不同显示要求下点灯电路的结构及控制原理。

一、通用进站信号机点灯电路的构成及其技术条件

图 7-1 所示为通用进站信号机的点灯电路。

所有进站信号机都能显示 3 种基本意义的信号：正线进站、站线（侧线）进站、引导进站。如果是正线上的车站，那么还要能显示通过信号；若线路是四显示自动闭塞的，或其站场前方还有站场（有进路信号机），则进站信号机必须还能提供绿黄灯的显示。图 7-1 所示的进站信号机电路除可显示上面 5 种信号外，加上平时的红灯显示，共能显示 6 种信号的灯光。

随着高铁相关技术的发展，有些车站使用了 18 号及以上号的道岔，在列车经过该类道岔侧向通过车站时，通常将进站信号机增加一个"黄闪＋黄"的显示（此电路后面单独介绍）。

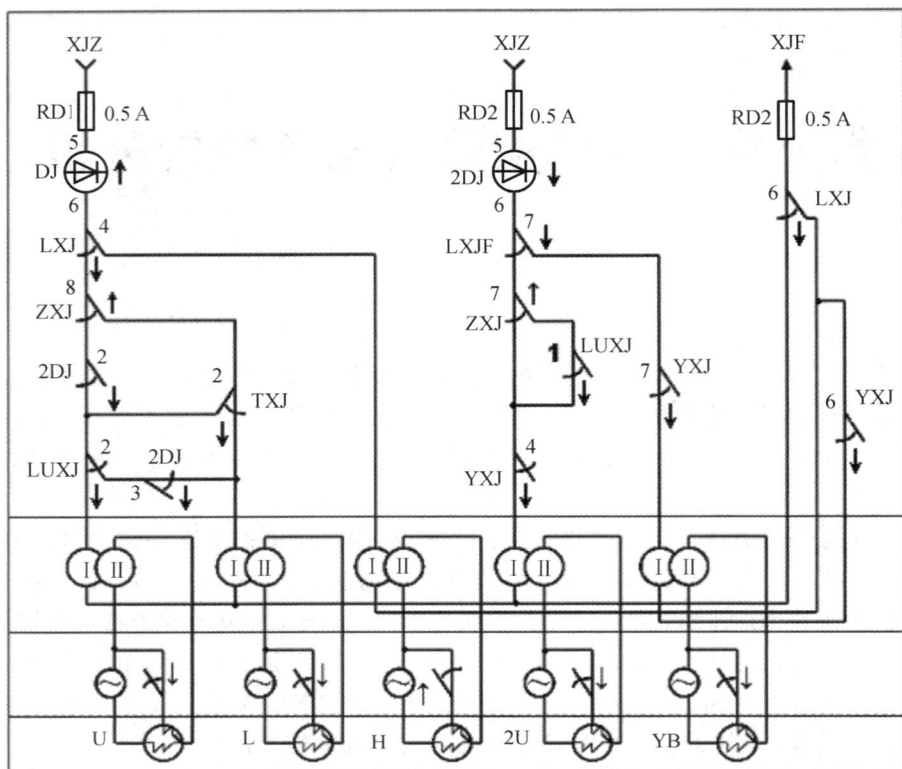

图 7-1 通用进站信号机点灯电路图

1. 进站信号机点灯电路的特殊条件

进站信号机点灯电路除常规的技术条件，如主副灯丝的自动切换、主灯丝断丝报警、灭灯报警、混线防护（独立电路、位置法、双断法等），以及防止乱显示等之外，还有它自身的一些特殊要求。

（1）平时信号关闭红灯，其信号复示器点亮红灯。当信号机灭灯时信号复示器红灯闪亮。信号开放后复示器点亮绿灯，开放引导信号时复示器点亮一个红灯和一个白灯。

（2）当进站信号机灭灯时，禁止开放允许信号，包括引导信号，尽管引导白灯是在原禁止灯光下再增加点亮一个白灯。其逻辑控制方式是在 LXJ 的励磁电路中加入进站信号机的 DJ↑条件，在开放引导信号时，YXJ 的吸起也检查 DJ↑条件。

（3）在同时点亮两个灯位时，必须能同时监测这两个灯位的完好，如果任一个灯位有故障，就立即关闭信号改点红灯。

（4）如果车站有 18 号及以上号的道岔，就在定型电路中加入相应的控制条件，且进站信号机需有"黄闪＋黄"的灯光显示。

（5）用于城市轨道正线上的进站信号机只设有"红、绿、黄"三个灯位时，引导信号可以是"红＋黄"灯光显示，正线经过时开放绿灯，侧线经过时开放黄灯。

2. 电路条件构成元素分析

电路中构成点灯条件的继电器除常规的 LXJ(LXJF)和 DJ 外，还有 ZXJ、YXJ、LUXJ 和 TXJ,有"黄闪＋黄"灯光的信号机,还有 CTXJ(侧向通过信号继电器)和 SNJ(闪光继电器)等。

1) 正线继电器(ZXJ)

在排列正线的接车进路或通过进路时,正线继电器(ZXJ,注意它与出站信号中 ZXJ 的区别)必须在吸起状态。

正线继电器(ZXJ)的状态取决于本咽喉开通正线进路上的道岔位置,若进路所有道岔都在定位(开通直股),则所有道岔定位表示继电器前接点连通 ZXJ 的励磁电路,使之吸起,否则处于落下状态。

正线继电器(ZXJ)在吸起状态是进站信号机开放正线接车进路(单黄灯)和通过车站(或本站场)进路(绿灯或绿黄灯)的必要条件;当其落下时,信号可开放站线(侧线)接车信号(双黄灯)。ZXJ 励磁电路的构成原理如图 7-2 所示。

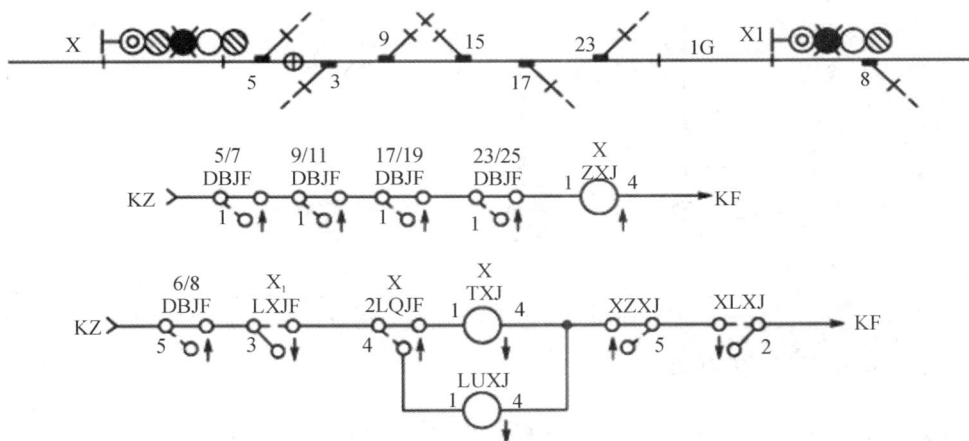

图 7-2　ZXJ、LUXJ 励磁电路的构成原理图

从图 7-2 中的下行 ZXJ 电路可知,当开通正线进路的所有对向道岔在定位时(DBJ↑→DBJF↑),该咽喉的 ZXJ 就会吸起。由于正线上的道岔通常定位在开通直线方向,即这些道岔的 DBJ(或 DBJF)平时在吸起状态,因此 ZXJ 平时也在吸起状态,所以,在进站信号机的定型电路中,ZXJ 的吸起状态是其常态。

2) 引导信号继电器(YXJ)

引导信号继电器(YXJ)平时落下,在需要开放引导信号时,经办理引导接车后联锁系统驱动 YXJ 吸起。YXJ 的吸起需要检查 DJ↑条件(红灯完好)。

3) 绿黄信号继电器(LUXJ)和通过信号继电器(TXJ)

绿黄信号继电器(LUXJ)和通过信号继电器(TXJ)平时落下,在对应方向上另一咽喉的正线出站信号机开放后,当本信号机也开放正线接车进路时,若第二离去区段有车占用,则 LUXJ↑→进站信号机点亮绿黄灯;若第二离去区段空闲,则 TXJ↑(LUXJ↓)→进站信号机点亮绿灯(表示前方至少三个分区空闲)。它们的励磁电路参见图 7-2。

若车站只有一个车场，或区间为三显示闭塞，信号机无 LU(绿黄)显示，则 LUXJ 不安装，在定型的点灯电路中将 LUXJ 第二组接点用封线短接掉即可(2DJ 的第三组接点不配线)，改造后的点灯电路配线(局部)如图 7-3 所示，图中的虚线即为短接线。

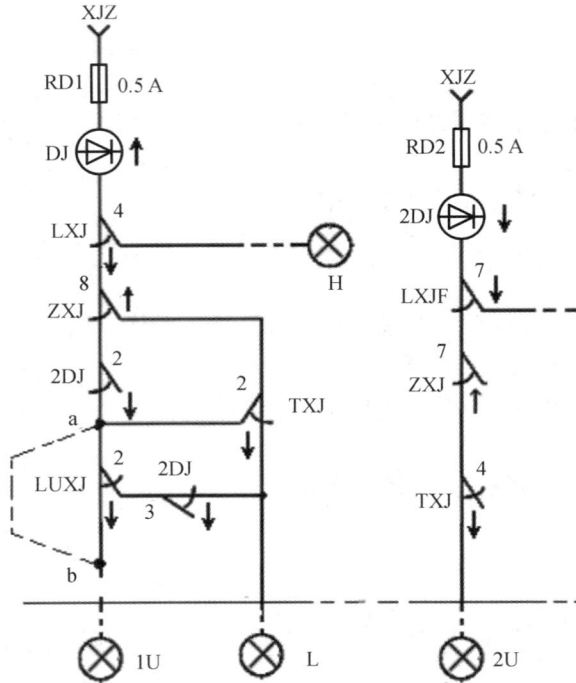

图 7-3　无绿黄显示时点灯电路配线(局部)示意图

二、各信号显示的点灯电路

定型的进站信号机电路可以显示 6 种灯光信号，即绿、黄、双黄、红、红白、绿黄，它们由 LXJ、TXJ、ZXJ、LUXJ、YXJ 的相互配合控制显示。

1. 平时点红灯(H)电路

按技术规定，进站信号机常态点禁止信号的红灯，其点灯条件及逻辑关系是：

(LXJ↓)·→信号机点亮红灯→DJ↑

2. 正线接车的单黄灯(1U)电路

正线接车进路走的是直线，不经过道岔的反位，故允许列车通过信号机的速度比较高，为区别站线接车(进路经过道岔的反位)时对列车速度的限制要求，站线接车与正线接车时进站信号机显示不同的灯光。正线接车时点单黄灯，站线接车时点双黄灯。

点单黄灯的条件及逻辑关系是：

(LXJ↑)·(ZXJ↑)·(TXJ↓)·(LUXJ↓)→信号机点亮单黄灯→DJ↑

此时 DJ↑检测 1U 灯是否完好，若 1U 灯熄灭，则 DJ↓→LXJ↓→点亮 H 灯→DJ↑。

3. 点双黄灯(1U＋2U)电路

点双黄灯(1U＋2U)时，先点亮 2U 灯，之后用 2DJ 的吸起条件再去接通 1U 灯电路。

（1）点 2U 灯的条件及逻辑关系是：

$$(LXJ\uparrow)\cdot(LXJF\uparrow)\cdot(ZXJ\downarrow)\cdot(TXJ\downarrow)\rightarrow 信号机点亮 2U 灯\rightarrow 2DJ\uparrow$$

（2）点 1U 灯的条件及逻辑关系是：

$$(LXJ\uparrow)\cdot(ZXJ\downarrow)\cdot(2DJ\uparrow)\cdot(LUXJ\downarrow)\rightarrow 信号机点亮 1U 灯\rightarrow DJ\uparrow$$

如果 2U 灯因故不能点亮，则 2DJ↓，1U 灯不能点亮→DJ↓→LXJ↓→点亮 H 灯→DJ↑；开放双黄灯后，若 2U 灯熄灭，则 2DJ↓→1U 灯熄灭→DJ↓→LXJ↓→点亮 H 灯→DJ↑。

4. 点绿灯(L)电路

信号机点亮绿灯表明开通的是正线通过进路，且在开放绿灯前，其对应的出站信号机已开放(绿灯或绿黄灯)。点 L 灯的条件及逻辑关系是：

$$(LXJ\uparrow)\cdot(ZXJ\uparrow)\cdot(TXJ\uparrow)\rightarrow 信号机点亮 L 灯\rightarrow DJ\uparrow$$

此时 DJ↑检测 L 灯是否完好，若 L 灯熄灭，则 DJ↓→LXJ↓→点亮 H 灯→DJ↑。

5. 点绿黄灯(L＋2U)电路

在开放通过本站场至下一站场停车进路，或四显示自动闭塞区段的对应出站信号机开放黄灯时，进站信号机点亮绿黄灯。信号机先点亮 2U 灯，再点亮 L 灯。

（1）点 2U 灯的条件及逻辑关系是：

$$(LXJ\uparrow)\cdot(LXJF\uparrow)\cdot(ZXJ\uparrow)\cdot(LUXJ\uparrow)\cdot(TXJ\downarrow)\rightarrow 信号机点亮 2U 灯\rightarrow 2DJ\uparrow$$

（2）点 L 灯的条件及逻辑关系是：

$$(LXJ\uparrow)\cdot(ZXJ\uparrow)\cdot(TXJ\downarrow)\cdot(LUXJ\uparrow)\cdot(2DJ\uparrow)\rightarrow 信号机点亮 L 灯\rightarrow DJ\uparrow$$

同其他点双灯时一样，当 2U 灯熄灭或 L 灯熄灭时，信号都会自动关闭。

6. 开放引导信号时的 HB 灯电路

引导信号是在原信号机红灯的基础上，再点亮一个白灯。此时的红灯电路与常态下的红灯电路是同一个点灯电路。

点引导 B 灯的条件及逻辑关系是：

$$(LXJ\downarrow)\cdot(LXJF\downarrow)\cdot(YXJ\uparrow)\rightarrow 信号机点亮 B 灯\rightarrow 2DJ\uparrow$$

此时 2DJ↑监督 B 灯是否良好。若 B 灯熄灭，则控制台上的信号复示器在原来点亮红白灯的情况下白灯熄灭，其他没有影响。但此时如果红灯熄灭，则 DJ↓→YXJ↓→信号机灭灯→信号复示器闪红灯。

注：这里我们只给出了各种显示下点亮灯光的逻辑条件，没有具体给出电路接通公式，请读者依据进站信号机的点灯电路图，自行写出各灯光电路的接通公式。

三、可实现"黄闪＋黄"显示的点灯电路

如果进站信号机需要增加"黄闪＋黄"灯的显示，就需要在定型的点灯电路中加入控制 1U 灯闪光的闪光单元电路。有黄闪显示时点灯电路配线(局部)如图 7-4 所示，在 LUXJ

第二组、后接点间并联闪光单元，电路中的其他条件不变。

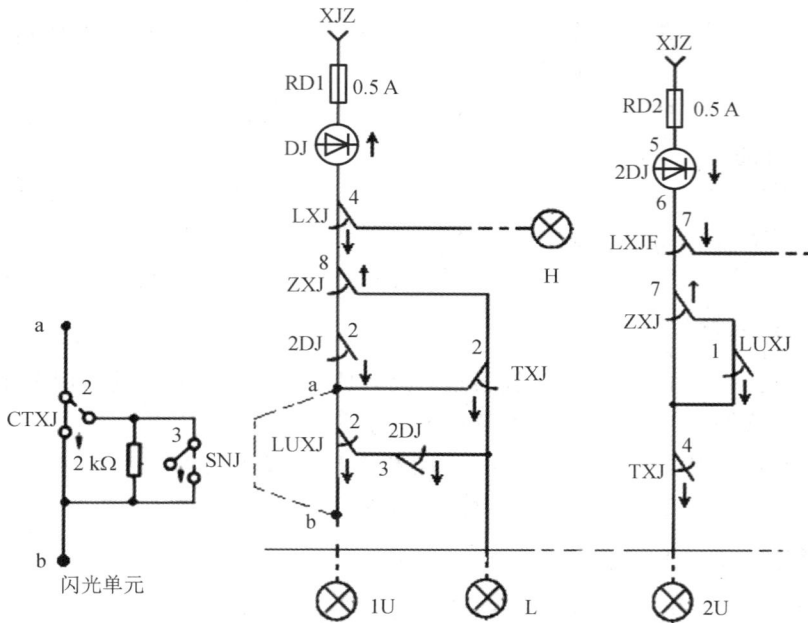

图7-4 有黄闪显示时点灯电路配线(局部)示意图

1. 闪光单元电路

在经过本站18号及以上号道岔侧向通过进路时，需要侧向通过信号继电器(CTXJ：JWXC-1700)吸起，其励磁吸起条件是：对应的出站信号机开放(LXJ↑)LXJF↑及所经过的大道岔已锁定在反位(FBJ↑)时，FBJF↑，待信号关闭后复原。CTXJ励磁电路如图7-5(a)所示。

CTXJ吸起后，接通SNJ(闪光继电器)电路，如图7-5(b)所示。SNJ经过自身的后接点接通1、2线圈励磁电路(同时向电容C_1充电)，SNJ吸起后断电，靠C_1放电使SNJ保持吸起，C_1放电结束后又落下；落下后再重复上述过程，于是SNJ吸起、落下再吸起、落下地脉动，直到CTXJ复原。

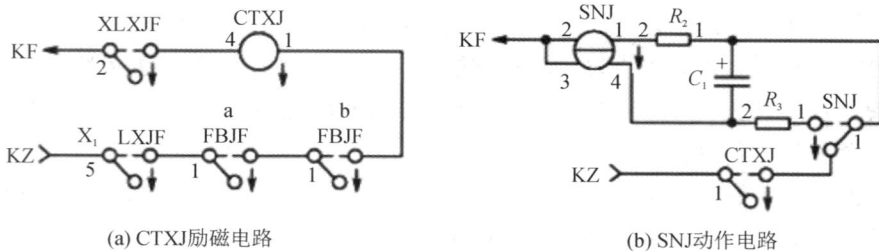

(a) CTXJ励磁电路

(b) SNJ动作电路

图7-5 黄闪光控制单元电路

2. "黄闪+黄"点灯电路

在建立经大号道岔反位的侧向通过进路后，当条件满足时，信号机首先点亮2U灯，其点亮的条件及逻辑关系是：

　　　　（LXJ↑）·（LXJF↑）·（ZXJ↓）·（TXJ↓）→信号机点亮 2U 灯→2DJ↑

　　黄闪点灯电路如图 7-6 中双线部分所示。

　　2DJ 吸起后，接通黄闪电路，其点亮的条件及逻辑关系是：

　　　　（LXJ↑）·（ZXJ↓）·（2DJ↑）·（CTXJ↑）·（SNJ 脉动）→DJ↑

　　在 SNJ 为吸起状态时，接通黄 1U 灯丝电路中的电流大，灯光亮度正常；当 SNJ 落下时，1U 灯丝电路中串入了一个大电阻（2 kΩ），灯丝电流又会很小（但必须保证 DJ 不落下），于是 1U 灯的亮度变暗。因此，1U 灯随着 SNJ 的脉动而表现出闪光效果。其黄闪点灯电路如图 7-6 中的粗线部分所示。

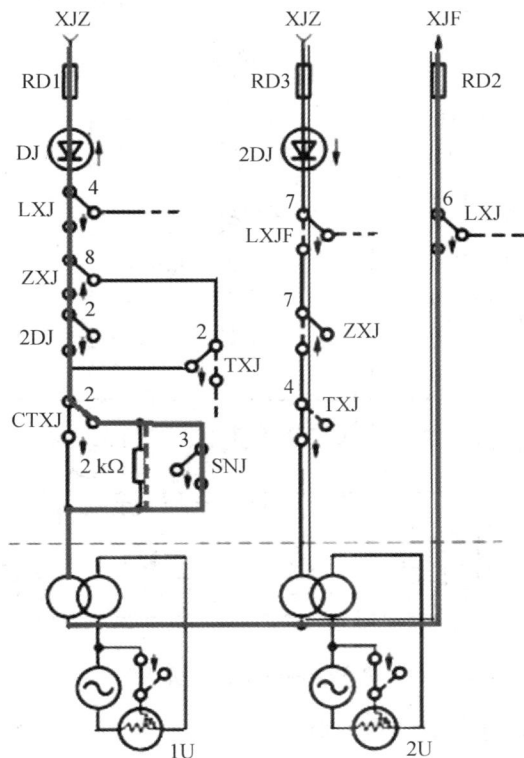

图 7-6　黄闪点灯电路

四、进站预告信号机电路

　　依《技规》要求，在非自动闭塞区段的进站信号机前方，有必要设置进站信号机的预告信号机，以提前预告进站信号机的显示。例如，举例站场中东郊方向的进站信号机就设置了其预告信号机。

　　进站预告信号机的点灯电路条件比较简单。当对应的进站信号机关闭即 LXJ↓时，预告信号机点黄灯；当 LXJ↑后，预告信号机点绿灯。可见预告信号机只能预告主体信号机是在开放状态还是关闭状态，而不能预告主体信号机开放的是正线进路还是侧线进路，所以不适用于单线提速区段。

带预告的进站信号机点灯电路如图 7-7 所示。

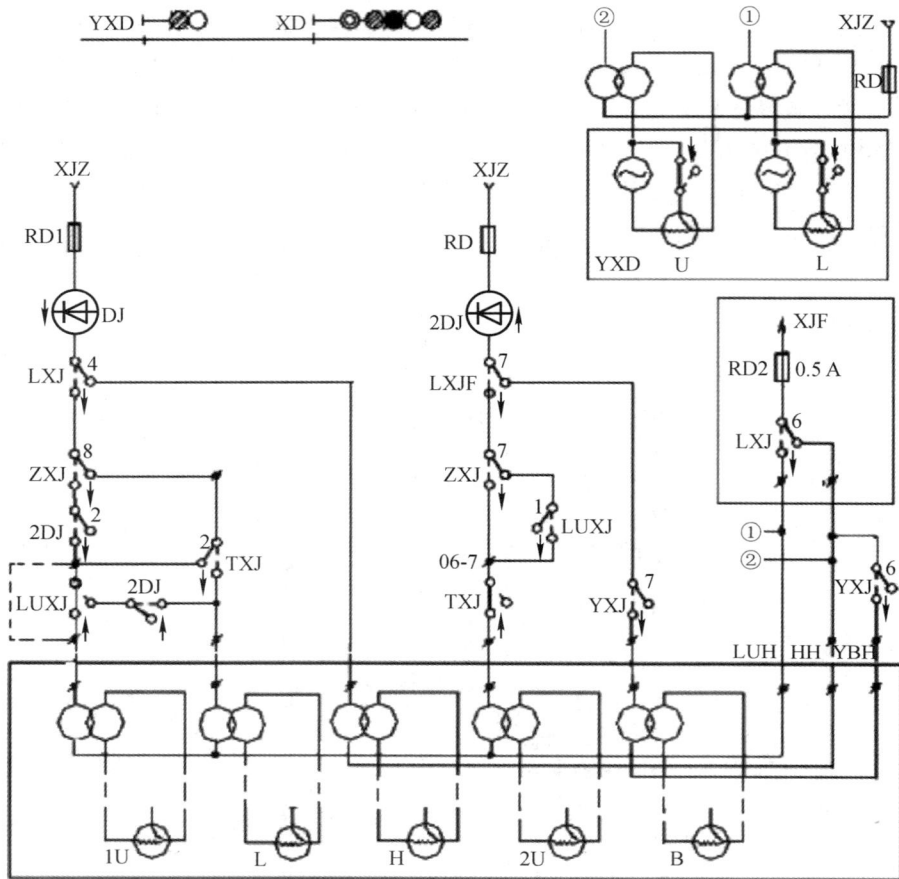

图 7-7　带预告的进站信号机点灯电路图

进站预告信号机点黄灯或绿灯的 LXJ↑ 条件，是从主体信号机电路中 LXJ 第六组后接点或前接点接入 XJF 电源实现检查的（见图 7-7 中②①处）。不过联锁系统本身通常没有对预告信号机的灯丝断丝或灭灯状态进行监督（有条件的车站也有将其加入灯丝报警电路中的），当预告信号断丝或出现灭灯故障时，控制台上没有表示（在处理故障时要清楚这点），不过也有在设有独立的信号机报警监测装置中将预告信号的状态也纳入监督对象之中的。

第二节　高速客运专线进站信号机电路

本节讲述高速铁路上的进站信号机点灯电路，重点研究其灯光显示的控制原理。用于高铁线路上的进站信号机，其点灯电路原理与普通铁路上进站信号机的点灯电路原理基本相同，只是高速铁路正线及到发线采用了 18 号及以上号的提速道岔，因此进站信号机增加了"黄闪＋黄"的灯光显示，以指示列车经此道岔侧向位置进入站内（允许速度不低于 80 km/h）。

高速客运专线上的列车信号机常态是灭灯，只在需要时再"开灯"。

一、客运专线进站信号机设置要求

高铁的进站信号机及接车进路信号机仍采用现行的进站信号机机构。高铁信号机的设置与进站信号机相关的要求主要有以下几方面：

（1）在既有线提速区段，信号机的设置与显示仍采用原来的方式。进出站信号机的设置位置应符合《技规》要求。区间的无岔车站、线路所应参照进站信号机、出站信号机设置相应的防护信号机。

（2）在兼顾货运的 200～250 km/h 高速铁路，信号机的设置与显示同既有线；在不兼顾货运的 200～250 km/h 的高速铁路和 300～350 km/h 的高速铁路区间，不设置通过信号机，车站的进、出站信号机平时灭灯。

进站信号机采用七灯位矮型信号机机构，左侧（远离线路的一侧）为"红、白"灯，右侧（靠近线路的一侧）为"绿、黄、黄"灯。当矮型进站信号机设置于线路右侧时，定型配置的三、四灯位机构换位。

（3）ATP 车载设备正常工作时，司机以车载信号行车。车站及线路所的列车信号机应保持常态灭灯不显示，仅起停车位置标志的作用。

（4）对以隔离模式运行的动车组列车和施工路用列车，信号机点亮，灭灯视为红灯。

（5）仅运行动车组的高速铁路遇列车未装设列控设备（可能包括维修车、轨道车等）或列控设备停用时，相应的列车信号机应经人工确认后转为点灯状态。

二、信号显示意义及点灯控制

1．信号显示意义

（1）一个绿色灯光——准许列车按规定速度经正线通过车站。

（2）一个黄色灯光——准许列车经道岔直向位置进入站内正线准备停车。

（3）两个黄色灯光——准许列车经道岔侧向位置进入站内准备停车。

（4）一个黄色闪光和一个黄色灯光——准许列车经 18 号及以上号道岔的侧向位置进入站内越过次一架已经开放的信号机且该信号机防护的进路，经道岔的直向位置或 18 号及以上号道岔的侧向位置。

（5）一个红色灯光——不准列车越过该信号机。

（6）一个红色灯光和一个月白色灯光——准许列车在该进站信号机前不停车，按规定速度进站，并需随时准备停车。

2．信号机点灯控制

常态下进站信号机灭灯，需要启用时通过操作使 KDJ（开灯继电器）吸起即可。KDJ 常态为落下，其前接点断开点灯电路的 XJZ 电源使信号机熄灯。相关的控制如下：

（1）进站信号机的点灯控制：按压"点灯按钮（KDA）"和进站信号机的列车按钮，信号机点亮红灯，当办理的接车进路锁闭后点亮相应的允许灯光。其控制逻辑关系是：

按压 KDA→（联锁系统驱动）KDJ↑→点灯电路接通（启用开灯）

（2）进站信号机的关灯控制：按压"关灯按钮（GDA）"和进站信号机的列车按钮，信号机熄灯。其控制逻辑关系是：

按压 GDA→（联锁系统停止驱动）KDJ↓→点灯电路断开（灭灯停用）

（3）列车越过开放的进站信号机后，该信号机应改点红灯；当进路的第一区段解锁后，KDJ↓，信号机灯光自动熄灭。人工关闭信号时也能使 KDJ 落下。

（4）对熄灯状态的进站信号机办理进路时，联锁系统不会驱动信号继电器。只在 KDJ 吸起后办理列车进路时，联锁系统才根据信号显示驱动相应的信号继电器吸起。

（5）当信号机需要"黄闪＋黄"显示时，联锁系统驱动 USUJ（黄闪＋黄继电器，有的系统叫闪光开始继电器 SNKJ）吸起，并对 USUJ、SNJ（闪光继电器）和 SNJJ（闪光校核继电器）的状态进行实时采集。

（6）当信号机与联锁系统的接口电路故障时（包括灯丝断丝、采集（驱动）断线等），信号机点红灯。

注意： 在联锁系统"停稳计时"未结束前，禁止人工将原接车时点亮的出站信号机红灯熄灭。

对信号机的停用控制是通过 KDJ 的落下状态实现的，一方面用以切断信号点灯电路（在点灯电路的 XJZ 电源入支路端接入 KDJ 前接点条件）；另一方面在 KDJ 的落下状态时，联锁系统不再驱动信号继电器。

三、信号机点灯及黄闪控制电路结构

高速客运专线进站信号机的电路构成与普铁进站信号机的点灯电路相同，主要区别是增加了"黄闪＋黄"显示的控制单元电路，因此这里主要介绍"黄闪＋黄"显示的控制原理。

1. "黄闪＋黄"控制电路结构

"黄闪＋黄"的显示控制是将闪光控制单元电路作为条件加在原来 1U 灯的 XJZ 支路上。加入单元电路时有保留和不保留"绿黄灯"显示（有或没有 LUXJ）两种情况。保留"绿黄灯"显示时，将点灯电路中的"a、b、c"三点对应地与闪光单元电路相连（闪光电源电路中的 b—c 连线断开）即可；若无 LUXJ，则只连接"a、b"两端子，电路的其他地方不需要改动。目前客运专线的进站信号机一般不设置 LUXJ。

客运专线进站信号机添加闪光单元的方法如图 7-8 所示。

客运专线进站信号机点灯电路如图 7-9 所示（注：图中未加入 KDJ 的条件，常态下 KDJ↓，信号机灭灯，只有在 KDJ↑后才启用信号机）。其中，电路中的 USUJ（黄闪黄继电器）前接点作为点亮黄闪灯的必要条件，SNJ（闪光继电器）接点条件用于实现闪光效果。另外，接入 SNJJ（闪光校核继电器）前接点条件可起防护作用，当闪光单元电路工作故障时，信号降级显示。

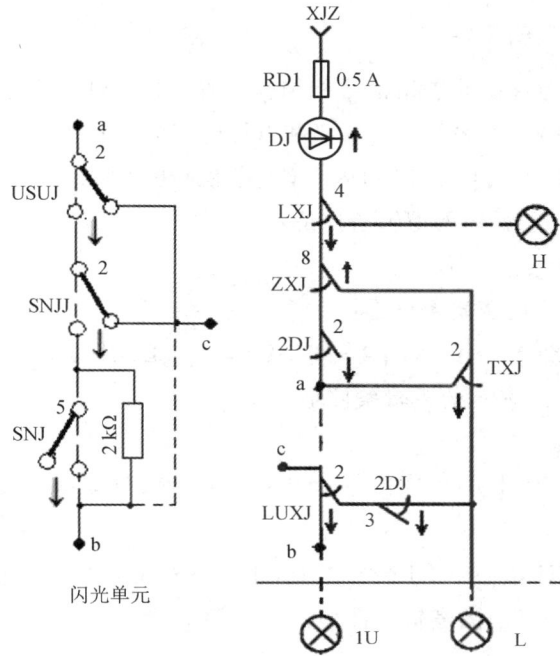

图 7-8　客运专线进站信号机添加闪光单元方法示意图

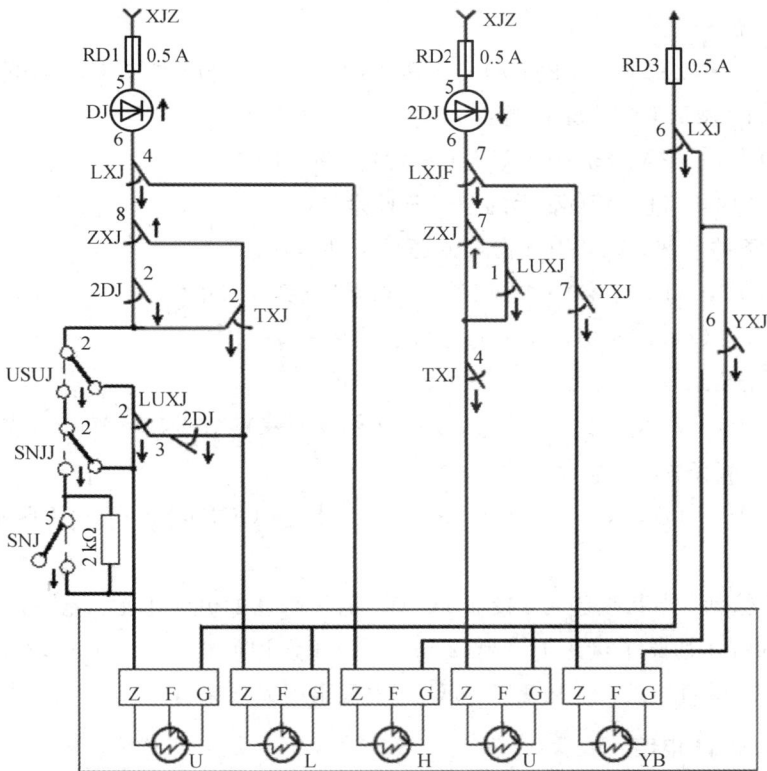

图 7-9　客运专线进站信号机点灯电路图

2. 7 种信号显示的逻辑条件

高铁的进站信号机与普铁的进站信号机结构一样，为 5 灯位 7 显示，其中"红、单黄、双黄、绿、引导红白、绿黄" 6 种显示的意义和点灯电路的控制条件及逻辑关系也与普铁的进站信号机基本相同，所不同是控制"黄闪＋黄"的单元电路部分。

(1) 禁止信号红灯(H)显示的逻辑条件是：

$$(LXJ\downarrow)\rightarrow 红灯点亮\rightarrow DJ\uparrow$$

(2) 单黄灯(1U)显示的逻辑条件是：

$$(LXJ\uparrow)\cdot(ZXJ\uparrow)\cdot(TXJ\downarrow)\cdot(USUJ\downarrow)\cdot(LUXJ\downarrow)\rightarrow 1U\ 灯点亮\rightarrow DJ\uparrow$$

(3) 双黄灯(1U＋2U)显示的逻辑条件是：

① 2U 灯点亮条件：

$$(LXJ\uparrow)\cdot(LXJF\uparrow)\cdot(ZXJ\downarrow)\cdot(TXJ\downarrow)\rightarrow 2U\ 灯点亮\rightarrow 2DJ\uparrow$$

② 1U 灯点亮条件：

$$(LXJ\uparrow)\cdot(ZXJ\downarrow)\cdot(2DJ\uparrow)\cdot(USUJ\downarrow)\cdot(LUXJ\downarrow)\rightarrow 1U\ 灯点亮\rightarrow DJ\uparrow$$

(4) 绿黄灯(L＋2U)显示的逻辑条件是：

① 2U 灯点亮条件：

$$(LXJ\uparrow)\cdot(LXJF\uparrow)\cdot(ZXJ\uparrow)\cdot(LUXJ\uparrow)\cdot(TXJ\downarrow)\rightarrow 2U\ 灯点亮\rightarrow 2DJ\uparrow$$

② L 灯点亮条件：

$$(LXJ\uparrow)\cdot(ZXJ\uparrow)\cdot(TXJ\downarrow)\cdot(USUJ\downarrow)\cdot(LUXJ\uparrow)\cdot(2DJ\uparrow)\rightarrow L\ 灯点亮\rightarrow DJ\uparrow$$

(5) 绿灯(L)显示的逻辑条件是：

$$(LXJ\uparrow)\cdot(ZXJ\uparrow)\cdot(TXJ\uparrow)\rightarrow L\ 灯点亮\rightarrow DJ\uparrow$$

(6) 引导红白灯(H＋YB)显示的逻辑条件是：

点红灯的条件不变，点亮引导白灯的逻辑条件是：

$$(LXJ\downarrow)\cdot(LXJF\downarrow)\cdot(YXJ\uparrow)\rightarrow YB\ 灯点亮\rightarrow 2DJ\uparrow$$

(7) 黄闪黄灯(1U 闪＋2U)显示的逻辑条件是：

① 2U 灯点亮条件：

$$(LXJ\uparrow)\cdot(LXJF\uparrow)\cdot(ZXJ\downarrow)\cdot(TXJ\downarrow)\rightarrow 2U\ 灯点亮\rightarrow 2DJ\uparrow$$

② 1U 灯闪亮条件：

$$(LXJ\uparrow)\cdot(ZXJ\downarrow)\cdot(2DJ\uparrow)\cdot(USUJ\uparrow)\cdot(SNJJ\uparrow)\cdot(SNJ\ 脉动)\rightarrow 1U\ 闪\rightarrow$$
DJ↑

由于 SNJ 脉动，当其吸起时，接通 1U 灯，通过灯丝的电流正常，光亮正常；当 SNJ 落下时，1U 灯的灯丝通路中接入了电阻(2 kΩ)，分压作用使得 1U 灯的灯丝电流减小(但仍然能使 DJ 保持吸起状态)，灯光变暗，1U 灯表现出闪光效果。

3. SNJ 和 SNJJ 电路

SNJ 和 SNJJ 电路如图 7 - 10 所示，USUJ(在某些联锁系统中称之为信号闪光继电器，名称符号为 XSJ，两者的作用一样，只是名称不同)平时落下，当建立经 18 号及以上号侧向进路且满足开放"黄闪＋黄"灯光显示的条件时，计算机联锁系统驱动 USUJ 吸起，从而接通闪光继电器（SNJ）电路，使得 SNJ 脉动。

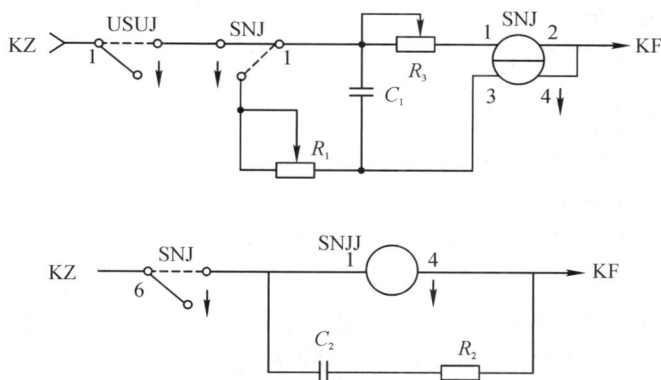

图 7-10　SNJ 和 SNJJ 电路

1）SNJ 脉动电路的工作原理

USUJ 吸起后接通 SNJ 的 1、2 线圈励磁电路，同时给电容 C_1 充电，等 SNJ 吸起后其自身第一组后接点又切断了其励磁电路；SNJ 在 C_1 放电完成后（使其形成缓放效果）又复归落下，落下后又经其自身第一组后接点使之重新再次励磁吸起，再因自身后接点断开励磁电路又断电落下，如此反复，使 SNJ 产生脉动效果。

2）SNJJ 励磁电路的工作原理

为能监督闪光电路（SNJ）的工作，电路中增设了 SNJJ（闪光校核继电器）。SNJJ 平时在落下状态，若 SNJ 正常脉动，则 SNJJ↑；若 SNJ 继电器电路工作不正常（如 SNJ 停止脉动），则 SNJJ 就会落下。在黄闪电路中加入 SNJJ 前接点条件后，若 SNJJ 落下可切断闪光支路，则闪光改为稳定灯光（相当于降级显示）。如果 SNJJ 励磁电路故障，同样也能使信号降级为双黄灯显示。

SNJJ 励磁电路的工作原理如下：

当 SNJ 吸起时，用第 6 组前接点接通 SNJJ 的 1、4 线圈电路，使 SNJJ↑，同时给并联电容 C_2 充电；当 SNJ 落下时，电容 C_2 放电，经限流电阻 R_2 给 SNJJ 线圈提供补偿电流使其缓放，支持到 SNJ 再次吸起，从而保证 SNJJ 可靠吸起。一旦 SNJ 脉动不正常，则 SNJJ↓，从而起到对于闪光电路的监督作用。

第三节　城轨正线防护（进、出站）信号机电路

城市轨道交通列车在正线上运行时，一般采用基于通信的列车自动控制信号系统（CBTC），系统根据列车之间的距离和进路条件自动控制列车运行。由于自动运行的列车不依靠司机人工控制，因此，地面信号机的意义被大大弱化。但在降级模式下，司机必须依靠地面信号机的显示行车，可见信号机作为安全运行条件之一，依然有着重要的地位。

一、信号机的点灯控制

目前，城市轨道交通信号机的显示定义一般采用"红、绿、黄"灯和引导"红＋黄"灯信号的组合，采用 3 灯位 4 显示制式。

1. 各种灯光显示的含义

进站防护道岔的信号机有 4 种灯光显示，各种灯光的含义如下：

（1）红灯——禁止列车超过该信号机进站。

（2）黄灯——准许列车依照限速（一般限速不超过 30 km/h）经过道岔侧向位置越过该信号机。

（3）绿灯——准许列车按照正常速度经道岔直向位置通过该信号机进站。

（4）红灯＋黄灯——引导信号，准许列车以不超过规定速度（一般限速不超过 25 km/h）越过该信号机，有条件地进入车站或区间。

2. 点灯控制的条件

进站信号点灯控制条件除 CBTC 模式下控制信号停用或启用的 DDJ（到达继电器）外，主要有三个信号继电器条件：LXJ、ZXJ（正线继电器）和 YXJ（引导信号继电器）。

DDJ 常态为吸起，若其前接点切断红灯点灯电路，则信号处于灭灯状态，此时信号机无效。当需要启用信号机显示时，通过值班员操作（操作方法见前面高铁信号机部分的内容）使 DDJ 落下，接通信号机点灯电路。

当信号机启用后，用 LXJ↓条件点亮红灯，需要开放列车信号时，联锁系统检查联锁条件满足后驱动 LXJ↑，使信号机点亮黄灯或绿灯。点亮黄灯还是绿灯由 ZXJ 的状态决定；ZXJ↓（表明进路开通道岔侧向位置）点亮黄灯，ZXJ↑（表明进路开通道岔直向位置）点亮绿灯。

当需要开放引导信号时，通过值班员操作使 YXJ 被驱动吸起，黄灯电路在确定红灯点亮的状态下接通，信号机点亮"红＋黄"灯。

二、信号显示灯光电路

城轨正线（防护）信号机的点灯电路如图 7-11 所示。

下面给出各种显示灯光的逻辑条件，具体的接通电路请读者对照电路图自行写出。

（1）点亮红灯的逻辑条件是：

$$(DDJ\downarrow)\cdot(LXJ\downarrow)\rightarrow H\ 灯点亮\rightarrow DJ\uparrow$$

（2）点亮黄灯的逻辑条件是：

$$(DDJ\downarrow)\cdot(LXJ\uparrow)\cdot(ZXJ\downarrow)\rightarrow U\ 灯点亮\rightarrow DJ\uparrow$$

（3）点亮绿灯的逻辑条件是：

$$(DDJ\downarrow)\cdot(LXJ\uparrow)\cdot(ZXJ\uparrow)\rightarrow L\ 灯点亮\rightarrow DJ\uparrow$$

（4）点亮红灯＋黄灯的逻辑条件是：

红灯：

$$(DDJ\downarrow)\cdot(LXJ\downarrow)\rightarrow H\ 灯点亮\rightarrow DJ\uparrow$$

黄灯：

$$(DDJ\downarrow)\cdot(LXJ\downarrow)\cdot(YXJ\uparrow)\cdot(DJ\uparrow)\cdot(ZXJ\downarrow)\rightarrow U\ 灯点亮\rightarrow 2DJ\uparrow$$

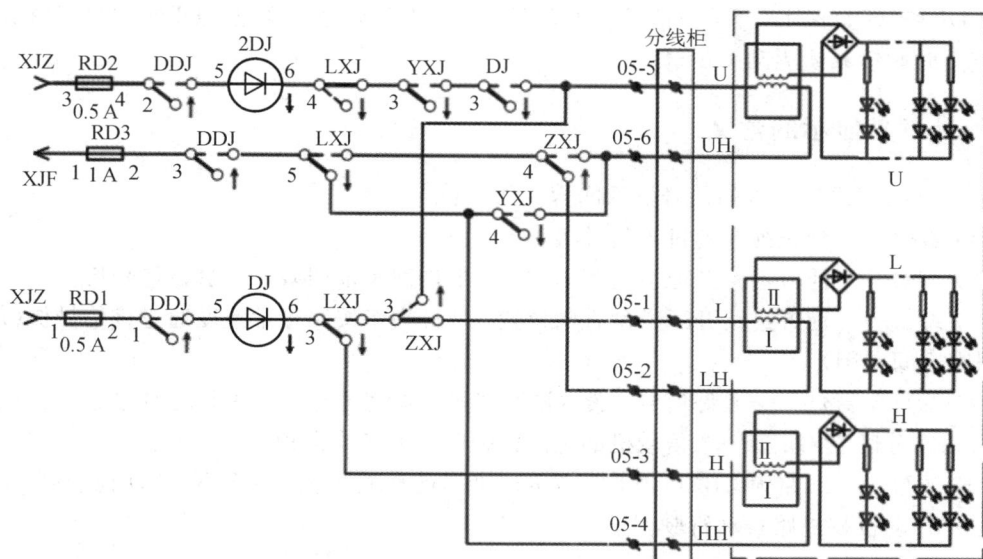

图 7-11　城轨正线（防护）信号机点灯电路图

第四节　城轨带蓝灯的正线信号机电路

城市轨道交通在 ATC 系统下采用移动闭塞的 CBTC 信号系统控制列车运行，因此用于自动闭塞下的通过信号机已经失去主体信号的作用，故一般在正线不设置通过信号机。但在 ATP 设备发生故障时为便于驾驶员控制列车运行，可以根据需要设置正线信号机。传统的正线信号机与防护信号机一样，采用 3 灯位 4 显示制式，除有"黄、绿、红"灯，也有引导"红＋黄"灯信号显示。

由于城市轨道交通正常情况下都是依靠车载信号"基于移动闭塞"运行模式自动运行的，因此地面信号机处于无效灭灯状态。可以想象，在人工驾驶模式下行车时，若信号机因故障灭灯，则很容易使司机误判而冒进信号，造成事故发生的可能。因此，目前在某些城市的地铁正线上，设计了带蓝灯并增加"绿＋黄"显示方案的正线信号机。

一、信号机的点灯控制

带蓝灯的正线信号机采用 4 灯位 5 显示制式，灯位自上而下的排列顺序为"黄、绿、红、蓝"，5 种显示为"红、黄、绿、蓝、绿＋黄和蓝"灯。

常态下信号机点"蓝灯"（用 DDJ↑条件直接点亮蓝灯），蓝灯显示代表线路为 CBTC 自动控制行驶模式，并已经将道岔锁闭的信息传达给了 CBTC 列车，所以列车可以超过此信号机。

引入蓝灯显示后，即将原来线路信号机的"灭灯、点灯"2 种工作模式变成了"蓝灯、非蓝灯、故障灭灯"3 种工作模式的指示形式。如此，不仅通过蓝灯显示区分了人工驾驶和

CBTC 自动控制行车模式，同时也能利用信号机的灭灯指示给出信号机的故障信息。

控制信号机点灯的条件除 LXJ、ZXJ 外，增加了 LDJ（绿灯继电器）和 UDJ（黄灯继电器），LDJ 和 UDJ 平时落下，当信号机需要开放绿灯时联锁系统驱动 LDJ↑；当信号机需要开放黄灯时联锁系统驱动 UDJ↑。

二、各种灯光显示的含义

带蓝灯的正线信号机的信号显示的含义如下：

（1）红灯——禁止列车超过该信号机。

（2）黄灯——前方进路开通道岔侧向位置，准许列车依照限速越过该信号机。

（3）绿灯——前方进路开通道岔直向位置，准许列车按照正常速度通过该信号机（前方 2 个闭塞区间空闲）。

（4）绿灯＋黄灯——允许信号，表示调度授权下低速通过，并注意随时停车（运行前方仅 1 个闭塞分区空闲，下一个信号机的进路已锁闭且开通直向道岔）。

（5）蓝灯——线路为 CBTC 模式，指示司机当前驾驶车辆为 CBTC 自动控制列车，列车将根据移动授权进路自动行驶。

三、信号显示灯光的电路结构

城轨带蓝灯的正线信号机的点灯电路如图 7－12 所示。

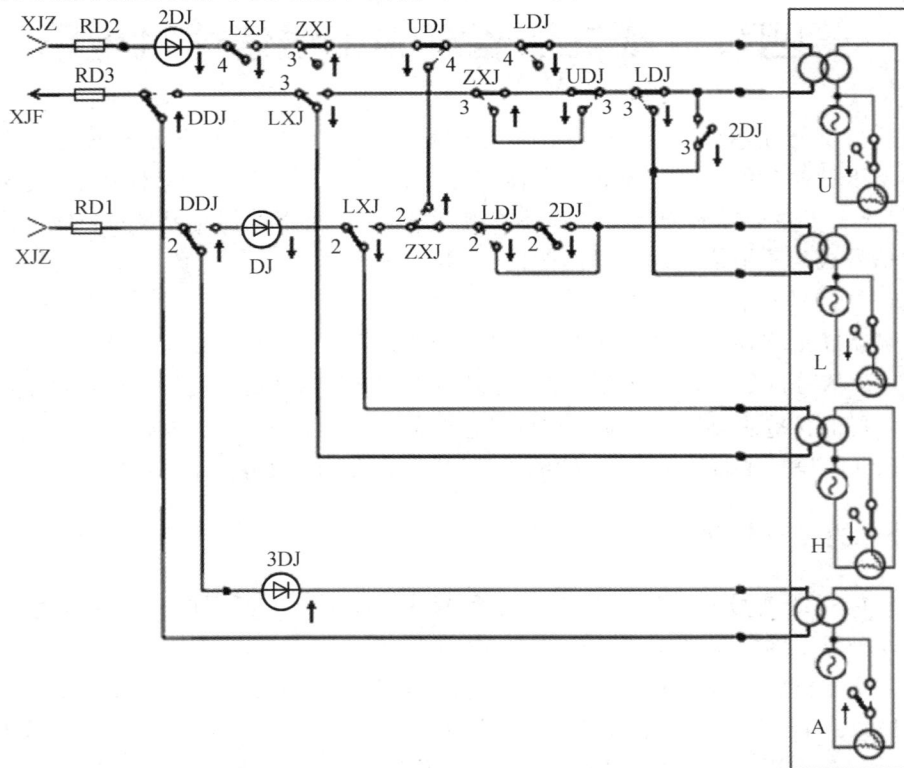

图 7－12　城轨带蓝灯的正线信号机点灯电路图

下面给出各种显示灯光的逻辑条件，具体的接通电路读者可对照电路理解。

（1）点亮红灯的逻辑条件是：

　　　(DDJ↓)·(LXJ↓)→H 灯点亮→DJ↑

（2）点亮黄灯的逻辑条件是：

　　　(DDJ↓)·(LXJ↑)·(ZXJ↓)·(UDJ↑)·(LDJ↓)→U 灯点亮→DJ↑

（3）点亮绿灯的逻辑条件是：

　　　(DDJ↓)·(LXJ↑)·(ZXJ↑)·(LDJ↑)·(UDJ↓)→L 灯点亮→DJ↑

（4）点亮绿灯＋黄灯的逻辑条件是：

黄灯：

　　　(LXJ↑)·(ZXJ↑)·(UDJ↓)·(LDJ↓)·(DDJ↓)→U 灯点亮→2DJ↑

绿灯：

　　　(DDJ↓)·(LXJ↑)·(ZXJ↑)·(UDJ↓)·(LDJ↓)·(2DJ↑)→L 灯点亮→DJ↑

黄灯先点亮使 2DJ↑，之后接通绿灯电路。当绿灯不能点亮时 2DJ↓→切断绿灯电路→DJ↓→LXJ↓→改点红灯；若绿灯熄灭，则直接使 DJ↓，从而使信号机关闭。

（5）点亮蓝灯的逻辑条件是：

　　　(DDJ↑)→A 灯点亮→3DJ↑

这里用 3DJ 的吸起检查蓝灯完好。若蓝灯熄灭，则 3DJ↓，于是给出信号机故障报警，但并不影响 CBTC 列车的正常运行。

问 题 思 考

1. 对照通用的进站信号机点灯电路理解各灯光点亮的逻辑条件，跑通电路并写出它们的接通公式。描述一下在红灯熄灭的情况下不允许信号开放需要什么条件。

2. 铁路中具备"黄闪＋黄"灯显示的进站信号机点灯电路与高速客运专线进站信号机的"黄闪＋黄"灯显示的电路有什么相同点和不同点？它们控制的闪光电路有什么共性？

3. 城轨正线防护信号机电路与铁路通用的进站信号机电路有哪些不同？

第八章 列车信号机电路故障处理举例

前面我们主要以调车信号机电路故障为例,通过假设的故障点描述了故障后的表示现象,并详细讲述了故障(主要是机构内部电路开路故障)处理的方法与流程,后又较系统地学习了各类列车信号机的点灯电路原理,以及灯光显示的控制条件,想必读者也具备了通过现象分析故障的能力。因此,本章我们将从故障现象入手,即在故障举例时只表述故障所造成的现象,然后介绍如何通过现象分析或通过电气测量的结果查找故障点。

通过现象查找故障点要比先知道故障点,之后再去分析如何去找到故障点困难得多,但它符合实际情况,因此这种训练是必需的。

第一节 进站信号机电路室内开路故障

一、故障现象及情景描述

假设举例的故障信号机为 X 进站信号机,其所处的车站为计算机联锁车站,其站场平面布置(局部)如图 8-1 所示。

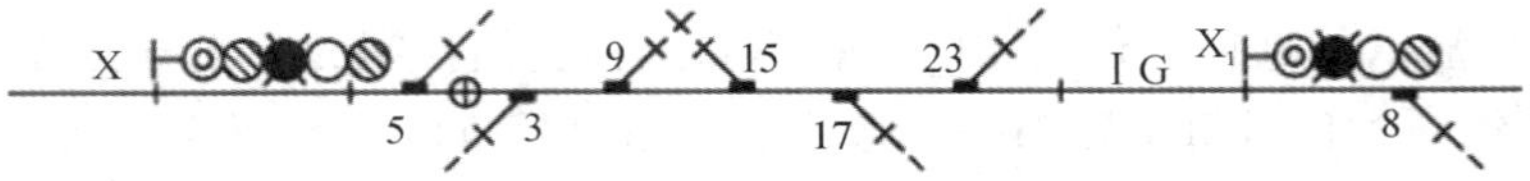

图 8-1 举例车站的站场平面布置(局部)图

其故障现象是:在排列 X 向 I G 股道的列车接车进路时,控制台信号复示器亮绿灯,约经 2 s 左右又开始闪红光,最后亮稳定红灯,同时控制台有灯丝断丝报警。

二、故障范围分析

处理故障前,应先充分了解故障现象,必要时可在控制台上作相关的操作试验,以进一步压缩故障范围。

1. 由现象分析故障可能性

本例中,在办理接车进路后,控制台有过"信号复示器亮绿灯"的现象,则表明 LXJ 能正常吸起(因为复示器显示允许灯光用的是 LXJ 或 DXJ 吸起条件),但 2 s 左右后又开始

"闪红光"，表明信号机有短时的灭灯情况。"最后亮稳定红灯"表明信号机在开放的过程中，因允许灯光不能点亮又自动关闭了信号。又知本例所欲建立的是向ⅠG股道正线接车进路，故信号机正常时应该点亮1U灯。

因此得到的信息是：LXJ能正常吸起，且能自动改点红灯，故障只影响1U灯的点亮。进一步分析可知电源正常，且没有因黄灯故障而损坏（烧保险），可排除黄灯一次侧回路短路故障（但不排除二次侧回路短路）。若一次侧回路短路，则熔断器会熔断。点灯电路在二次侧回路短路时存在熔断器不熔断的情况，不过可在分线盘上测量黄灯输出电压的变化情况作进一步分辨：若测得电压比正常电压下降较多，即可判定二次侧回路短路。

2．盘面压缩试验

结合点灯电路可知黄灯通路如图8-2中粗线所示。我们知道，1U灯电路与点双黄灯时的通路有较多的重叠部分，如果能确定开放双黄灯时的电路正常，那么故障范围就可以进一步缩小（图中的双线部分为开放双黄灯时1U灯的点亮通路）。

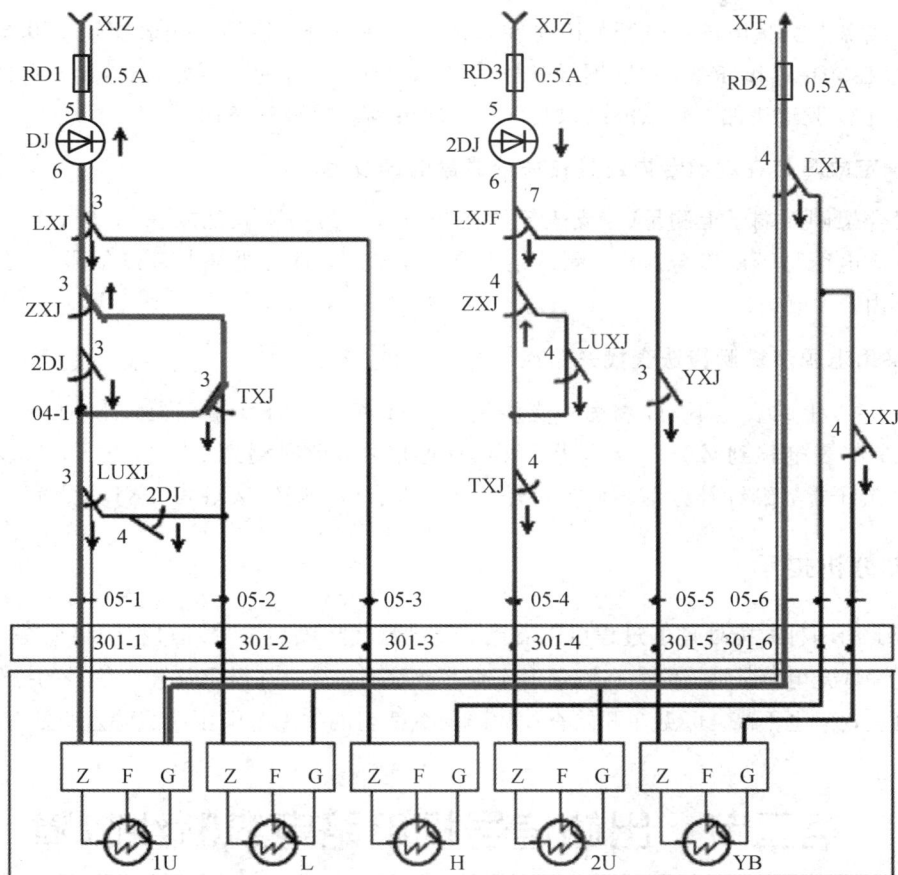

图8-2　黄灯通路示意图

接下来排列侧线接车进路试验。若结果是能正常开放双黄灯，则可以进一步知道故障范围只是在"TXJ和ZXJ"第三组接点的支路上，即ZXJ31-TXJ31-04-1支路。

三、测试电压找故障点

使用万用表交流 250 V 挡，将一支表笔放在"05-6"端子(LUH 的侧面端子)上借 XJF 电源，另一支表笔分别放在"TXJ33、TXJ31、ZXJ32"上测量电压，每次测量时都需要办理正线接车进路(重开放信号操作)。

本例在测量 TXJ31 时无电，在测量 ZXJ32 时有电，说明 ZXJ32 至 TXJ31 间电路开路。经过检查发现 ZXJ32 接点处掉线。故障点找到，任务完成。

四、故障查找方法讨论

在盘面压缩中，如果方便还可以做开放绿灯信号试验，可进一步压缩故障范围(读者自行思考)。如果在处理本例故障时不进行盘面压缩试验，则故障查找过程如下。

1. 确定故障是在室内还是在室外

在分线盘上测量电压以判断故障是在室内还是在室外。使用万用表交流 250 V 挡，将表笔接在"F-301-1"和"F-301-6"(测量开放信号时检查 1U 灯的电压能否送出)，测量时需要补办 X 至 I G 股道进路。测量的结果是无电，即可判定故障在室内。

2. 确定故障是在本组合内还是在去分线盘的连线上

在组合架侧面端子上测量(一支表笔放在 05-1 上，另一支表笔放在 05-6 上)点灯电压，以判断点灯电压是否由组合送出。测试结果是无电(测试时需要补办黄灯信号)，表明开路点在组合内。

3. 采用电源步进测量法查找开路点

放在 05-6 上的表笔不动，将另一支表笔从 05-1 移到 TXJ31 接点上，补办信号，依旧测不到电压；将表笔移到 ZXJ31 接点上，继续补办信号，此时测到 220 V 电压；将表笔移接到 ZXJ32 端子上，继续补办信号测量电压，结果也有电，则知 ZXJ32-TXJ31 之间开路。

五、故障分析提示

比较上面两种故障处理的过程可以看到，经过盘面压缩后的处理过程明显简练，特别是信号机允许灯光电路故障，因为在测量电压查找故障时，每次都做重复开放信号的操作，这样比较麻烦且效率也不高。可见在开始查找故障前做适当的故障范围压缩试验是非常有必要的。

第二节 出站信号机电路电缆断线故障

一、故障现象及情景描述

某计算机联锁车站站场平面布置(局部)如图 8-3 所示，在其控制台上显示下行 4 股道出站信号机(X4)复示器闪白灯，控制台灯丝报警。经现场确认，此信号机在灭灯状态。

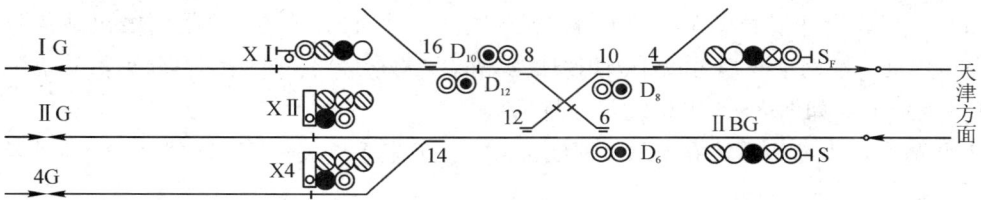

图8-3　某计算机联锁车站站场平面布置(局部)图

二、故障范围分析

1. 观察电源情况

通常在分析信号机灭灯故障时，首先排除电源问题。首先在机械室察看点灯电源熔断器有无熔断(或断路器是否跳起)，结果无熔断；再查看 DJ 状态，发现其落下。由此基本可以确定红灯点灯电路开路。

2. 故障压缩分析

结合信号机点灯电路(如图8-4所示)分析可知，出站信号机红灯与调车的白灯回线是

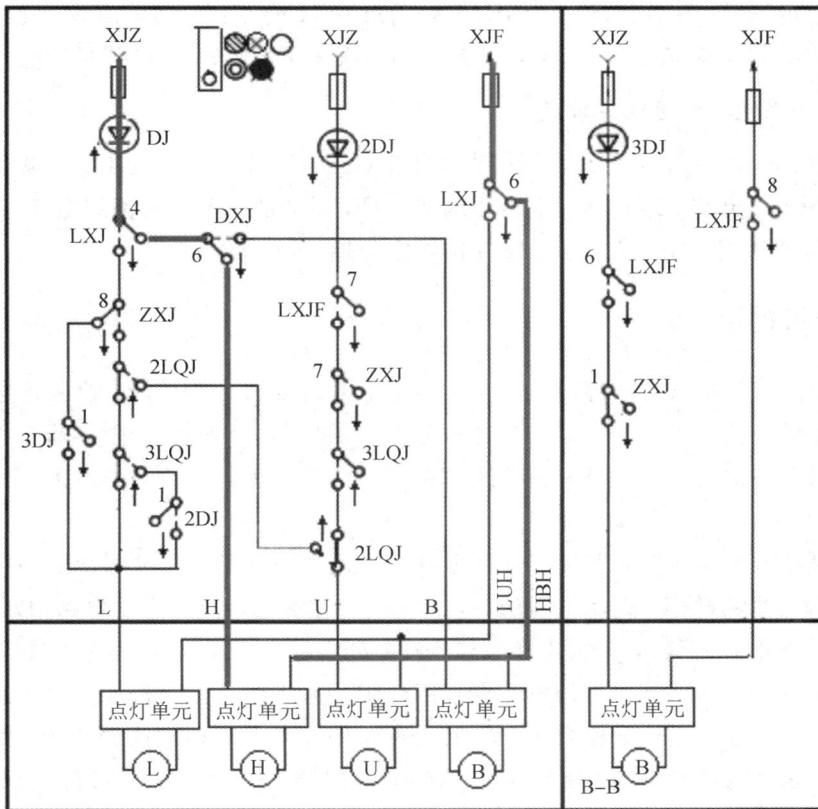

图8-4　信号机点灯电路图

共用的，如果能够证明调车信号开放，就可以排除红灯电路中的回线部分开路故障。在联锁系统中，正线出站信号机在红灯灭灯时是不能开放其他信号的，但是侧线出站信号机是可以的。因此，本例中我们可以排列以 S4 为始端的调车进路试验，结果调车信号也不能开放（红灯点灯电路如图 8 - 4 中粗线部分所示）。

由此基本可以断定故障在 HBH 回线部分。接下来重点关注 HBH 线。

三、故障处理方法

1. 区分室内室外故障

使用万用表交流 250 V 挡在室内分线盘的"H、HBH"端子上测量点红灯的输出电压，结果为 250 V，即电源输出正常，故故障在室外。

2. 利用测量电阻法查找故障点

（1）在分线盘上甩开 H 或 HBH 室内端子连线，然后测量 H-HBH 间的环路电阻，发现阻值无穷大，因此确定室外开路（排除了短路故障的可能）。这里要明确一点，如果接下来查找故障点仍采用电阻法，则甩开的端子线无须恢复；若采用电压法查找故障点，则要将甩开的端子恢复，即允许将红灯点灯电压送到室外。

（2）到达现场后，在该信号机终端盒内对内甩开 H 或 HBH 电缆连线，在机构内测量 H、HBH 环阻，结果阻值正常（等于点灯变压器一次线圈电阻），则可判断为电缆断线。

3. 利用测量电压法查找故障点

到达现场后，在该信号机终端盒内对内测量 H 与 HBH 端子间电压。结果电压为 0 V，则表明故障为电缆开路。结合前面盘面压缩的结果，可知故障为红灯回线电缆开路。

此故障可暂时用备用电缆替换 HBH 电缆来处理。

四、故障分析提示

（1）当出现信号机灭灯故障时，首先要确定电源熔断器是否熔断，或确定电源屏供电是否正常。电源屏给信号机的点灯电源通常分四束供出（一个咽喉两束），通过大环接入组合架（柜）的零层。因此，如果同一咽喉区内有多架信号机灭灯，基本可以确定信号机的电源问题。

（2）对开路或短路故障，理论上是完全可以采用环阻法的，通过测量回路中的电阻判断是开路故障或短路故障。采用电阻法时，首先要将被测的回路从在线电路中断开（防止测量时因短路造成故障升级），其次要确保其他设备处不存在回路（确保测量的准确性）。

通过与电压法比较可见，本例不适宜采用环阻法来查找开路故障点，因为红灯电路常态是带电的，所以采用电压法更合理。环阻法对允许灯光电路相对比较适用，因为采用电压法时，要办理开放信号手续，比较麻烦。具体采用哪种测量手段查找故障点视情况而定，不过通常情况下对短路故障采用电阻法比较方便。

（3）在实际的故障处理过程中，通过控制台办理开放不同信号显示来压缩故障范围是非常有必要的，这样能大大提高工作效率。当然，压缩不是盲目的，每次压缩都要有明确的目的性，这需要对电路非常熟悉。

第三节　LED 信号机控制盒损坏故障

一、故障现象及情景描述

假设某地铁车辆段的出段信号机在开放出站信号时不能点亮允许信号（黄灯不能点亮），在开放出站信号的过程中，故障现象表现为控制台上表示器闪亮一下黄灯后又亮红灯。另外该信号机是 LED 型的，由室内向室外送出的点灯电源为 AC 110 V。

二、预备知识

1. 信号机点灯电路配线

图 8-5 所示为出段信号机的点灯电路配线（局部，只保留了黄灯电路）。

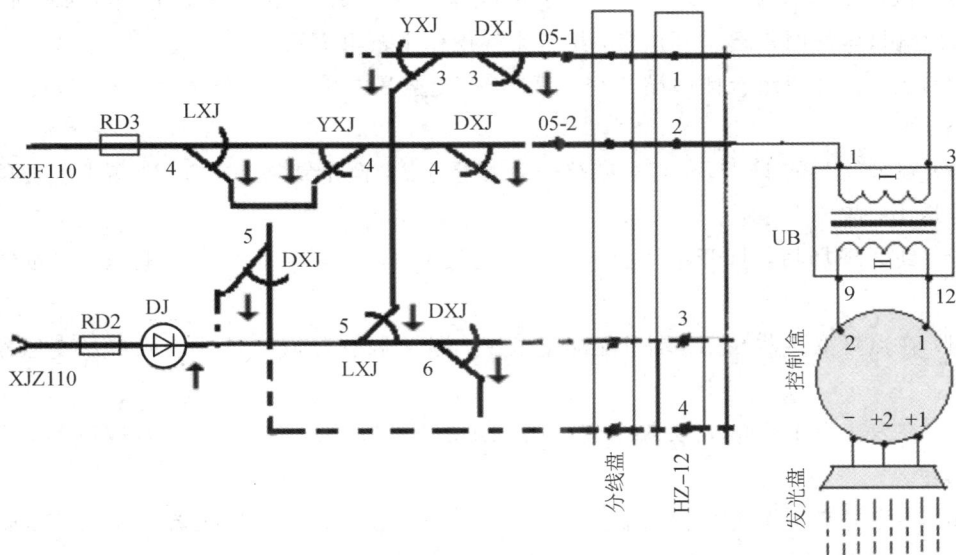

图 8-5　出段信号机的点灯电路配线（局部）图

2. 点灯单元设备

本例中的 LED 信号机是 XSZG 型 LED 信号机，所使用的点灯单元设备是鸿钢的产品，所使用的点灯变压器及 LED 发光盘设备实物如图 8-6 所示。

平时信号机点亮红灯 DJ↑，控制台显示屏上开启了"表示灯"显示后，正常情况下表示器点亮红灯，若信号机灭灯则表示器闪红灯。另外，点灯变压器调整后输出给 LED 发光盘的电压额定值为 AC 37 V，控制盒输出电压约为 DC 30 V。

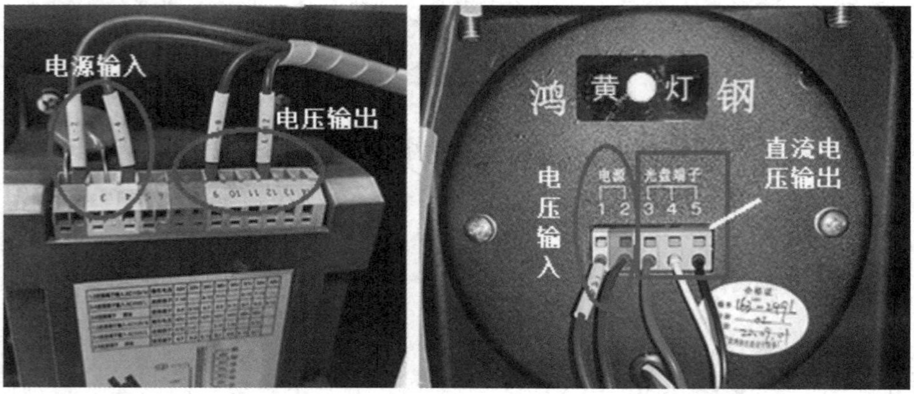

图 8-6   点灯变压器及 LED 发光盘设备实物图

三、故障分析与处理

出段信号机有三个灯位，即"黄、红、白"灯，在开放出段信号时正常应点亮黄灯。从"信号复示器点亮过黄灯"的现象分析，LXJ 能正常吸起，"后又改点红灯"说明点灯电源没有因黄灯故障而烧毁保险，基本确定为开路故障。接下来的故障点查找方法与过程如下（注意，每次测量电压时需要重开信号，接下来的操作中不再提示）。

（1）在该信号机组合侧面端子 05-1 和 05-2 上测量电压，测量结果为 115 V，表明组合内电路正常。

（2）在分线盘的 U、UH 灯对应端子上测量电压，测量结果为 115 V，说明电源能正常向室外送出，故障在室外。

（3）到达现场后，打开信号机构，在点灯变压器 1、4 端子上测量电压，测量结果为 105 V。

（4）在点灯变压器 9、12 端子上测量电压，测量结果为 36.8 V，表明点灯变压器工作也正常。

（5）在发光盘上测量 1、2 端子间电压，测量结果为 36.8 V，表明点灯变压器至发光盘引线完好。

（6）在发光盘上测量 3、5 端子和 4、5 端子间电压，测量结果都为 0 V（正常值为 DC 30 V），表明控制盒没有输出点灯电压，使灯不能点亮。

于是，可判断为 U 灯控制盒内部故障，造成无电压输出。更换发光盘单元，故障解除。

四、故障分析提示

电路的故障处理都是通过电气参数的变化来分析的，分析参数改变的依据是电路正常工作时的参数值，因此，在日常的检修中对电路的某些重要参数进行测量并做好记录是非常有必要的。比如在本例中，判断点灯变压器及发光盘控制器好坏的方法就是通过测量它们的输入、输出电压来确定的，所以必须知道它们的正常值范围。

第四节 控制点灯的 **XJ** 线圈断线故障

XJ 线圈断线故障造成信号不能开放的原因，是开放信号时信号继电器不能励磁，即 XJ 的前接点不能给允许信号接通电源，而不是由于点灯电路自身的故障，因此本故障实际应该归属于联锁设备的驱动或采集故障。然而，此故障造成的结果是信号无法开放，因此从信号机不能开放的角度来看，它首先表现出来的是信号机点灯电路故障。所以，这里举此案例的目的就是让读者更好地树立起故障综合分析的思路。

一、信号机采集与驱动故障的判别方法

信号机采集与驱动故障的判别方法通常如下：

（1）在办理开放信号手续之后（进路已经锁闭），观察控制台信号复示器的显示情况，如果有短时点亮现象，则可证明点灯电路故障，可直接排除驱动和采集故障；若信号复示器没有出现短时点亮的情况（一直不点亮或一直亮红灯），则可能是驱动电路或者采集电路故障。例如，对进站信号机来说，在开放信号时，若联锁系统不能驱动 LXJ 吸起，信号自然不能开放，则信号复示器自然也不能点亮；若在 LXJ 吸起后联锁系统没有采集到其信息，则控制台上的复示器也不会点亮（计算机联锁系统是通过采集 LXJ 吸起信息作为点亮复示器条件的）。

（2）通过排列其他进路的方式来压缩故障范围，压缩的同时注意查看报警信息（是 DJ 还是 2DJ），再进一步观察相关继电器的状态。有条件的情况下还可以借助微机监测系统的监测数据对故障加以分析。

二、故障现象及故障范围分析

1. 故障现象

在排列 X 接车进 I 道的接车进路时信号不能开放。观察控制台盘面可发现信号复示器无变化（一直亮红灯），再进一步观察发现 XJ 不能励磁吸起。

2. 故障范围分析

在排列 X 接车进 I 道正线接车进路信号不能开放后，再排列 X 接车进 3 股道（站线接车进路）的接车进路，观察发现信号也不能开放，且复示器也一直亮红灯。

进机械室找到 X 接车信号机组合，让助理人员再次补办 X 接车进 3 股道的接车信号，发现 LXJ 不能吸起。由此可知故障不在点灯电路，而是 LXJ 不能被驱动吸起故障。

三、故障处理过程

（1）将万用表置于直流 25 V 挡，将表笔放在 LXJ 的 1、4 端子上（红表笔放在 1 端子，黑表笔放在 4 端子上），再次补办信号，可测量出 24 V 直流电压，表明驱动电源已经正常

送到 LXJ 和线圈两端。由此可判定故障在 LXJ 自身。

（2）稍等几秒（计算机联锁系统在驱动电源供出后如果没有采集到该继电器被驱动吸起会自动停止驱动电源的供出，这个间隔时间大约为 3 s），用万用表欧姆挡测量 1、4 端子的电阻，结果发现阻值无穷大（正常情况下此电阻值在 1700 Ω 左右，因为 LXJ 选用的是无极 1700 Ω 型继电器）。接着测量继电器 2、3 端子的电阻，结果发现阻值为零，证明配线完好；再测量继电器 3、4 端子的电阻，结果发现阻值为 850 Ω（证明 3、4 端子完好）。最后测量继电器 1、2 端子的电阻，结果发现阻值无穷大，说明 1、2 端子断线，此时更换继电器即可。

问 题 思 考

1. 对信号机点灯电路的开路故障，如何判断故障是在室内还是在室外？利用测量回路电阻法查找故障时需要注意哪些问题？

2. 计算机联锁车站的信号机出现故障时，通过哪些手段可判别是驱动电路故障、采集电路故障还是点灯电路故障？

第九章　信号机电路短路故障处理举例

上一章我们通过举例主要学习了开路故障的处理方法和思路，对短路故障的处理只做了简单介绍，本章列举几个短路故障的事例，以进一步了解短路故障的判别方法及常规的处理过程。

第一节　调车信号机跳空开故障

情景描述：某高铁站在开放 D102 调车信号机时，控制台上的复示器出现白灯后接着闪灯，并有熔丝报警出现。后经信号值班人员检查室内发现，该信号组合 0.5 A 空开跳闸。重新合上空开后电路恢复正常，但重新开放信号后，可听到 DJ 继电器有较大的类似振动的声音，并且间隔几秒后空开又自动跳开了。

一、故障查找方法分析

本例中根据故障现象很容易就可判断出信号机白灯电路有短路故障。虽然空开(断路器)跳闸可能是因为过压、过流或欠压，但能听到 DJ 有异常声音表明造成跳闸的原因是过流。我们知道 DJ 是整流型继电器，交流电经过继电器内部变压器调压后，再经桥式整流电路变成脉动直流电送入励磁线圈，使继电器吸起，显然这个异常声音是由于大电流冲击继电器内部变压器产生的，过流是因为短路形成的。

短路故障的查找手段统称为"开路法"，总的思路是通过将电路的一部分甩开，若保留的电路部分短路现象消失，则证明故障在被甩开的电路部分，否则在保留的电路部分；若故障点在保留下来的电路中，则再从中甩开一部分电路，直到故障现象消失，那么故障就在刚刚被甩开的电路部分。如此最终找到最小故障的单元电路部分，最后找出故障点。

处理故障的一个关键问题就是通过故障现象或电气参数的变化找到故障原因，对电气元件的检查不外乎对它的电压、电流和电阻的测量。

1. 测量电压法

图 9-1(a)所示电路有短路故障，且假设短路点在 A-B 处，现在将电路于 a 点断开，即将 R_2 电路部分甩开。在电源正常的情况下，当测量 a_1-b 间电压时，若完全短死(完全短路)，则电压表读数将为 0 V；若不能完全短死，则 A、B 间将有电阻存在，这时电压表读数

即为短路点的分压电压。从理论上分析，即便不是完全短路，电压表的读数总会小于电源的电压，即当电压的读数远小于电源电压时，就表明内部有短路。相反，若电压大小非常接近电源电压，则表明电路正常。

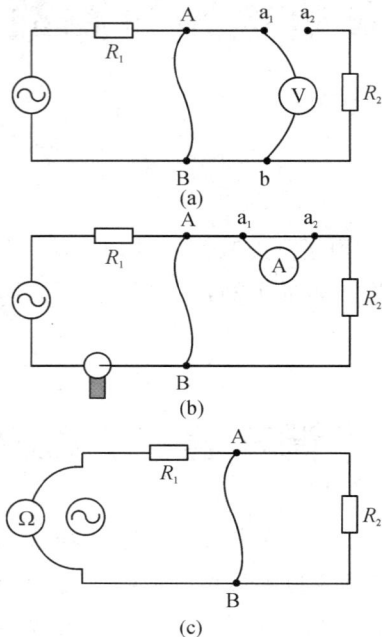

图 9-1 短路故障查找方法示意图

当然，能否采用电压法查找短路故障，取决于电源能否正常供出。比如，对于信号机点灯电路，若短路造成保险熔断（或断路器跳闸），则无法采用电压法查找短路故障。在实践中能用电压法查找故障的尽量采用电压法，一来方便，二来也安全。

2. 测量电流法

另一种方法就是使用"电流法"，即通过测量回路电流来判断短路故障，不过此法的前提也必须是电源能供出。

图 9-1(b)所示电路短路点在 A-B 处，将电流表串接在 a_1-a_2 间，若完全短死，则电流表读数将为 0 V；若不能完全短死，则电流会比电路正常工作时小很多。

在实践中如果条件允许，可以利用钳流表测量电路电流（不用断开电路），这比使用电流表方便。如图 9-1(b)所示，将钳流表置于 B 点左侧时，有电流；当将其放在 B 点右侧时，电流为 0 A（或明显减小），由此可知 B 点为短路点之一。再用同样的方法找到 A 点，这样短路故障点就找到了。

3. 测量电阻法

使用"电阻法"查找短路故障的方法就是通过测量支路的环路电阻来判断故障。电阻法比较直观也容易理解，因为短路时环路电阻减小，开路时电阻增大。但使用电阻法时要确认电源断开，另外要看准测量点，不能因测量造成其他电路短路，使故障升级。

如图 9-1(c)电路所示，假设短路点在 A-B 处，将电源电路甩开后测量环路电阻，结果发现电阻减小（大于 R_1，小于 R_1+R_2）。再将 R_2 支路甩开，电阻依然很小，表明短路点在 R_1 支路，如此最终可找到短路点。

二、故障处理过程

图 9-2 所示为调车信号机点灯电路（只保留了点白灯部分的电路）。为表述方便，假设故障为理想化的完全短路，并将白灯电路按照不同部分假设出 7 个短路点范围（图中对应地标注了编号），假设的短路位置如下：

（1）断路器外方 DJ 内方，图 9-2 所标①处。

（2）DJ 外方与 DXJ 第二组接点内方的范围间，即控制电路部分，图 9-2 所标②处。

（3）DXJ 条件外方至侧面端子内方之间，即控制电路部分，图 9-2 所标③处。

（4）侧面端子外方与分线盘内方之间，图 9-2 所标④处。

（5）分线盘室外部分与终端盒之间（电缆部分），图 9-2 所标⑤处。

（6）点灯单元一次侧，图 9-2 所标⑥处。

（7）点灯单元输出侧，图 9-2 所标⑦处。

结合本例情况，无法采用电压法和电流法（因空开合不上电源无法送出），只能采用测量环路电阻的方法查找故障点。针对上面的 7 种故障情况，判断故障位置的过程和方法如下：

（1）如果故障点在①处的范围，空开会跳闸，但电流不会流过 DJ。根据现象分析与本例现象不合。

（2）假设故障点在②处的范围。首先在分线盘处断开去室外电缆，再测量室内电路的电阻（确定空开在断开位，即已断开电源，后面的测量过程也如此）：在没有办理重开放信号手续时，测得电阻值为无穷大；在办理重开放信号手续时（DXJ↑），测得电阻值接近 0 Ω。由此表明短路故障点在②处部分。

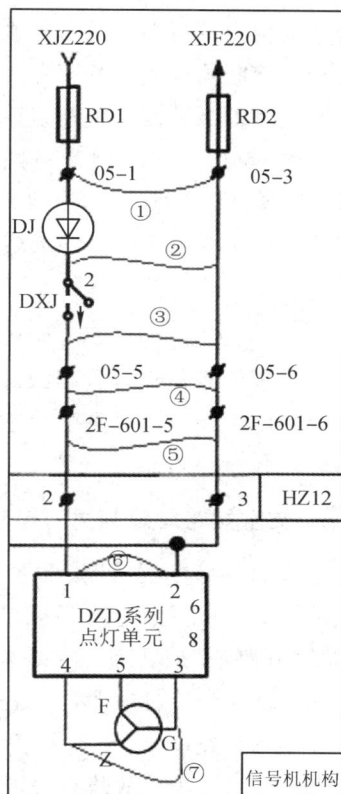

图 9-2　调车信号机白灯电路图

（3）假设故障点在③处范围。首先在分线盘处断开去室外电缆，测量室内电路的环路电阻，电阻值为 0 Ω；接着回到组合内，将 ABH 回线在侧面端子甩开，测量组合内电阻（在 05-5、05-6 上测量），电阻值为 0 Ω。

（4）假设故障点在④处范围。首先在分线盘处断开去室外电缆，测量室内电路的环路电阻，电阻值为 0 Ω；接着回到组合内，将 ABH 回线在侧面端子甩开，测量组合内电阻（在 05-5、05-6 上测量），电阻值为无穷大，由此表明短路故障点在④处部分。

(5) 假设故障点在⑤处范围。首先在分线盘处断开去室内的电路，测量室外电路部分的环路电阻，电阻值为 0 Ω(室内侧电路电阻为无穷大)；接着到室外终端盒处，甩开去机构的电缆线，测量电缆部分的环路电阻，电阻值为 0 Ω(机构侧电阻正常)。

(6) 假设故障点在⑥处范围。(前面的过程同上)在终端盒处甩开电缆部分电路，测量电缆侧电阻，电阻值为无穷大；而测得机构侧的电阻值为 0 Ω。

(7) 假设故障点在⑦处范围，即主灯丝与公共回线短路。这种情况一般不会使保险熔断，但流过 DJ 的电流会变大(由于变压器二次侧短路，反射到一次侧的电阻减小而电压不变，故电流增大)。这时，如果在分线盘上测量送出的点灯电压，发现会比正常值下降很多。也就是说，如果发现点灯电流明显增大，而分线盘上的点灯电压又明显下降，基本可以断定室外机构内部有短路的可能性(因为即便点灯变压器一次侧短路，如果短路不完全，也可能不会使熔断器熔断或断路器跳闸)。这时可以去室外机构用电阻法查找故障点。

本实例的故障是白灯的点灯单元一次侧线圈烧毁造成短路(故障为⑥处)。甩开分线盘处电缆侧(断开空开)，测量室内侧电阻正常(无穷大)，说明故障在室外；测量室外侧环内电阻，发现其值很小(只是等于电缆回线电阻，约为 20 Ω，具体要视电缆的长度而定)。来到室外，打开机构发现蓝灯点灯单元侧壁发黑，直接更换点灯单元，故障解除。

三、思路拓展

在处理信号机点灯电路故障(不能点亮某灯)时，首先要通过现象或借助测量相关电量确认故障的性质：是短路故障还是开路故障。在排除开路故障后，再依照短路故障的处理思路去查找故障点。

1. 完全短路故障范围的判断方法

如果出现熔断器熔断、断路器跳闸或有过流现象(如出现 DJ 振动音)，可直接判断为短路故障：要么是室内电路短路，要么是室外一次侧电路短路。此时的短路故障可采用前面介绍的"开路法"来处理。在具体的故障处理过程中需要明白以下两点：

(1) 甩开分线盘电缆，合上开关：若断路器(空开)跳闸，则说明短路故障在室内；否则，故障在室外。

(2) 对室外短路故障可采取"中分开路法"(选择电路大约一半的位置，甩开电路)来处理，即送电试验，看空开是否跳闸来压缩故障范围(这对使用断路器的电路比较适用)。

2. 半短路故障范围的判断方法

如果仅发现灯不点亮，也没有发现明显的过流现象(没有造成熔断器熔断)，则可在分线盘处测量点灯电压(允许灯光时要办理开放手续，即让点灯电源送出)来判断故障范围：

(1) 若无电压(电压值几乎为 0 V)，则故障为室内电路短路。

(2) 若电压下降不明显(如果是 220 V 的点灯电压，那么电压值不小于 180 V；如果是 110 V 的点灯电压，那么电压值不小于 80 V)，则为一次侧半短路(或称不完全短路)故障或二次侧短路故障。这时如果有条件的话，可在分线盘电缆侧用钳流表测量回线中的电流，若电流明显减小或明显增大，则可知室内不完全短路或二次侧短路故障。

对半短路故障只能采用开路法测量环路电阻来查找故障点，但测量电阻时一定要将电源断开（取下保险管或断开断路开关）。

在测试电缆环阻（室外电路）时，正常情况下点灯单元一次侧线圈电阻值为 85 Ω 左右（不同的点灯单元电阻值可能不同，如 BX-30 变压器一次侧电阻值为 100 Ω 左右），正常测试电缆环阻值应该在 100 Ω 以下（信号电缆环路电阻为 23.5 Ω/km）。测试时若发现电缆环阻值远小于点灯单元一次侧线圈电阻值，则说明从分线盘至点灯单元一次侧半短路。在进入信号机箱盒或机构内检查时，应注意检查点灯单元是否有过热现象，以及时发现点灯单元劣化问题。

在测试电缆环阻（室外电路）时若阻值约等于变压器一次侧电阻与电缆线路电阻之和，说明故障在点灯变压器二次侧的回路上。此时要注意，对于带预告的进站信号机来说，如果烧的是 XJF 的保险，还要考虑预告点灯回路混线的因素。图 9-3 所示为带预告的进站信号机电路，在进站信号机红灯时，预告信号机点黄灯，即红灯与预告的黄灯相当于并联关系，如果预告的黄灯电路短路，也会造成进站红灯半短路的故障现象。

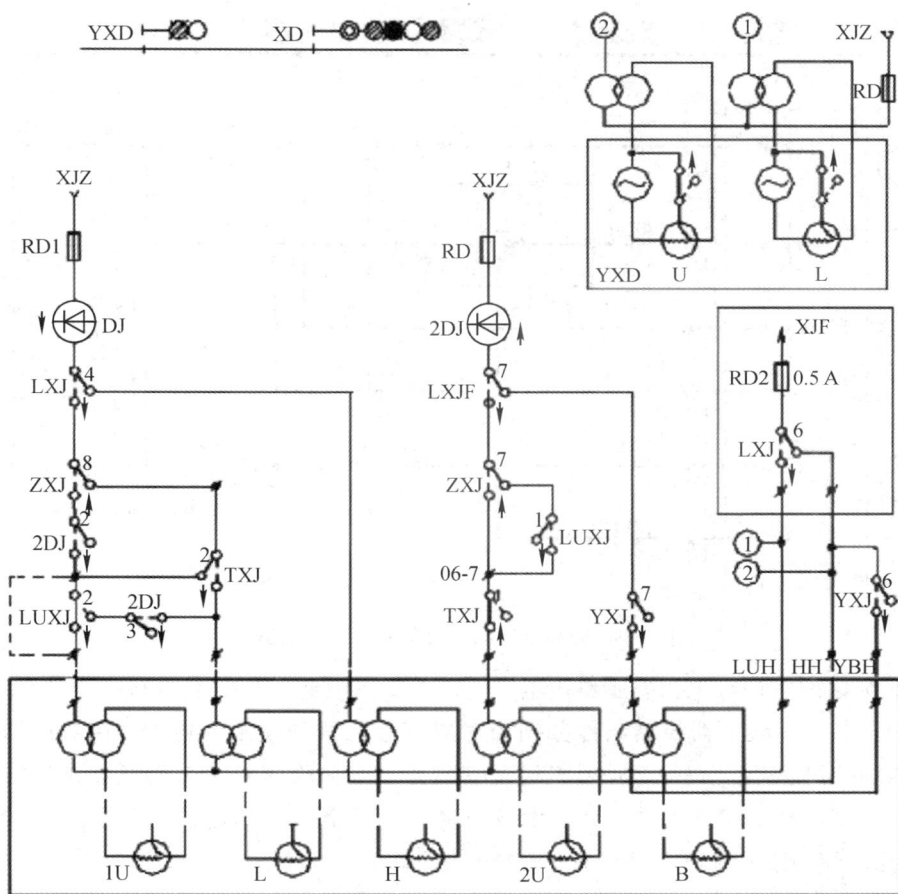

图 9-3　带预告的进站信号机电路图

第二节　高铁区间信号机电缆混线故障

本节除研究短路故障处理方法之外，顺便学习区间信号机点灯电路及其工作原理。

一、各类区间信号机点灯电路简述

区间信号机根据所处的位置不同，控制点灯的条件也有所不同。根据控制条件的不同，区间信号机点灯电路大体可分为三种类型：区间通过信号机电路、防护第三接近区段的三接近信号机点灯电路和第二接近区段的二接近信号机点灯电路。

1. 区间通过信号机电路

图 9-4 所示为四显示的区间通过信号机点灯电路。信号机常态为点亮绿灯（表示前方至少三个闭塞区段空闲），当所防护的区段内有车占用时，点亮红灯。

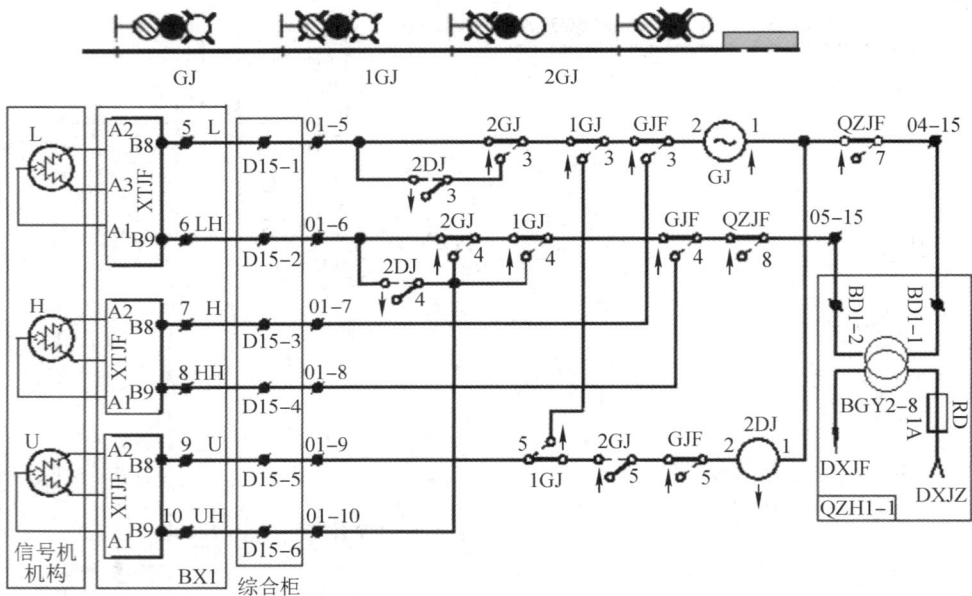

图 9-4　四显示区间通过信号机点灯电路图

QZJF 为区间正向继电器复示继电器，正常情况下吸起，电路中的 GJ、1GJ 和 2GJ（轨道继电器）及其复示继电器控制条件分别为对应三个区段的轨道继电器，在对应的区段空闲时吸起，占用时落下。每一架信号机通过其前方三个区段的 GJ（GJF）状态确定需要点亮的灯光（这些继电器的状态由区间信号设备控制）。点亮各灯光的逻辑关系是：

（1）QZJF↑ · GJF↑ · 1GJ↑ · 2GJ↑→点绿灯 L→DJ↑。

（2）QZJF↑ · GJF↑ · 1GJ↑ · 2GJ↓ · 2DJ↑→点绿黄灯 LU→DJ↑。

（3）QZJF↑ · GJF↑ · 1GJ↓ · 2GJ↓→点黄灯 U→DJ↑。

（4）QZJF↑ · GJF↓→点红灯 H→DJ↑。

2. 三接近信号机点灯电路

四显示区间通过信号机的灯光信号要能反映出其前方三个分区的占用或空闲信息。但是对于防护第三接近或第二接近区段的通过信号机，因其前方第二或第三区段是车站，即其显示与站内进路的开通情况相关联，所以它们的点灯电路控制条件就与区间通过信号机有所不同。

图 9-5 所示为三接近区段通过信号机(简称三接近信号机)点灯电路。

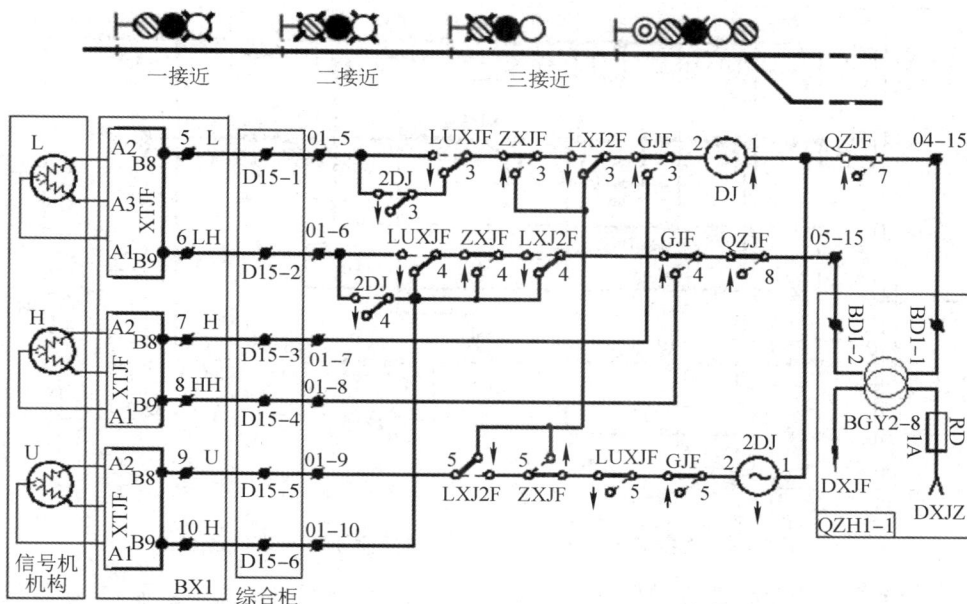

图 9-5　三接近区段通过信号机(三接近信号机)点灯电路图

三接近信号机点灯电路在其所防护的本区段(第三接近区段)空闲(GJF↑)的前提下，若进站信号机处于关闭状态或开放引导信号，则通过 LXJ2F↓ 条件点亮黄灯；若进站信号机开通侧线进站信号(双黄灯)，则通过 LXJ2F↑ 和 ZXJF↓ 条件也点亮黄灯；若进站信号机开放正线接车进路(单黄灯)，则通过 LXJ2F↑ 和 ZXJF↑ 及 LUXJF↓ 条件点亮绿黄灯；若进站信号机开放通过信号(绿黄灯或绿灯)，则通过 LXJ2F↑ 和 ZXJF↑ 及 LUXJF↑ 条件点亮绿灯。本区段占用(GJF↓)时点亮红灯。

三接近信号点与进站信号机对应的继电器状态关系如表 9-1 所示。

表 9-1　三接近信号点与进站信号机对应的继电器状态关系表

进站信号机控制继电器	LXJF	ZXJ	TXJ	LUXJ	YXJ	出站()LXJF
三接近信号机控制继电器	LXJ2F	ZXJF	TXJF	LUXJF	YXJF	()LXJ2F
说　明	(1)三接近信号点的继电器相当于对应进站信号机所用继电器的复示继电器； (2)所有条件都用来控制移频发码，其中 LXJ2F、ZXJF、LUXJF 条件控制三接近信号机点灯					

三接近信号机各具体的点灯电路这里不再一一给出，请读者自行跑通电路。

3. 二接近信号机点灯电路

图 9-6 所示为二接近区段通过信号机(简称二接近信号机)点灯电路。

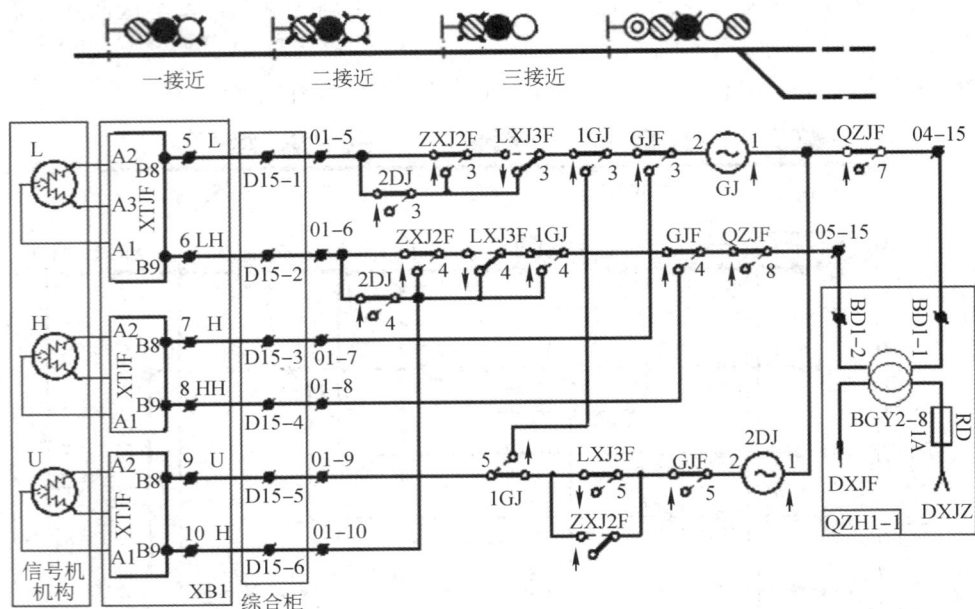

图 9-6　二接近区段通过信号机(二接近信号机)点灯电路图

二接近信号机点灯电路在其所防护的第二接近区段(其所防护的本区段)和第三接近区段空闲的前提下(本区段的 GJF↑和第三接近区段的 1GJ↑)和三接近信号机点黄灯时，二接近信号机点亮绿黄灯，其点亮条件是 LXJ3F↓(2DJ↑)或者 LXJ3F↑、ZXJ2F↓；当 LXJ3F↑和 ZXJ2F↑时，二接近信号机点亮绿灯。

当第三接近区段有车占用时(1GJ↓)，二接近信号机直接点亮黄灯；当本区段(第二接近区段)占用时(GJF↓)，二接近信号机直接点亮红灯。

二接近信号点与三接近信号点及进站信号机所对应的继电器状态关系如表 9-2 所示。

表 9-2　二接近信号点与三接近信号点及进站信号机所对应的继电器状态关系表

进站信号机控制条件	LXJF	ZXJ	TXJ	LUXJ	YXJ	
三接近信号机控制条件	LXJ2F	ZXJF	TXJF	LUXJF	YXJF	4GJ
二接近信号机控制条件	LXJ3F	ZXJ2F	4GJ	LUXJ2F		5GJ
说　明	(1)二接近信号点的继电器相当于对应进站信号机所用继电器的复示继电器； (2)所有条件都用来控制移频发码，其中 LXJ3F、ZXJ2F 条件控制二接近信号机点灯					

二接近信号机各具体的点灯电路这里也不再给出，请读者根据点灯条件自行跑通

电路。

二、案例故障及其处理

故障情景描述：某高铁站的信号维修人员在区间作业时，偶然发现列车占用××G，防护该区段的区间信号机灭灯。后在室内观察情况，发现 DJ 在正常吸起状态。

1. 故障分析与查找

本例中，区段占用时信号机本应点亮红灯，但此时实际信号机在灭灯状态。又知此信号机的 DJ 在吸起状态，则表明红灯回路中有电流，因此可知此故障应为红灯点亮电路短路故障。

此故障的具体处理过程如下（对照图 9-4 所示的四显示区间通过信号机点灯电路理解）：

（1）用万用表交流 250 V 挡在室内对该信号机电源变压器（BGY2-80 型）二次侧输出电压进行测试，发现电压明显下降（表明输出电路的电阻减小，即有短路存在）。

（2）用钳形电流表对电源变压器二次侧输出电流进行测试，电流明显升高，由此可进一步证明点灯电路（一次侧）短路。

（3）在综合柜处用钳形电流表对 HH 回线电流进行测试，电流依然很高，表明短路故障点在室外。

（4）到达现场后，在该信号机变压器箱内甩开 H、HH 端子 D7 或 D8 配线，用万用表电阻 R×1 挡测量机构侧环路电阻，结果正常，表明故障在电缆侧。

（5）通知室内将点灯电源断开，后在 D7、D8 端子上测量电缆侧电阻（R×1 电阻挡），结果仅为几十欧，故判断故障为电缆虚混。

（6）临时使用备用芯线替换 HH 线，故障解除。

之后经过进一步查找发现，在信号机附近的方向盒中，室内至方向盒的点灯 H 线和方向盒至变压器箱点灯 HH 线的绝缘层分别被内屏蔽芯线组的屏蔽铜箔扎破，形成混线。

2. 分析提示

当室外发生半短路（虚混）故障时，可使信号机灭灯，但由于灯丝继电器会保持吸起，故不会出现灯光转移现象。若采用 JZXC-H18 型继电器，则交流电流≥100 mA 时 DJ 即会可靠吸起；若采用 JZXC-H18F 或 JZXC-16/16(16F) 型继电器，则交流电流≥130 mA 时 DJ 即会吸起。

对该故障来说，由于信号机点红灯时，电流可经电缆虚混处回流，虽能使红灯灭灯，但室内 DJ 仍能保持吸起，并不影响发送盒的编码电路，故不会出现灯光转移现象。

处理这类故障时，直接在分线盘测 H、HH 线间的环路电阻是不可取的，因为室外电路本身就能构成完整回路，且与信号机械室距离又远，故障引起电阻大小的改变不是很明显，所以在测量环路电阻时必须去室外甩开信号机机构设备的电路部分。

第三节　借助电流曲线处理信号机混线故障

　　现在的信号系统(特别是高速铁路和城市轨道交通)都设有信号监测系统,对信号机各种点灯情况下的点灯电流能进行实时监测,并能给出电流曲线图,通过电流曲线图的变化能直观地看到电流的变化情况。因此在处理信号机短路故障时,若借助信号集中监测或信号微机监测系统的 DJ 电流曲线,则将变得非常方便、直观,尤其是间歇性的短路故障。下面就通过一个真实的案例介绍如何结合电流监测曲线处理短路故障。

　　案例描述:2018 年 3 月 2 日 13:37 分,某普速铁路车站的信号监测系统有一个信号机点灯电流的一级预警信息为"13645-DJ:红灯 DJ 点灯电流 550.1 mA 超报警上限(180 mA)15％"。最后经查找,造成 13645 信号机红灯电流过高的原因是点灯单元一次侧电路短路。

一、监测数据查询

　　13645 信号机的 DJ 电流曲线 1 如图 9－7 所示。

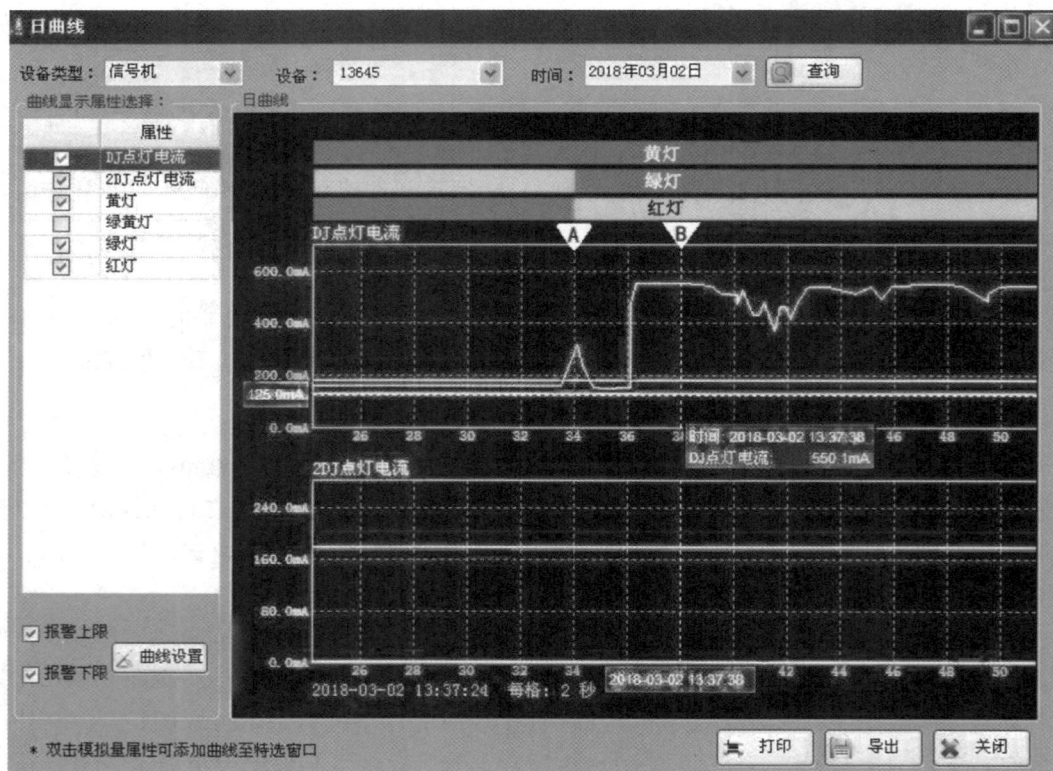

图 9－7　13645 信号机的 DJ 电流曲线 1

　　从图 9－7 中可看出 3 月 2 日 13 时 37 分 34 秒,13654 信号机点红灯(图中标志 A 点处对应的时间点），点灯电流正常（约有158.6 mA）。在其红灯点亮2秒后（13时37分36秒），其红灯点灯电流升高到550.1 mA（将标志线放在38秒处得到的数值显示，图中标志B点处）。之后的十几秒内电流曲线抖动，最后基本稳定在550 mA的位置。

再观察黄灯、绿黄灯和绿灯电流曲线，发现它们都正常，且13645信号机再次点红灯时，DJ电流直接升高到510.1 mA（如图9-8所示）。

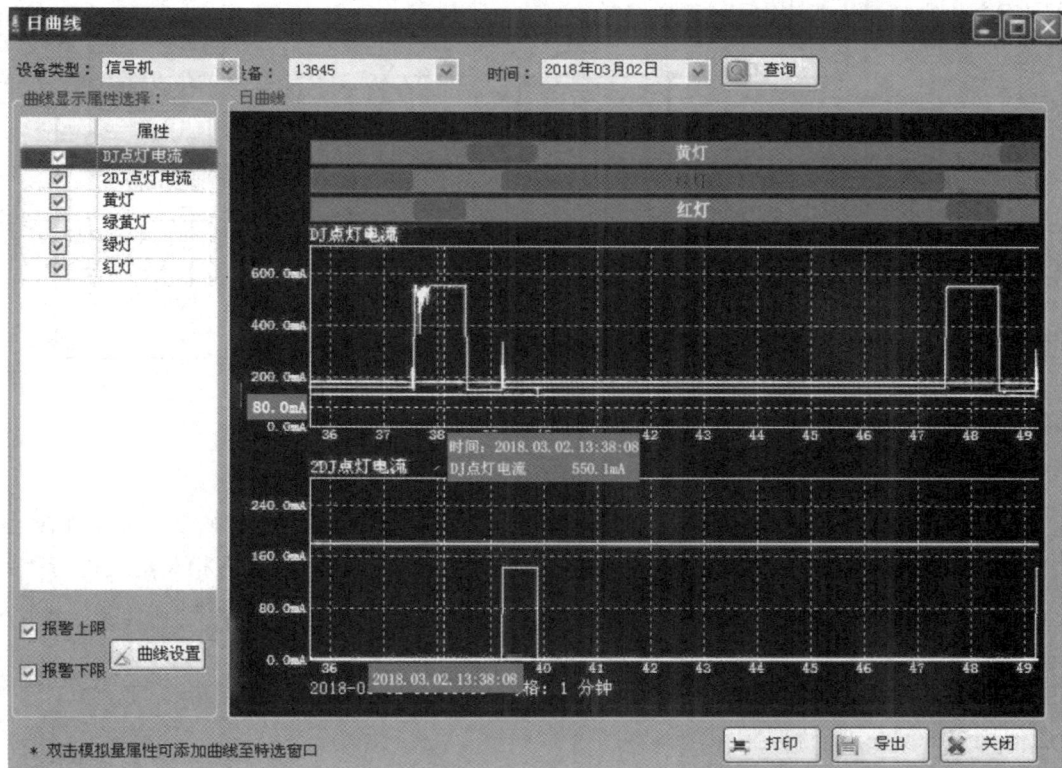

图9-8　13645信号机的DJ电流曲线2

二、故障分析与处理

集中监测是对区间信号机分别采集DJ和2DJ线圈电流实现的，将电流曲线结合信号机点灯电路（如图9-9所示）分析可知，在信号机点红灯、黄灯、绿灯（单绿和绿黄）时，只要点灯电路中的电流达标（大于130 mA），DJ就会可靠吸取。采集DJ线圈电流就可分别监测红灯、黄灯、绿灯（点亮哪个灯就采集哪个）的电流，即红灯、黄灯、绿灯的电流采集在同一个通道进行。

2DJ只有在信号机点亮绿黄，当黄灯点灯电流达标时才会励磁，即2DJ的电流是信号显示绿黄灯时黄灯的电流。

由电流曲线图可知，实际的曲线异常只是发生在信号机点红灯时，由此可判断故障只影响点红灯的电路，且集中监测的采集工作是正常的。后面的处理过程与第二节中的案例类似。

区间信号机红灯点灯电路通路如图9－9中的粗线部分所示。其故障处理的过程如下：

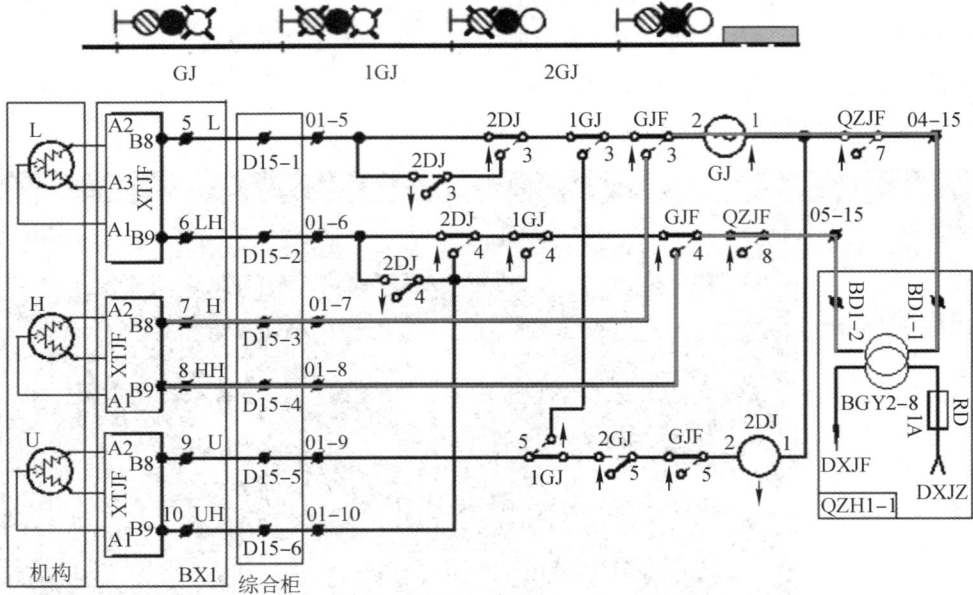

图 9 － 9　区间信号机点灯电路图

（1）在信号机械室内观察发现，该信号机在点红灯时，其 DJ 发出"嗡嗡"的颤抖音（由于电流过大造成），由此可判断红灯点灯电路存在短路现象。接着对室内相关配线进行外观检查，观察有无焊锡毛刺造成短路等问题，检查继电器端子配线、组合架侧面端子等，未发现异常。

（2）在综合柜处用钳形电流表在 HH 电缆回线上对红灯电流进行实际测量，结果发现电流值接近 600 mA，说明故障点在室外。

（3）在 13645 信号机处检查信号机显示情况，发现室外红灯已处于灭灯状态。联系室内，查看集中监测 13645 信号机的红灯显示情况，结果正常，即 DJ 在正常吸起状态。

（4）测试红灯点灯单元（XTJF）一次侧（B8、B9 端子）电压，发现电压值为 0.8 V；甩开点灯单元（断开 B8 或 B9 端子），测试室内侧的电压（在 BX 箱内的 7、8 端子上测量），发现电压值为 185 V，从而确定红灯点灯单元内部一次侧短路故障。

（5）更换红灯点灯单元。室内人员观察监测电流曲线，反映红灯点灯电流的曲线恢复正常（电流值为 153.2 mA），故障点找到。

问 题 思 考

1. 如何理解半短路与全短路的概念？在处理短路故障时提到了"开路法"，请根据你的理解简述开路法的概念及其理论根据。

2. 在处理短路故障时可以采用测量电阻、电压及电流的手段来查找故障点，请归纳总结这三种手段各在什么情况下采用及其注意事项。

3. 对照"二接近信号机点灯电路"分析，当进站信号机点黄灯时二接近信号机点什么灯光？并写出此灯点灯电路的接通公式。

4. 在你所在的车站，试着在信号微机监测系统中去查看某信号机的电流曲线。如果条件允许，可设置一故障，推测电流曲线可能的变化，之后将其与实际的曲线变化情况相比较，看看你的推测是否正确。

第十章 高铁出站信号机综合故障处理

本章我们以高铁站出站信号机为例,介绍信号机控制电路综合故障(仅为开路故障)的处理方法,即针对信号机的控制电路在不同位置的开路故障,如何快速科学地查找故障点并进行综合分析。

下面结合全国高铁信号维护员技能大赛所使用的设备,即智联友道提供的"智能培训考核系统"进行讲述,期望对想参加此大赛的读者有所帮助。

第一节 考核系统的设备及电路原理简介

某高铁站站场平面(下行咽喉区)如图 10 - 1 所示。其中的 S4 信号机为实际处理故障的对象(本考核系统对信号的故障只有点灯电路开路故障,没有相关的驱动和采集故障),S4信号机为三灯位(红绿白)机构,可实现三信息显示:红灯、绿灯和红白灯(引导信号)。

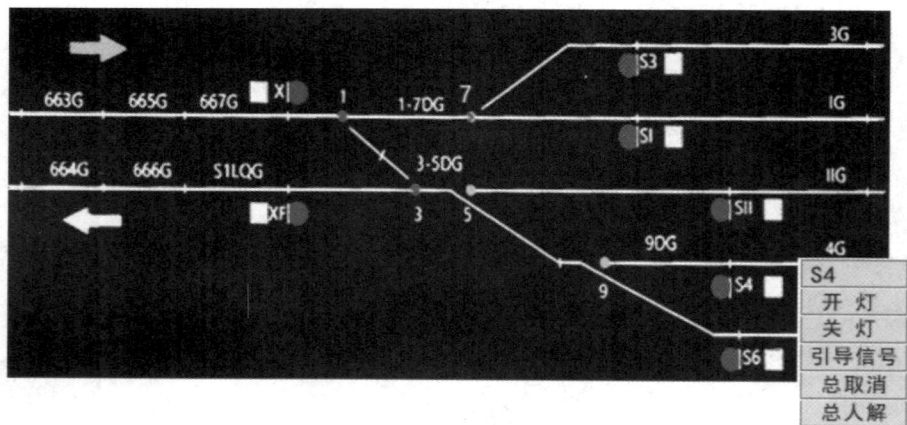

图 10 - 1 某高铁站站场平面(下行咽喉区)图

在列车的自动控制下,高铁的地面信号机平时处于停用灭灯状态(KDJ↓切断点灯电源),启用后(KDJ↑)显示红灯。以 S4 信号机为始端办理发车进路后,正常会点亮绿灯,在无法开放绿灯的情况下可办理开放引导信号(红白灯)。

一、进路的操作方法

开放或关闭信号的操作方法如下：

（1）办理发车进路：先后按压 S4 信号机的列车按钮和 XF 信号机的列车按钮（图中信号边上的方形按钮）。如果进路锁闭，则点亮白光带；如果点灯电路正常，则信号机点亮绿灯，信号复示器也点亮绿灯。

注：在此考核系统中，因 9 号道岔有故障设置，如果因为此道岔无表示造成进路无法锁闭，那么信号自然也不能开放，因此不要错误地认为是信号机不能开放故障而造成误判。

（2）取消建立的列车进路：在 S4 信号机的列车按钮上单击鼠标右键，在弹出的菜单中单击"总取消"按钮即可。

（3）办理开放引导信号：在 S4 信号机的列车按钮上单击鼠标右键，在弹出的菜单中单击"引导信号"按钮即可，信号机和信号复示器都点亮红白灯光。需要关闭引导信号时，在菜单中单击"总人解"按钮即可。

二、信号机组合及组合架设备分布

S4 信号机设备组合在 11-10（1 排 1 架第 10 层），其组合架正面视图如图 10-2 所示。组合内除了两个断路器外还有 5 台继电器，它们是 LXJ、YXJ、1DJ、2DJ 和 KDJ（开灯继电器，平时落下，在列车控制系统需要启用地面信号机时使之吸起）。继电器正面位置如图 10-3（a）所示，信号组合中继电器的类型及其在组合内的位置排列情况如图 10-3（b）所示。

此智能考核系统设备的分线盘设计在本组合架的第三层，其中左边第一块 18 柱端子板由信号机使用；第二层设有两个 18 柱端子板作为信号设备与联锁系统的接口端子。

图 10-2　组合架正面视图

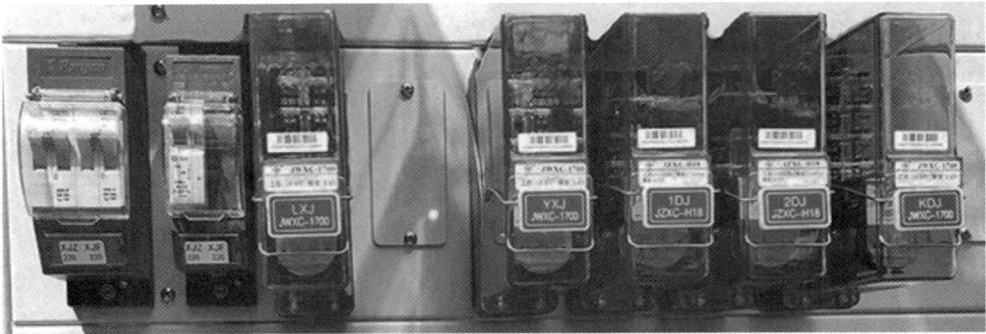

(a) 继电器正面位置图

序号			1	2	3	4	5	6
名称	断路器	断路器	LXJ		YXJ	DJ	2DJ	KDJ
型号			JWXC-1700		JWXC-1700	JZXC-H18F		JWXC-1700

(b) 信号组合继电器类型及其位置排列图

图 10-3　继电器正面位置图与信号组合继电器类型及其位置排列图

三、信号机点灯电路

图 10-4 所示为高铁出站信号机(S4)的点灯电路配线图。

高铁地面信号机多数情况下为灭灯停用状态(由 KDJ 的落下切断点灯电路),当需要启用时使 KDJ 吸起,初始状态为红灯。

(1) 点亮红灯的逻辑条件是:

KDJ↑·LXJ↓→DJ↑

电路通路的逻辑条件是:

XJZ—06-16—RD1 1-2—DJ5-6—KDJ21-22—LXJ21-23—03-1(分线盘—XB1 箱端子—点灯单元)—03-5—LXJ33-31—KDJ42-41—RD22-1—06-18—XJF

(2) 点亮绿灯的逻辑条件是:

KDJ↑·LXJ↑→DJ↑

电路通路的逻辑条件是:

XJZ—06-16—RD1 1-2—DJ5-6—KDJ21-22—LXJ21-22—03-2(分线盘—XB1 箱端子—点灯单元)—03-4—LXJ32-31—KDJ42-41—RD22-1—06-18—XJF

(3) 引导信号点灯的逻辑条件是:

在点亮红灯的前提下(DJ↑),再由 YXJ↑条件增加点亮白灯。

白灯通路的逻辑条件是:

XJZ—06-17—RD1 3-4—2DJ 5-6—KDJ 31-32—YXJ 21-22—DJ 21-22—03-3(分线盘—XB1 箱端子—点灯单元)—03-6—YXJ32-31—LXJ33-31—KDJ42-41—RD22-1—06-18—XJF

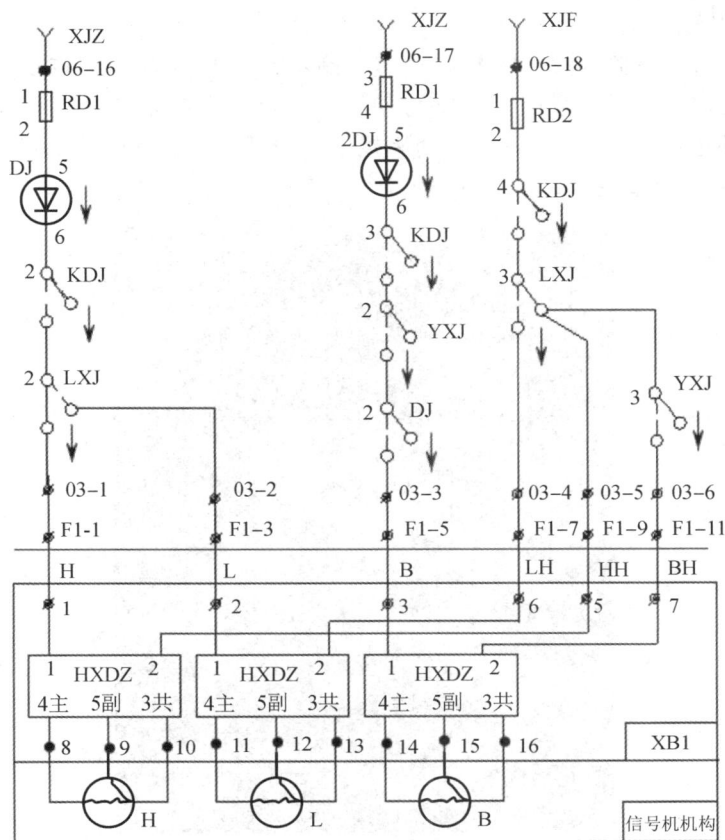

图 10-4 高铁出站信号机(S4)点灯电路配线图

四、信号机设备构成

S4 信号机机构灯位自上而下为"红(H)、绿(L)、白(B)",机构内只有灯座灯泡,点灯单元放在了信号变压器箱,通过箱内的两柱端子与灯座连接(类似高柱信号机的设备安装)。其实物结构及布置情况如图 10-5 所示。

图 10-5 S4 信号机设备实物结构及布置情况图

1. 机构内灯座

灯座带灯丝转换试验开关，灯座上"主丝、副丝、公共"三端子的位置与不带试验开关的三端子灯座相同，需要注意的是灯座与点灯单元上"主端"端子的连接位置，在"副丝"同侧（左侧）的外边，它与"主丝"端子之间串接了试验开关。出站信号机点灯电路配线如图 10-6 所示。其中灯泡仍是 12 V/25 W 的双丝灯泡。

图 10-6　出站信号机点灯电路配线图

2. 信号点灯单元和端子柱

信号变压器箱（XB1 型）内的两柱端子编号方式为：靠近箱壁的一侧为单号，自右向左（如图 10-7 所示的位置观察）为"1、3、5、7、…"，另一侧为双号，自右向左分别为"2、4、6、8、…"。

图 10-7　信号变压器箱（XB1 型）内部设备

各端子的分配情况可对照点灯电路配线图中的标称理解。

点灯单元选用的是 HXDZ 型,其功能及端子分配与 DZD 型相同(可参见本书前面的介绍),端子边有编号标注(其用途一见可知)。如图 10 - 7 所示的状态下,点灯单元下面的 4 个端子号自左向右为"1、2、6、7"(1 - 2 端子为点灯电源 AC 220 V 的输入端),点灯单元上面的 4 个端子号自左向右为"3、4、5、8"(3 端子为公共回线端,4 为主丝端,5 为副丝端)。

五、分线盘位置及端子编号

信号机分线盘的位置为组合架的第三层,从组合正面看其最左边的一块 18 柱端子板由两架信号机使用(在组合后面看为最右边的一块)。

图 10 - 8 所示为在组合后面看到的分线盘位置及端子编号,其中图示的"1、3、5、7、9、11"6 个端子是 S4 信号机的室外联络电缆接入端子(其端子号分别与信号变压器箱内的端子号对应相连,具体的端子连接分配可对照信号机点灯电路配线图即图 10 - 4 理解)。

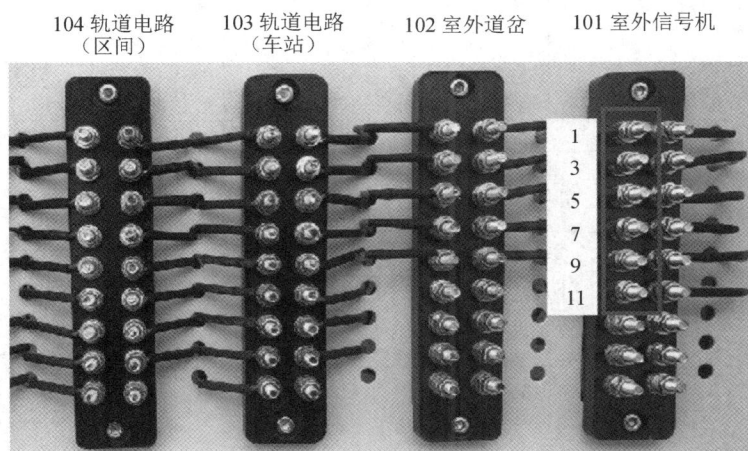

图 10 - 8　分线盘位置及端子编号

六、系统预设故障点的分类

本考核系统设备对信号机电路共预设了 37 个开路故障点。带预设故障点编号(图中所标注的"103～139"处)的信号机点灯电路如图 10 - 9 所示。图中故障点的编号也是该仿真系统用于预设故障的编号(图中没有做改动)。由于考核系统中还有道岔和轨道电路的部分,它是将所有对象的预设故障点按顺序统一编号的,因此信号机电路中的这些编号并不是从 1 开始的。

为分析方便,通常将信号机点灯电路划分为两部分:点灯变压器或点灯单元一次侧电路(简称为一次侧电路)和二次侧电路。一次侧电路主要是控制条件电路且为高电压侧(AC 220 V 或 AC 110 V),二次侧电路无控制条件(只是连接线路没有继电器接点)且为低电压侧(通常小于 AC 36 V)。这样划分的目的,一方面使分析者在进行故障处理分析时思路清晰;另一方面在故障处理的过程中对仪表的挡位选择也比较清晰,经过训练后能形成自觉的意识。

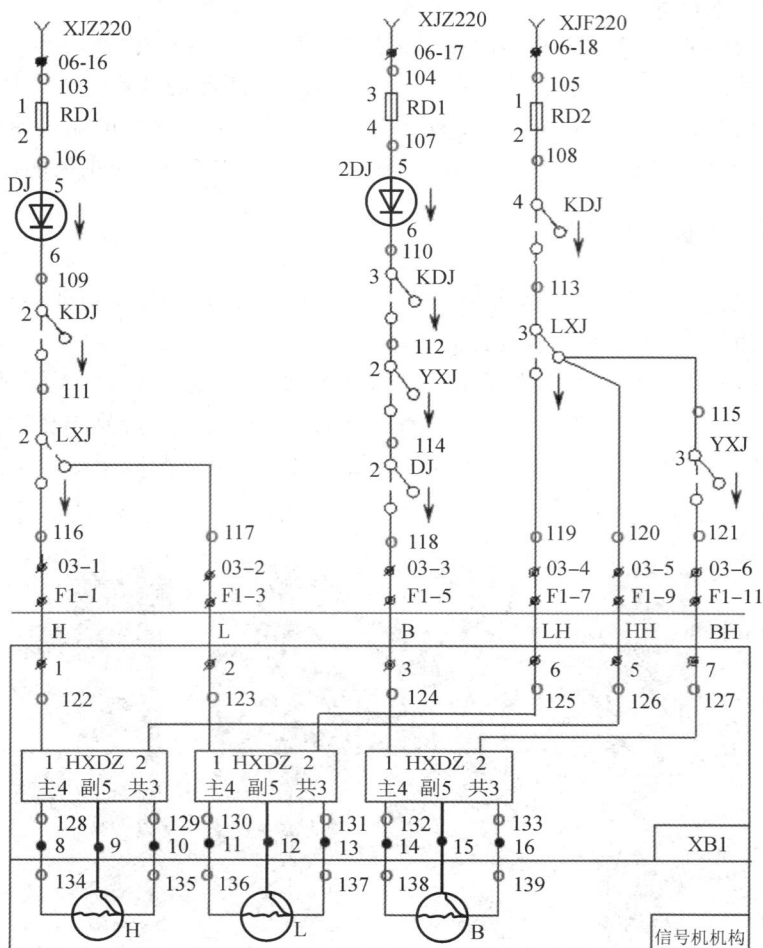

图 10-9   带预设故障点编号的信号机点灯电路图

因此，本文将这些预设故障点依据其所在电路位置的不同对应地归为两大类，即位于一次侧电路部分的点（称为第一类故障点）和位于二次侧电路部分的点（称为第二类故障点）。第一类故障点对应标号为 103～127 的 25 个点，第二类故障点对应标号为 128～139 的 12 个点。后面在介绍故障处理的方法时，为方便起见，对假设的故障位置也都用此编号加双引号表示，例如，"106"故障即表示从 RD1（断路器或熔断器）的 2 端子到 DJ 的 5 端子之间开路，其他类推。

第二节   二次侧电路开路故障处理方法介绍

实际考核时或在实际工作中，电路故障的性质、位置等都是未知的，即实际的故障处理都需要通过观察故障现象及配合相关电气测量之后才能找到故障点。但在学习故障处理过程中，基础的训练都是从先假设某处故障再倒推分析，以此学习故障处理的方法。这里的知识讲述也是先假设故障点来介绍故障处理方法的。

一、红灯二次侧开路故障处理

1. 假设"128"或"134"为故障点

1）现象分析

图 10 - 10 所示为信号机 XB1 箱和信号机机构部分的电路配线。由配线图可知，"128"或"134"在电路的二次侧，它切断的是红灯主丝通路，可以想见，此故障造成的现象是红灯点亮副灯丝（信号机不灭灯，对外显示正常），但在控制台屏幕上会有主灯丝断丝的声光报警。

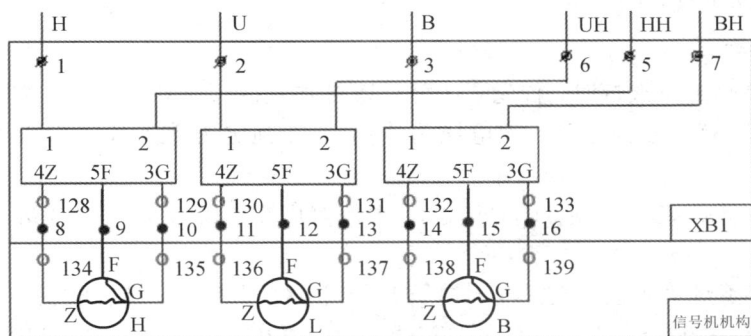

图 10 - 10　信号机 XB1 箱和信号机机构部分的电路配线图

注：本考核系统的控制台屏幕上没有提供主灯丝断丝报警，但可以听到信号变压器箱中点灯单元发出"噼嗒噼嗒"的声响，可以此异响作为判断依据之一。

来到信号机处（打开 XB1 箱和机构），如果不能肯定是否是点副灯丝状态，可以按压一下灯丝转换试验按钮，通过观察有无灯光转移现象（点灯单元内灯丝转换继电器的接点动作声音及灯光的闪烁）来确认，如果按压后没有反应，就表明点亮的为副灯丝。

2）查找方法

如果已确定点亮的是副灯丝，首先在点灯单元上测量 4 端子（"主丝"端，与灯座的主丝端子 Z 连接）和 3 端子（"公共"端，与灯座的公共端子 G 连接）间电压，发现电压正常（这样测量的目的是判断点灯单元内部的灯丝转换装置是否损坏，不过在本实训设备上可以省掉这一步，因为这里没有要考核的故障点）。

注：（1）为表述简练，后面再表达点灯单元端子时用编号加字母代表，如 3G 表示点灯单元上编号为 3 的端子，G 表示灯座的"公共"连线端子；4Z 和 5F 同理。

（2）在讲述故障处理过程中，关于仪表的使用及挡位的调节就不再专门强调了（后面也如此，特殊情况下需要强调的除外），读者要根据所选用的仪表情况自行确定挡位的选择。

其次，将一支表笔放在点灯单元的"3G"，另一支表笔放在"XB1-8"端子上测量电压。若有正常的电压，则故障点为"128"，否则（没有电压）为"134"故障。

注：有人习惯采用测量开路点之间有无电压的方法来判断开路故障点，这在理论上是完全可取的，但实际工作中提倡多手段相结合，以达到相互验证的目的。比如本例，当确定

主灯丝的连线部分开路（灯能正常点亮而点灯单元发出异响）后，可直接到 XB1 箱中测量"4Z"与"XB1-8"端子间的电压：若有电则故障点为"128"，若无电则故障点为"134"，这是因为主灯丝的连线部分只存在两个故障点的可能，排除了一个就是另一个。但其实在实际工作中如果仅通过测量"4Z"与"XB1-8"间的电压之有无下结论未免草率，因为灯泡是否为主灯丝断丝不能确定。

2. 假设"129"或"135"为故障点

1）现象分析

由点灯电路原理可以知道，此处开路的现象是信号机灭灯（红灯不能点亮），在控制台屏幕上除有主灯丝断丝报警外（本实训系统中无灯丝报警，可通过观察信号机的灭灯来确认），同时信号复示器会闪红灯。

2）查找方法

通常在发现信号机灭灯时，首先要区分故障是在室内还是在室外，即需要在分线盘上测量电压来判断（有电压为室外，无电压为室内）。在判定为室外故障后来到室外做以下处理：

第一步，在 XB1 箱内测量 H-HH 端子（本例对应为 XB1-1 和 XB1-5 端子）间的电压，发现有电压。

第二步，在点灯单元上的电源输入端子 1-2 上测量电压，发现有电压。

第三步，测量"3G 与 4Z"和"3G 与 5F"端子间的电压，结果电压都正常（表明点灯单元完好），由此确定故障点为"129"或"135"（灯泡的公共回线开路，实际工作中还需要排除灯泡双断丝的可能）。

第四步，当确定为公共回线开路故障后，将一支表笔放在"4Z（或 5F）"上，另一支表笔放在"XB1-10"端子上测量电压，若有正常的电压，则故障点为"135"，否则（没有电压）故障点为"129"。

注：（1）在进行实际故障处理时，还要考虑灯泡是否为双断丝故障，因此需要增加判定灯泡是否完好的测量。

（2）竞赛时，为节省时间，上面的第一步可以省掉（因为考试系统在电缆上不能设置故障点），来到室外先测量"3G 与 4Z"间的电压，当发现无电压时再回头做第二步测量（中分法）。

（3）同上例一样，当确定是灯泡的公共回线开路后，也可直接在"3G"与"XB1-10"端子上测量电压，若有电压则故障点为"129"，若无电压则故障点为"135"。

二、绿灯二次侧开路故障处理

1. 假设"130"或"136"为故障点

这里的故障影响绿灯，造成的现象是在开放信号后绿灯能点亮，但控制台屏幕上有主灯丝断丝报警（本系统中无报警，但可以听到信号变压器箱内有异响）。此故障点的查找方法与"128"或"134"故障点的查找方法相同，处理过程省略，读者可参考前面讲述的过程对照电路图自行分析。

2. 假设"131"或"137"为故障点

这里的故障还是影响绿灯，故障现象是在开放信号后绿灯不能点亮，观察信号机可发现红灯熄灭后又点亮，且信号复示器短时点亮绿灯后又变为点亮红灯（这两种现象都表明LXJ吸起过）。当然，在组合架也可以看到LXJ吸起后又落下（按照信号电路"故障—安全"要求，当信号开放后，若允许灯光灭灯，则信号应自动关闭）。

此故障点的查找方法与"129"或"135"故障点的查找方法基本相同，只是在每次测量电压时需要配合人员办理重复开放信号手续（目的是使LXJ↑将点灯电压正常送出）。具体的查找过程这里不再重复描述。

注：LXJ每次吸起后大约能保持2 s左右的时间，通过训练在测量速度很快的情况下，在办理一次重开信号的过程中可测量到两处电压。

三、引导白灯二次侧开路故障处理

1. 假设"132"或"138"为故障点

这里的故障影响白灯，故障现象是在开放引导信号后（YXJ↑）信号机能点亮红白灯，但控制台屏幕上有主灯丝断丝报警（本系统中无灯丝断丝报警，但可以听到信号变压器箱内有异响）。

此故障点的查找方法与"128"或"134"故障点（红灯点副灯丝时）的查找方法相同，读者可参照理解，这里省略。

2. 假设"133"或"139"为故障点

这里的故障还是影响引导信号下的白灯，故障现象是在开放引导信号后，信号机依然点亮红灯不能点亮白灯，信号复示器短时点亮红白灯但之后白灯熄灭（此现象表明YXJ吸起过）。通过观察也可发现YXJ吸起后又落下（YXJ吸起后，因白灯不能点亮，则2DJ不能吸起，于是联锁系统又使YXJ↓）。

此故障点的查找方法与"129"或"135"故障点的查找方法基本相同，只是在每次测量电压时要让配合人员办理重复开放引导信号手续（以便使YXJ↑将点灯电压正常送出）。具体的查找过程这里不再重复描述。

第三节　一次侧电路开路故障处理方法详解

为方便对故障处理方法和思路的理解，或在进行故障处理前能更好更合理地分析故障的范围，我们将一次侧开路故障的故障区域依据故障影响的对象不同，划定出不同的支路部分，即将"第一类故障点"中影响对象或故障现象相同的归为一组分别讨论。由于同组内故障点的查找方法是相同的，因此在介绍处理方法时不再一一列举，只选取一个故障点为代表。

一、故障支路划分

图 10 - 11 所示为点灯电路支路划分指示，依据电路节点将点灯电路分成 8 个部分（与图中①~⑧编号对应）。将同支路中故障现象相同的开路点归为一组。图中的黑实线为红灯点亮电路，长虚线为绿灯点亮电路，短虚线为白灯点亮电路。下面对 8 个支路（或 8 组预设故障点）做简要说明。

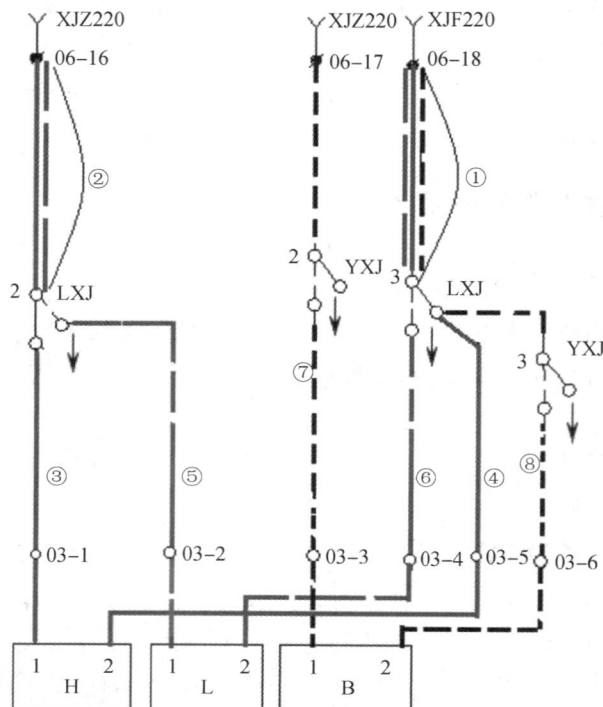

图 10 - 11   点灯电路支路划分指示图

1. 三灯共用的支路

图 10 - 11 中①支路部分是三种灯光的共用支路，可想而知，当此部分电路开路时，信号机灭灯，此时不能开放绿灯信号，当然引导信号也不能开放（不能开放引导信号不只是电路不通，因技术要求开放引导信号必须确定红灯完好，否则 YXJ 不吸起）。

对照图 10 - 9 知，此支路部分包含的故障点有"105、108、113"。

2. 红绿灯的共用支路

图 10 - 11 中②支路部分为红灯与绿灯的共用支路，此部分电路开路时，红灯灭灯，也不能开放绿灯信号。当然，这时开放引导信号白灯也不能点亮（因为红灯灭灯时 DJ↓使得 YXJ 也不能吸起）。

对照图 10 - 9 可知，此支路部分包含的故障点有"103、106、109、111"。

3. 仅影响红灯的支路

图 10 - 11 中③和④支路是仅为影响红灯的支路部分，此部分电路开路只影响红灯点亮，并不影响绿灯点亮。因此，这时可以通过办理开放绿灯信号的方法来压缩故障范围。如果是正线出站信号机，则在红灯灭灯时是不能开放信号的，因为它的 LXJ↑ 需要检查红灯点亮条件，即需要 DJ↑，但本系统中的 S4 信号机为站线出站信号机，在红灯灭灯时是可以开放信号的。

对照图 10 - 9 可知，③支路部分包含的故障点有"116、122"，④支路部分包含的故障点有"120、126"。

4. 仅影响绿灯的支路

图 10 - 11 中⑤和⑥支路是仅为影响绿灯的支路部分，此部分电路开路只影响绿灯的点亮。如果信号机点红灯，则在开放绿灯信号时不能点亮绿灯，那么就可以确定⑤或⑥部分的支路中存在开路故障。

对照图 10 - 9 可知，⑤支路部分包含的故障点有"117、123"，⑥支路部分包含的故障点有"119、125"。

5. 仅影响白灯的支路

图 10 - 11 中⑦和⑧支路是仅为影响白灯的支路部分，若此部分电路开路，则在开放引导信号时不能点亮白灯。如果在信号机点亮红灯的情况下不能开放引导信号，那么就可以确定⑦或⑧部分的支路中存在开路故障。

这两个支路可再各细分为两个部分：YXJ 接点之前的部分与之后的部分。这样划分是因为在 YXJ2、3 组接点之前的部分支路是一直有电的（无须 YXJ 吸起），那么在利用电压法查找故障点时，测量此部分电路时可以不用办理开放引导信号手续，这对快速查找故障有利。

对照图 10 - 9 可知，⑦支路部分包含的故障点有"104、107、110、112、114、118、124"，⑧支路部分包含的故障点有"115、121、127"。

二、一次侧电路开路故障的分析与处理

下面我们针对点灯电路不同部分故障时的现象和故障点查找方法举例分析。

1. 假设①支路开路故障

根据电路知道，①支路开路将会切断所有灯光的点灯电路，因此此故障造成的现象是信号机灭灯，且既不能开放绿灯信号，也不能开放引导信号。

现假设开路点为"108"，其查找过程如下：

（1）在实际工作中，查找故障的第一步是必须认清故障现象，必要时还需进行盘面压缩以初步分析故障的范围。针对本例，先办理发车进路（试着开放绿灯），结果发现不能，可知故障点在①或②支路上（排除了③④支路）。

（2）测量电压以排除①和②支路故障。将两支表笔（万用表 AC 250 V 挡）分别放在 06-18（借 XJF 电源）与 LXJ21 端子上测量电压（也可选用 06-16 与 LXJ31 端子，这里选择

06-18 是因为这个端子是侧面端子的最后一个，容易找到）。若测得有电压则排除②支路故障（故障点在①支路上），否则（无电压）故障点在②支路上。排除①和②支路故障的方法如图10-12(a)所示。

（3）在确定故障在①支路后，对此支路上的各点步进测量电压。原来放在06-18端子上的表笔不动，将另一支表笔置于 RD2-1（或2）上，结果发现有电压；再将表笔置于 KDJ41 上，电压值为 0 V，从而判断故障点为"108"。测量过程如图 10-12(b)所示。

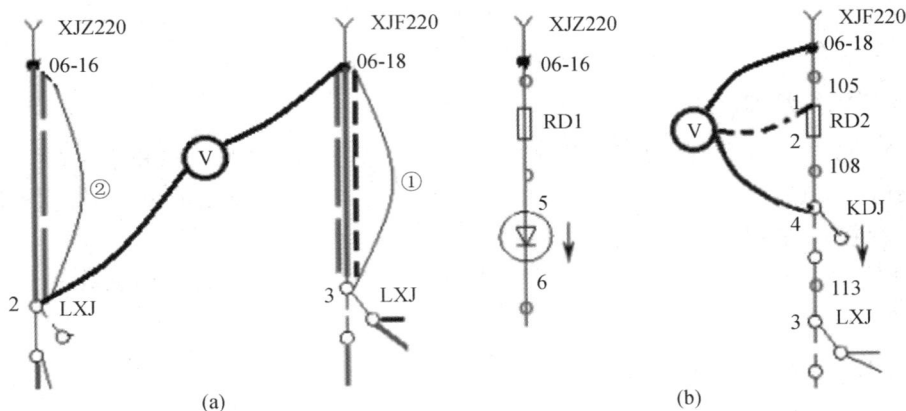

图 10-12　排除①和②支路故障方法及测量过程示意图

注：在竞赛时，为节省时间可以不进行压缩试验，因为建立进路或开放信号需要时间，而需要多次试验时可能花去的时间会更长。如本例红灯不亮，可能的故障范围是①②③④，于是为进一步缩小故障范围，可采用以下两种方法来判断（对照图 10-11 理解）：

方法一：（1）测量 LXJ21 和 LXJ31 间的电压，若有电压则可排除①②部分，若无电压则可排除③④部分。

（2）若故障在③④部分，接着测量分线盘上的 H 与 HH 间的电压（也可直接在侧面 03-1 和 03-5 端子上测量，因为本考核系统在侧面端子到分线盘之间没有预设的故障点），以判断故障是在室内还是在室外。之后的查找方法在后面的例子中讲述。

方法二：在 06-18 上借 XJF 电源，另一支表笔分别去测量：

（1）LXJ21 端子电压，有电压表明②支路完好（否则为此支路开路）。

（2）LXJ31 端子电压，有电压表明故障在①支路内（否则此支路完好）。

（3）03-1 端子电压，有电压表明③支路的室内部分完好（否则为此部分开路）。

（4）03-5 端子电压，有电表明④支路的室内部分故障（否则此部分完好）。

通过测量确定故障是在室外后，再去室外查找。

2. 假设②支路开路故障

通过类似上例的判断过程，确定②支路开路后，将万用表的一支表笔放在 06-18 上不动（借 XJF 电源），另一支表笔放在②支路上由 06-16 起向 LXJ21 方向步进测量，当从有电压变为无电压时，此两点之间即为开路。②支路上的故障查找方法如图 10-13 所示。

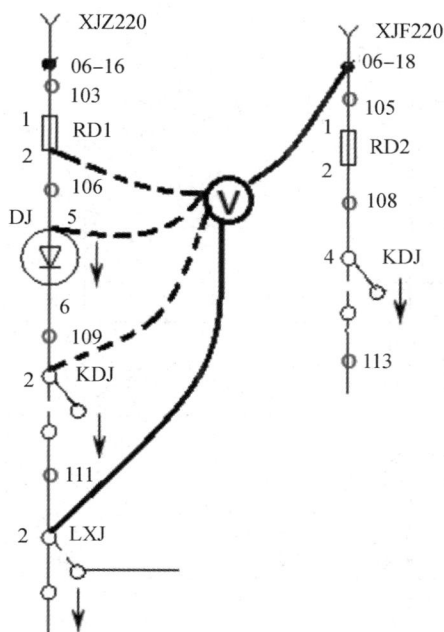

图 10-13 ②支路上故障查找方法示意图

注：此故障查找也可以使用"开路点电压法"。比如"109"为开路点，测量过程：将万用表的一支表笔放在 06-16 上不动，另一支表笔放在②支路上由 LXJ21 起向 06-16 方向步进测量；发现在测量 KDJ21 时有电压，测量 DJ5（或 6）时无电压，可知"109"处开路。

3. 假设③或④支路开路故障

图 10-14 所示是包含③和④支路的电路，此两支路有开路时会使信号机灭灯。处理前先办理开放信号试验，结果能点亮绿灯，表明故障只影响红灯电路，可知故障点在③或④支路上。

由于此种情况包含 XB1 箱内的电路故障，因此通常要先确定故障是在室内还是在室外。

注：（1）判断是室内还是室外故障可以在分线盘上测量 F1-1 与 F1-9 端子间的电压（H 与 HH 线之间的电压）或侧面端子 03-1 与 03-5 端子间的电压来确定。也可采用（3）注中的方法二。

（2）本系统设备因为侧面端子到分线盘之间没有预设的故障点，所以在确定故障是在室内还是在室外时，选在侧面端子测量比较方便，这样不用上下换地点而影响效率。

下面的处理过程对照图 10-14 理解。

1）假设"116"为故障点

在前面的测量中确定故障是在③支路的室内后，将一支表笔放在 06-18 端子上不动，另一支表笔移到 LXJ23 上测量电压，结果发现有电压（或者一支表笔放在 03-1 端子上不动，另一支表笔移到 LXJ23 上测量电压，结果发现有电压），可知故障点为"116"（因为在③

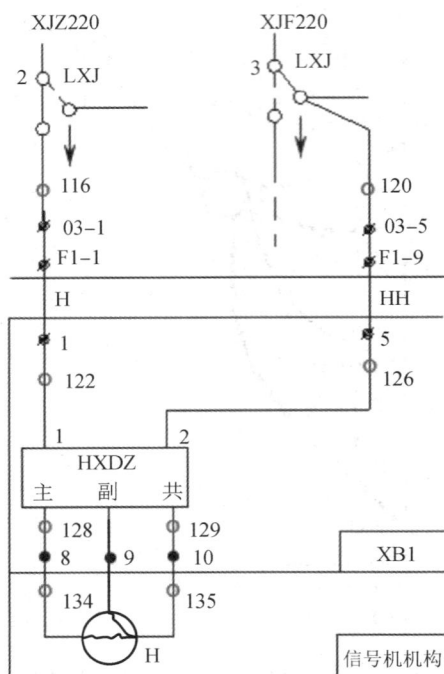

图 10 - 14　包含③和④支路的电路图

或④支路上各自只有两个故障点，一个在室内一个在室外，当区分出是室内故障时，可知故障点不是"116"就是"120"，所以这时如果确定故障是在室内，那么只需要一步即可找出故障点）。

2）假设"126"为故障点

之前通过测量判断故障是在室外后，到 XB1 箱中测量红灯点灯单元"1-2"上的电压，结果发现无电压，说明故障点不是"112"就是"126"。接下来交叉测量"XB1-1 端子和点灯单元2"间的电压，结果发现无电压；或者测量"XB1-5 端子和点灯单元 1"间的电压，结果发现有电压，都表明故障点为"126"。

也可直接测量"XB1-1 端子和点灯单元 1"间的电压，结果发现无电压；或直接测量"XB1-5 端子和点灯单元 2"间的电压，结果发现有电压，都表明故障点为"126"（但在现场不建议这样操作）。

如果故障点在点灯单元的二次侧（"129"或"135"故障点），那么在测量点灯单元的"1-2"端子时有电压。后面的查找方法见前面二次侧电路故障查找方法的内容。

4. 假设⑤或⑥支路开路故障

图 10 - 15 所示为包含⑤和⑥支路的电路，这两条支路故障只影响开放绿灯信号。其故障现象是：红灯正常，当开放信号时，信号机红灯灭灯后又重新点亮，控制台盘面上信号复示器点亮绿灯后又改点亮红灯（复示器能点亮绿灯表明 LXJ 能被驱动吸起）；或者当开放信

号时，观察到 LXJ 吸起后又落下。

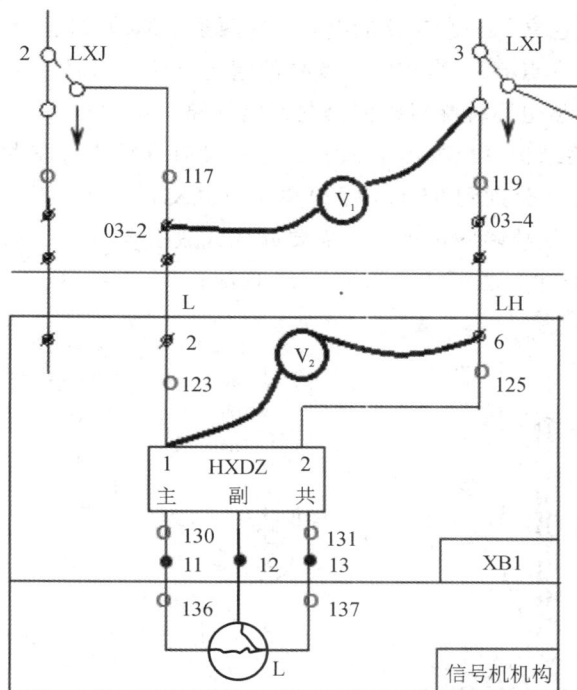

图 10 - 15　包含⑤和⑥支路的电路图

通过上面的故障现象，可直接判定故障在⑤或⑥支路上（因为只影响绿灯显示）。

首先确定故障是在室内还是在室外。将万用表的表笔分别放在 03-2 和 03-4 端子上，办理重复开放信号手续，观察电压表读数的变化，若有电压，则故障在室外，否则故障在室内。

1）假设"117"为故障点

在之前的测试中，确定故障是在室内后，测量 03-2 和 06-18（或 LXJ32）端子间的电压（如图 10 - 15 所示的 V_1），结果发现无电压，则知故障点为"117"（若有电压则"119"为故障点）。

2）假设"125"为故障点

在之前的测试中，确定故障是在室外后，测量 LD1-2（L 灯点灯单元输入端）端子上的电压，结果发现无电压；接着测量 LD1（L 灯点灯单元 1 端子）和 XB1-6 端子间的电压（如图 10 - 15 所示的 V_2），结果发现有电压，则知故障点为"125"（若无电压则故障点为"123"，也可直接测量 LD1 与 XB1-2 或 LD2 与 XB1-6 端子间的电压来判断）。

3）假设"137"为故障点

在之前的测试中，确定故障是在室外后，测量 LD1-2（L 灯点灯单元输入端）端子上的电压，结果发现有电压；接着测量"LD1"（L 灯点灯单元 1 端子）和"XB1-13"端子间的电压，结果发现有电压，则知故障点为"137"（若无电压则知故障点为"131"）。

5. 假设⑦或⑧支路开路故障

图 10-16 所示是包含⑦和⑧支路的电路,这两条支路故障时只影响引导白灯,而且也能开放信号(绿灯能正常点亮)。当在红灯点亮的情况下不能开放引导信号时即可表明⑦或⑧支路有开路故障(当然也不排除机构内公共回路开路)。

另外,从白灯电路结构可以看出⑦和⑧支路在没有开放引导信号前(红灯点亮时),支路中的 YXJ21 和 YXJ31 分别到 06-17(XJZ)和 06-18(XJF)之间的支路部分是一直有电的。因此,在采用电压法查找故障的过程中不需要办理开放引导信号,这样可以节省时间。

下面讲述的故障查找方法请结合图 10-16 理解。

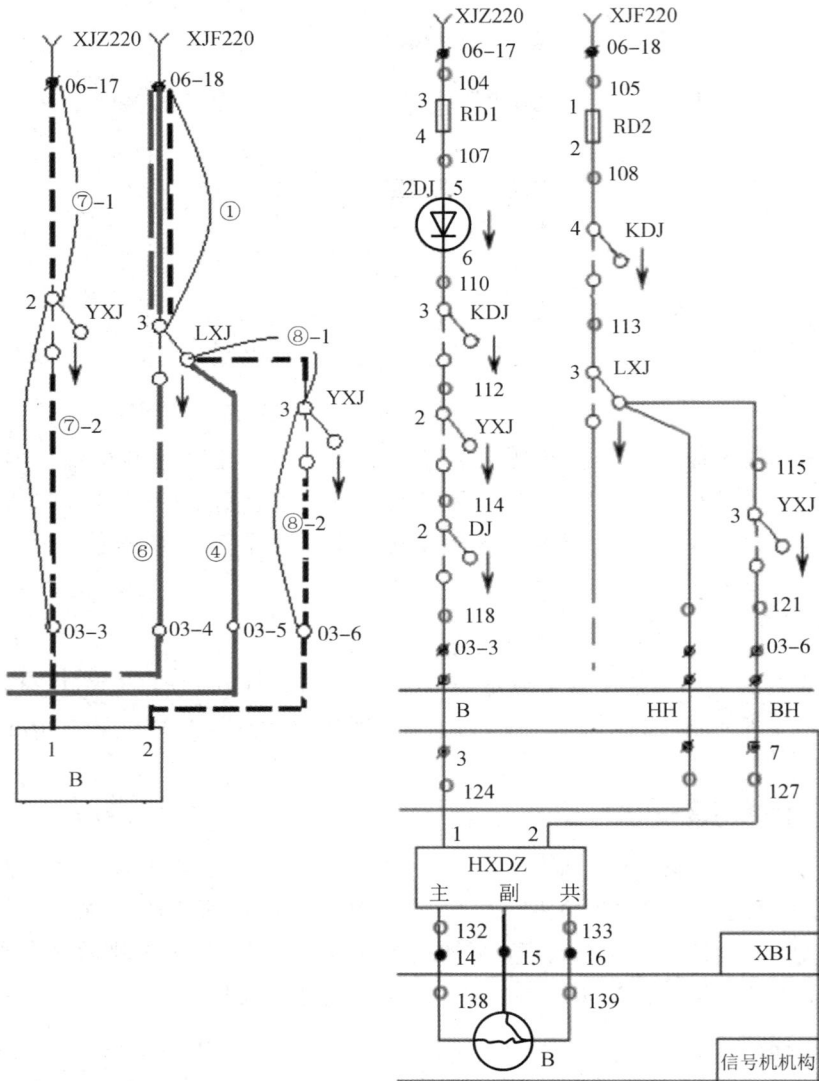

图 10-16 包含⑦和⑧支路的电路图

1）假设"112"处开路

（1）首先测量 YXJ 的 21-31 接点之间的电压，结果发现无电压（表明故障在⑦-1 和⑧-1 支路部分）。

（2）将一支表笔放在 06-18 端子上借 XJF 电源，另一支表笔放在 YXJ21 点上，办理开放引导信号时观察电压情况，若无电压，则表明故障在⑦-1 支路上（同时表明"115"处无故障；如果有电压，表明"115"处故障）。

（3）采用步进电压法查找开路点。放在 06-18 端子上的表笔不动（继续借 XJF 电源），另一支表笔从 06-17 端子向 YXJ21 方向步进测量。当测量 KDJ31 时有电压，而测量 YXJ21 时无电压，即知"112"处开路。注意在上面的测量过程中不需要办理开放引导信号的操作。

注：竞赛时为了追求速度，在第一步判断出故障在⑦-1 和⑧-1 支路部分后，接着直接跨测 06-17 端子与 YXJ21 间的电压，结果发现有电压，即可排除"115"处故障（如果结果是无电压，则直接判定"115"处故障）；接下来用"开路点电压"法找到故障点。当然，追求速度是存在风险的，比如在跨测 06-17 端子与 YXJ21 间的电压时，将 YXJ21 点插错了端子，结果无电压，于是就会误判成"115"处故障（因为这里用的是排除法，而不是实测）。所以一定要看准所要测量的端子。

2）假设"121"处开路

（1）首先测量 YXJ 的 21-31 接点之间的电压，结果发现有电压（表明故障在⑦-2 和⑧-2 支路部分）。

（2）区分室内室外。办理开放引导信号（让 YXJ↑）的同时测量 03-3 和 03-6 端子间的电压，结果发现无电压（表明故障在⑦-2 和⑧-2 的室内部分，即有"114""118"和"121"三处可能）。

（3）将一支表笔放在 06-18 端子上借 XJF 电源，测量 03-3 端子上的电压（同时办理重开引导信号），结果发现有电压，表明故障点为"121"。

如果将一支表笔放在 06-17 端子上借 XJZ 电源，测量 03-6 端子上的电压（同时办理重开引导信号），结果发现无电压，也可表明故障点为"121"。

如果故障点为"114"或"118"，那么查找思路与上面的相同。注意，后面两步在测量时要同时开放引导信号。

3）假设"124"或"127"处开路

（1）通过测量 03-3 和 03-6 端子间有电压的结论，可知故障是在室外。

（2）开放引导信号的同时测量白灯点灯单元 1-2 端的电压，结果发现无电压，表明故障在"124"或"127"处。

（3）开放引导信号的同时测量白灯点灯单元 1 端与 BX1-7 端间的电压。若有电压，则故障点为"127"；若无电压，则故障点为"124"（因为故障范围内开路点只有这两个，不是 A 就是 B）。

4）假设"133"或"139"处开路

通过测量白灯点灯单元 1-2 端有电压的结果，可知"133"或"139"处开路；接下来测量点灯单元 BD1 和 XB1-16 端间的电压。若有电压，则为"139"处故障；若无电压，则为"133"处故障。

第四节 故障的综合处理及其流程

学习到这里我们已经掌握了各处开路故障的处理方法。下面要讨论的是如何从有限的现象入手最终找到故障点，并从中总结出故障处理流程。这里具体针对的是此考核系统而言的，主要目的是帮助参加竞赛的队员掌握技巧。

一、点亮副灯丝故障

当出现点灯单元"主4"与灯座的"主丝"之间开路时，就会使当前点亮的灯位由主灯丝转为副灯丝，并出现主灯丝断丝报警。当信号点亮红灯时出现主灯丝报警，则故障对象是红灯；如果开放信号后出现主灯丝报警，则故障对象为绿灯；当开放引导信号时出现主灯丝报警，则故障对象为白灯。就是说在故障出现时要先确定故障的对象。

根据考核设备对每个灯位点亮副灯丝故障只预设了两个开路点的情况，且预设故障的部位相同，因此对不同灯位的故障点的查找方法相同（这里只做共性讲解）。其处理方法或过程如下：

将万用表（AC 25 V 挡）两支表笔分别放在点灯单元的"共3"端和"XB1-m"（m 为 XB1 箱中的端子号，m 分别是：红灯为 8，绿灯为 11，白灯为 14）上测量电压。若有电压，则为 B 点故障；若无电压，则为 A 点故障。测量方法如图 10 - 17 中 V$_1$ 所示。

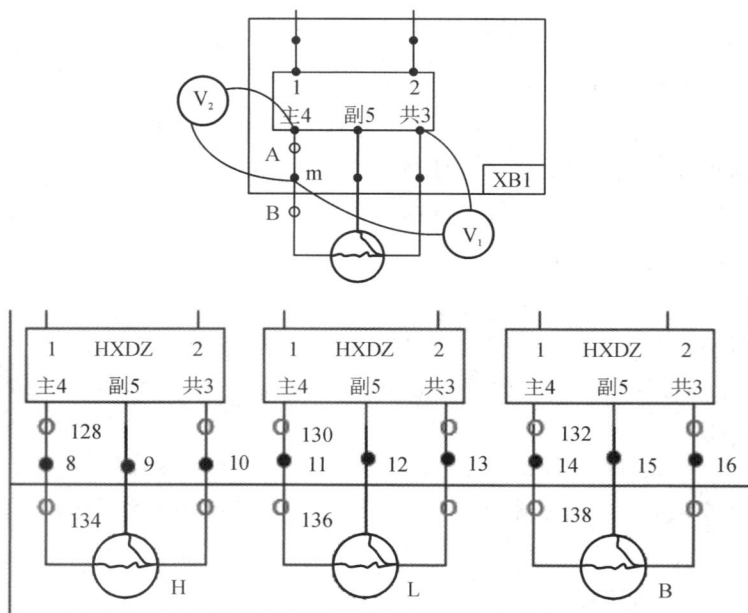

图 10 - 17　点亮副灯丝故障处理方法示意图

这里需要分清一点：对于红灯，可直接测量；而在测量绿灯和引导白灯时，需要配合开放信号的操作。

如果采用"开路点电压"法，测量电压的端子是"主 4"和"XB1-m"，那么测量方法如图10-17 中 V_2 所示。测量时如果有电压，则故障点为 A；如果无电压，则故障点为 B。

根据上面的分析，可得到"点亮副灯丝故障"处理流程，如图 10-18 所示（图中 V_1 为标准法，V_2 为开路点电压法）。

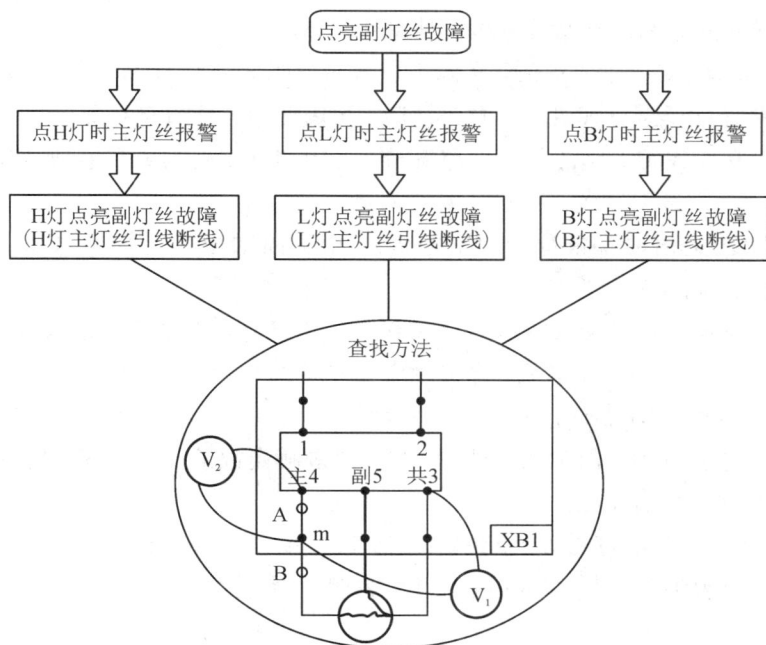

图 10-18　点亮副灯丝故障处理流程图

二、信号机灭灯故障

信号机灭灯时，控制台会出现主灯丝断丝报警信息，同时信号复示器闪红灯。这时如果能进行盘面压缩就进行盘面压缩（对进站信号机和正线出站信号机，当红灯不能点亮时不能开放信号，但站线的出站信号机可以开放）。

1. 采用盘面压缩时的处理过程

如果是站线出站信号机，可以以此信号机为始端办理发车进路试验，观察能否开放绿灯。若不能开放，则表明故障在①或②支路；若能开放，则故障在③或④支路。

对照图 10-11 理解下面的表述。

1）①或②支路开路

首先判断①或②支路故障。测量 06-18 与 LXJ21 端子间的电压：若无电压，则故障在②支路内（06-16 至 LXJ21 端子间电路部分）；若有电压，则故障在①支路内（06-18 至

LXJ31 端子间电路部分)。

(1) 若故障在①支路内，借 XJZ(06-16)电源从 06-18 向 LXJ31 端子步进测量查找开路点(故障点在有电压与无电压端子之间)。

(2) 若故障在②支路内，借 XJF(06-18)电源从 06-16 向 LXJ21 端子步进测量查找开路点(故障点在有电压与无电压端子之间)。

2) ③或④支路开路

(1) 确定或排除③和④支路是室内还是室外故障。

测量 03-1 与 03-5 端子间的电压(实际中应该在分线盘测量 H-HH 端子间的电压，由于本考核系统中侧面端子至分线盘间无预设故障点，因此为方便直接在侧面端子上测量)：若无电压，则故障在③或④支路的室内电路部分；若有电压，则故障在③或④支路的室外电路部分。

当判定故障在室内时，测量 06-18 与 03-1 端子间的电压：若无电压，则故障点为"116"；若有电压，则故障点为"120"。

注：这里优先选用 03-1 及 06-18 为测试端子，是因为这两端子不容易出错，其中一个是侧面端子的第一个(03 列的)，另一个是侧面端子的最后一个(06 列的)。

(2) 确定或排除"XB1 箱内的引线部分"开路。

通过上一步的测量判定故障在室外后，接下来要确定故障在 XB1 箱内引线上还是在点灯单元至灯座公共端的引线上。

测量 HD1 与 HD2(红灯点灯单元的输入侧 1、2 端子)端子间的电压：若无电压，则表明故障在 XB1 箱内的引线上；若有电压，则表明故障就在点灯单元至灯座公共端的引线上。

如果是箱内电源引线开路，再测量 HD1 与 XB1-5 端子间的电压：若无电压，则故障点为"122"；若有电压，则故障点为"126"(对照图 10-9 理解)。

(3) 查找"点灯单元至灯座公共端的引线"上的开路点。

依据前面的测量结果判断为点灯单元至灯座公共端引线开路后，再测量 Z4 与 XB1-10 端子间的电压：若无电压，则故障点为"129"；若有电压，则故障点为"135"。

注：(1) 当确定点灯单元至灯座公共端引线开路后，也可直接测量 G3 与 XB1-10 端子间的电压：若有电压，则故障点为"129"；若无电压，则故障点为"135"。

(2) 这里 HD1 和 HD2 分别表示红灯点灯单元的 1、2 号端子，同样后面的 LD 和 BD 分别代表绿灯和白灯点灯单元；XB1-n 代表信号变压器箱内端子板的端子号(n 为端子编号)；Z4、F5 和 G3 分别代表点灯单元的 4、5、3 号端子，Z、F、G 分别代表"主、副、共"端子。

2. 不进行盘面压缩时的处理过程

如果信号机(如正线出站信号机)无法开放绿灯试验，或不想做压缩试验，那么可通过借 06-18(XJF 的电源端子)上的 XJF 电源分别步进测量 LXJ21、03-1、03-5、LXJ31 端子上的电压来判断故障范围：

（1）测量 06-18、LXJ21 端子时，若有电压，则②支路（06-16 至 LXJ21 端子间部分）完好（否则故障在此支路上）。

（2）测量 06-18、03-1 端子时，若有电压，则 03-1 至 06-16 支路完好（否则 03-1 至 LXJ21 端子间支路开路）。

（3）测量 06-18、03-5 端子时，若有电压，则 XJZ 支路和室外电路部分完好（否则故障在室外）。

（4）测量 06-18、LXJ31 端子时，若有电压，则①支路（03-1 至 06-18 端子部分）开路。

一旦确定出故障支路后，接着步进测量查找开路故障点。

查找故障点的过程总结起来有两大步：一是通过试验及测量排除非故障的区域，找到故障部分的支路；二是确定故障范围（独立的最小单位支路）后，具体查找故障点。

根据上面的分析，可得到"红灯灭灯故障"处理流程，如图 10-19（采用盘面压缩时）和图 10-20（不进行盘面压缩时）所示。

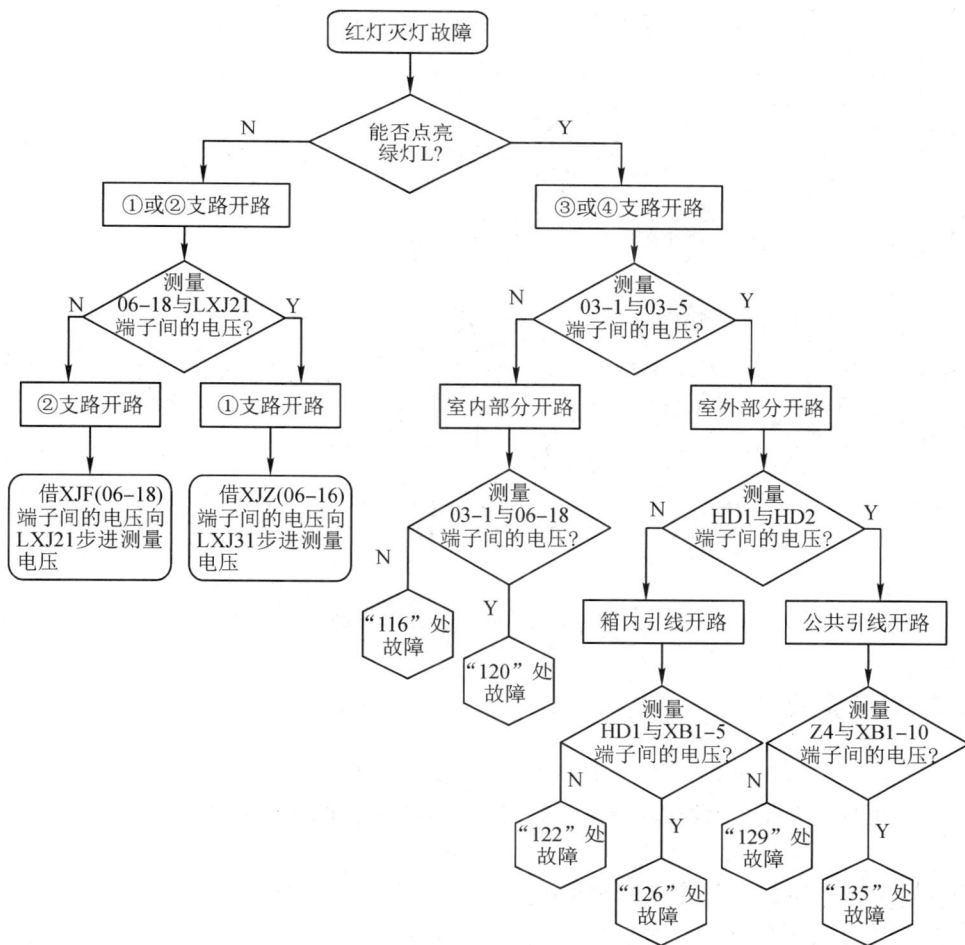

图 10-19　采用盘面压缩时红灯灭灯故障处理流程图

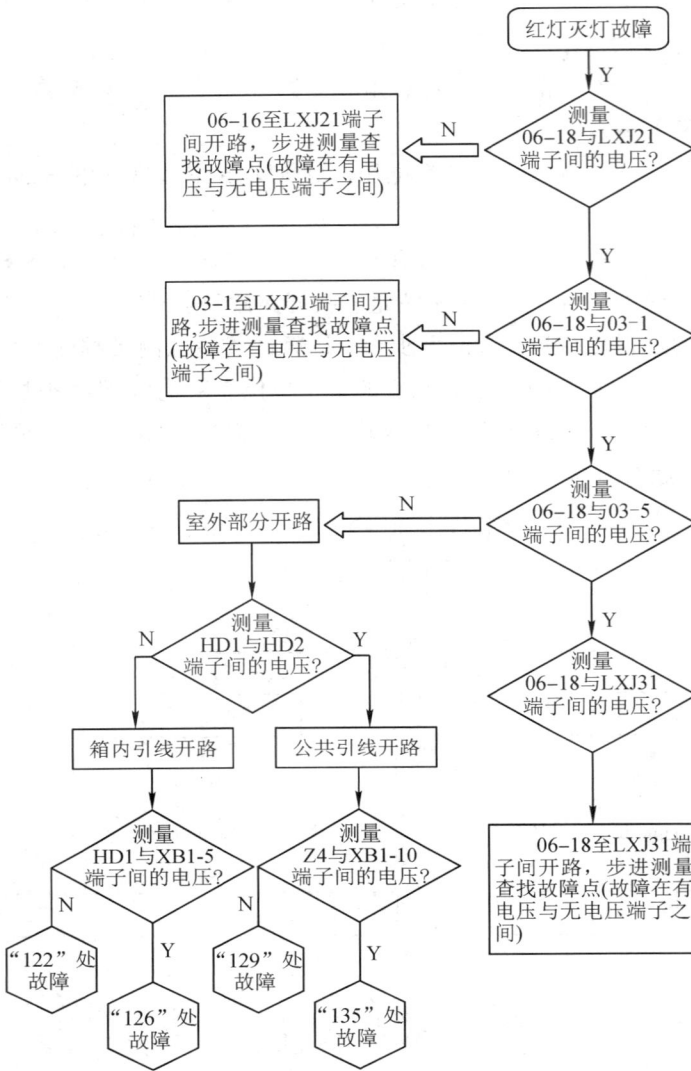

图 10-20　不进行盘面压缩时红灯灭灯故障处理流程图

三、绿灯不点亮故障

当排列发车进路信号机不能开放绿灯时(设原红灯点亮正常),会发现信号机红灯灭灯后很快又点红灯,信号复示器闪亮一下绿灯后又亮红灯。同时在组合中发现 LXJ 吸起后又落下。

根据这一现象可判断故障在⑤或⑥支路上(参看图 10-11),具体可能在下面三个部分:一是 LXJ 接点条件至分线盘部分(包含 2 条支路:LXJ21 和 LXJ31 端子分别至分线盘的支路);二是 XB1 箱内点灯单元的引线部分;三是点灯单元至灯座公共端之间的引线部分。

依据此，处理此开放绿灯故障的流程如下。

1. 确定或排除"LXJ21至03-2（或分线盘）"开路

测量06-18与03-2端子间的电压，若无电压，则LXJ21至03-2端子间的电路部分开路（开路点为"117"，对照图10-9理解）；若有电压，则可排除之。

2. 确定或排除"LXJ31至03-4（或分线盘）"开路

测量06-18与03-4端子间的电压，若有电压，则LXJ31至03-4端子间的电路部分开路（开路点为"119"）；若无电压，则可排除之。

3. 确定或排除室外电路开路

若前面的两步在测量06-18与03-2端子间的电压时有电压，而测量06-18与03-4端子间的电压时无电压，则可确定绿灯电路的室外电路部分故障；若两次测量的结果都是有电压，则可排除室外电路故障。

4. 确定或排除XB1箱内引线开路

当确认故障在室外后，测量LD1与LD2（绿灯点灯单元的输入侧1、2号端子）端子间的电压：若无电压，则可确定此部分电路故障；若有电压，则可排除之。

测得无电压（确定箱内电源引线开路）后再测量LD1与XB1-6端子间的电压：若无电压，则故障点为"123"；若有电压，则故障点为"125"。

5. 查找"点灯单元至灯座公共端之间的引线"开路点

通过前面的测量过程已确定点灯单元至灯座公共端之间的引线开路后，再测量Z4与XB1-13端子间的电压：若无电压，则故障点为"131"；若有电压，则故障点为"137"。

注：在上面所有的测量过程中，每次测量同时都需要办理重新开放信号手续。

根据上面的分析，可得到"绿灯不点亮故障"处理流程，如图10-21所示。

四、引导白灯不点亮故障

正常情况下信号机在点亮红灯时是可以开放引导信号的。若引导白灯不能点亮（YXJ能吸起），则信号机的显示没有变化（依旧点红灯），但控制台上的信号复示器会短时间点亮一下红白灯，接着又点亮红灯（复示器能点亮一下白灯，证明YXJ吸起过）。

引导白灯电路与红灯电路在XJF的支路上有部分重叠，既然红灯能点亮，即证明此重叠部分完好。和点红灯情况一样，如果细分，那么只影响引导白灯的故障部分可分为四部分：第一部分是YXJ接点条件到电源的两条支路（06-17至YXJ21和LXJ31至YXJ31端子，此部分电路上一直有电压）；第二部分是除第一部分的室内电路（YXJ21至03-3端子和LXJ31至03-6端子）；第三部分是XB1箱内的引线支路；第四部分是点灯单元至灯座公共端之间的引线支路。

1. 平行测量确定故障范围

平行测量即先后测量"YXJ21与YXJ31端子"、"03-3与03-6侧面端子或（F1-5与F1-11分线盘端子"、点灯单元的"1与2"端子间的电压。故障范围在有电压与无电压的区

```
┌─────────────────┐
│   绿灯不点亮故障   │
└─────────────────┘
         │
┌───────────────────────────────────┐
│ 故障现象：开放信号时信号机红灯灭灯后又点亮；│
│ 信号复示器闪亮一下绿灯后又亮红灯；LXJ吸起后又│
│ 落下。                              │
└───────────────────────────────────┘
         │
      ╱测量╲
 N   ╱06-18与03-2╲  Y
 ┌──◇端子间的电压?◇──┐
 │    ╲        ╱    │
 │     ╲      ╱     │
```

┌──────────────────────┐   ╱测量╲
│ LXJ21至03-2端子间开路   │   N   ╱06-18与03-4╲ Y
└──────────────────────┘   ┌──◇端子间的电压?◇──┐
         │   │   ╲   ╱   │
      ╱"117"处╲   │   ╲   ╱   │
      │ 故障   │   ┌──────────┐   ┌──────────────────────┐
      ╲_____╱   │ 室外电路开路 │   │ LXJ31至03-4端子间开路   │
                  └──────────┘   └──────────────────────┘
                       │   │
                    ╱测量╲   ╱"119"处╲
               N   ╱LD1与LD2╲ Y   │ 故障   │
             ┌──◇端子间的电压?◇──┐   ╲_____╱
             │   ╲   ╱   │
       ┌──────────┐   ┌──────────┐
       │ 箱内引线开路 │   │ 公共引线开路 │
       └──────────┘   └──────────┘
            │   │
         ╱测量╲   ╱测量╲
     N ╱LD1与XB1-6╲ Y N ╱Z4与XB1-13╲ Y
    ┌─◇端子间的电压?◇─┐ ┌─◇端子间的电压?◇─┐
    │   ╲   ╱   │ │   ╲   ╱   │
 ╱"123"处╲ ╱"125"处╲ ╱"131"处╲ ╱"137"处╲
 │ 故障   │ │ 故障   │ │ 故障   │ │ 故障   │
 ╲_____╱ ╲_____╱ ╲_____╱ ╲_____╱

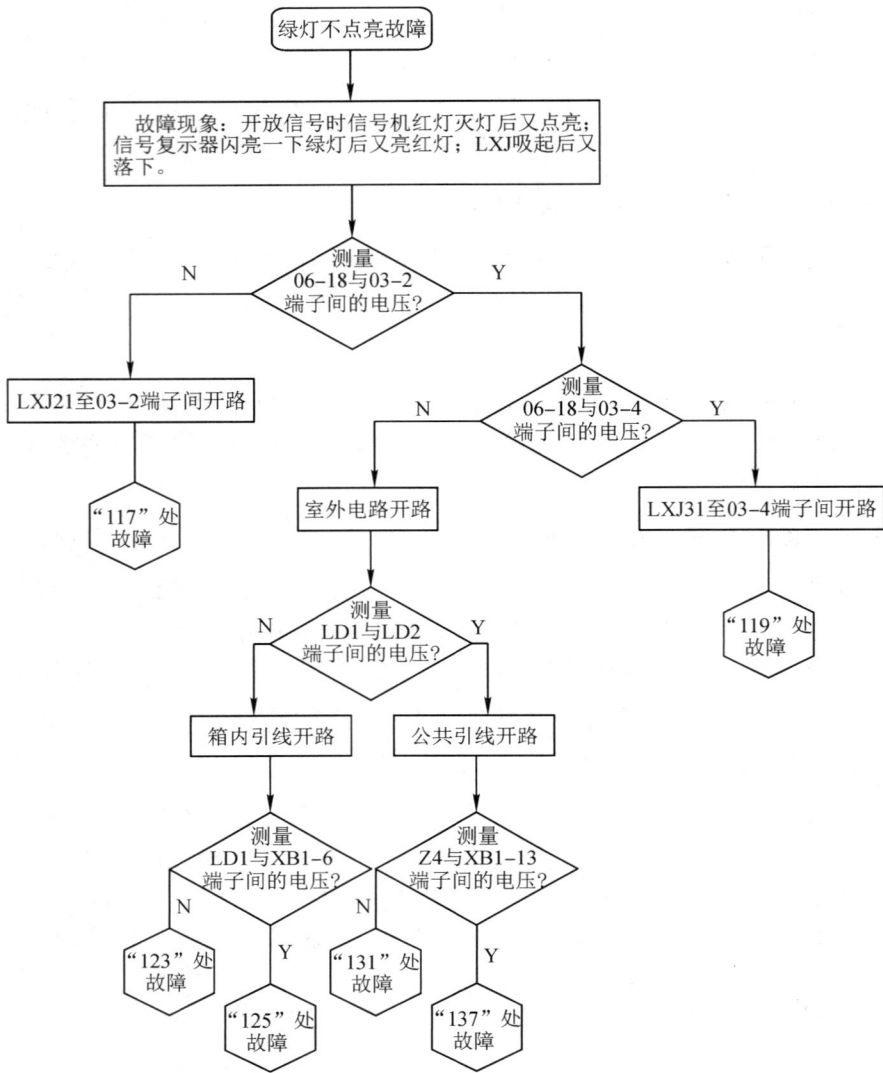

图 10-21   绿灯不点亮故障处理流程图

段内。之后再交叉步进测量查找开路点。其具体过程如下：

（1）当测量 YXJ21 与 YXJ31 端子间有电压时，则排除 06-17 至 YXJ21 和 LXJ31 至 YXJ31 端子间支路故障；否则，故障在其支路内。

（2）当测量 03-3 与 03-6 侧面端子间有电压时，则排除 06-17 至 03-3 和 06-18 至 03-6 端子间支路故障，即故障在室外电路部分；否则，故障在 YXJ21 至 03-3 和 LXJ31 至 03-6 端子间支路部分。

（3）当测量点灯单元的"1 与 2"端子间有电压时，则排除一次侧电路故障，即故障在二次侧电路；否则，故障在 XB1 箱内。

（4）通过测量确定故障在 XB1 箱内（灯座公共引线开路）后，测量 Z4 与 XB1-16 端子间的电压查找故障点。

注：(1)上面的故障处理思路在实际现场中通常被采用。当故障区段被确定后，至于采用什么方法查找开路故障点，可根据自己的习惯或偏好选择，这里就不详细讲述了。

(2)其他灯光的电路故障也可以采用这种思路处理。

2. 借固定电源法查找故障

竞赛时为提高速度，在进行室内电路故障查找（室外电路故障的查找方法与之基本相同）时可用一支表笔在一个固定的端子（此端子必须保证一直有电压）上借电（如本考核系统可在 06-18 侧面端子上借 XJF 电源），另一支表笔从远端的 XJZ 电源至 XJF 电源方向先步进测量电路上的关键节点，以确定故障范围。当故障范围确定后，接着就逐点步进测量查找开路点。

就本例而言，可将一支表笔放在 06-18 端子，另一支表笔分别顺序测量 YXJ21、03-3、03-6 及 YXJ31 端子上的电压，以确定故障范围。需要注意的是，在测量 03-3 和 03-6 两侧面端子时需要办理开放引导信号手续。其具体过程如下：

(1)当测量 YXJ21 端子时，若有电压，则排除 06-17 至 YXJ21 端子间支路故障；否则故障在其支路内。

若故障在 06-17 至 YXJ21 端子间支路内，（放在 06-18 端子上的表笔不动）另一支表笔逐点从 06-17 向 YXJ21 端子步进测量查找开路点（故障点在有电压与无电压端子之间）。

(2)当测量 03-3 端子时有电压，则排除 06-17 至 03-3 端子间支路故障；否则，故障在 YXJ21 至 03-3 端子间支路部分。

若故障在 YXJ21 至 03-3 端子间支路部分，（放在 06-18 端子上的表笔不动）另一支表笔测量 DJ21 端子上的电压，若无电压，则为"114"处故障；若有电压，则为"118"处故障。

(3)当测量 03-6 端子时有电压，则排除室外和引导 XJZ 电源支路故障，即故障在 XJF 室内支路部分；若测得无电压，则故障在室外（假设上面的第(2)步测量有电压）。

(4)当测量 YXJ31 端子时有电压，则故障在 YXJ31 至 LXJ31 端子间支路部分；若测得无电压，则故障在 03-6 至 YXJ31 端子间支路部分。

① 若确定故障在 03-6 至 YXJ31 端子间支路上，则故障点为"121"（因为此支路部分只有一个预设故障点）。

② 若确定故障在 YXJ31 至 LXJ31 端子间支路上，则故障点为"115"（因为此支路部分只有一个预设故障点）。

注：由于上面测量的第(1)步（测量 YXJ21）与第(4)步（测量 YXJ31）时不需要办理开放引导信号操作，因此为节省时间，在测量第(1)步时如果有电压，接着进行第(4)步的测量，如果无电压再回去进行第(2)和第(3)步的测量。

3. XB1 箱内故障的查找方法

当确定故障在室外时，测量 BD1 与 BD2（白灯点灯单元的输入侧"1 与 2"端子）间的电压：若无电压，则此箱内引线开路，若有电压，则可排除之。

若箱内电源引线开路，再测量 BD1 与 XB1-7 间的电压：若无电压，则故障点为"124"；若有电压，则故障点为"127"。

4. 查找"公共引线"故障的方法

通过前面的测量确定此部分开路后，测量 Z4 与 XB1-16 端子间的电压：若无电压，则故障点为"133";若有电压,则故障点为"139"。

注:在测量过程中要清楚测量哪些端子时需要办理开放引导信号手续。

根据上面的分析,可得到引导白灯不点亮故障处理流程,如图 10-22 所示。

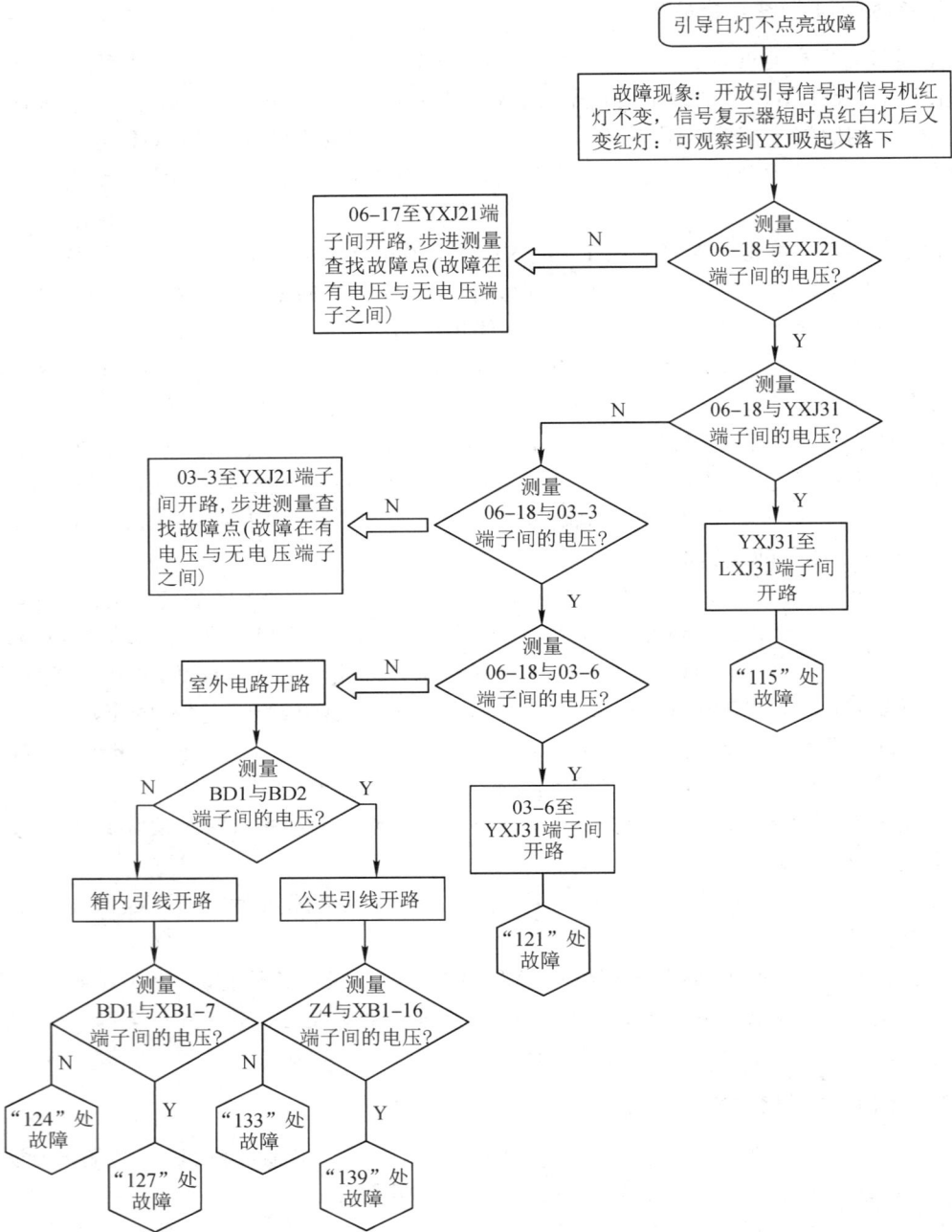

图 10-22　引导白灯不点亮故障处理流程图

问 题 思 考

1. 依照点灯电路图在考核系统的设备上做电路跑通的训练，直到给一个接线端子名称时能立即找到其实际位置。

2. 对照图 10－11（点灯电路支路划分指示图）弄清划分出 8 个支路的依据，明白每一个支路故障时的故障现象。深入思考一下，看看有无更好的办法能快速判断出故障支路，对书中给出的判断方法要做到真正理解。

3. 对书中给出的故障处理流程图在理解的基础上进行强化记忆，力争在短时间内能将其默写出来。

第十一章 城轨正线出站(防护)信号机综合故障处理

本章我们以地铁正线进站信号机(以下简称信号机,也可称为防护信号机)为例,介绍其控制电路综合故障(仅为开路故障)的处理,即针对信号机的控制电路可能出现的各类故障(包括驱动电路、采集电路故障等)进行综合性的研究。

下面结合全国城市轨道交通信号维护员技能大赛所使用的设备(智联友道的智能培训考核系统)及其电路来讲述,期望对想参加此大赛的读者有所帮助。

第一节 系统设备及电路原理简介

某地铁正线车站站场平面(部分)如图 11-1 所示,其中联纵北站出站信号机 X0111 为实际处理故障的对象(本考核系统的信号机故障除点灯电路开路故障外,还包括相关信号继电器的驱动电路和采集电路故障)。该信号机为三灯位(黄绿红)机构,可实现四信息显示:红灯、绿灯、黄灯和红黄灯(引导信号)。

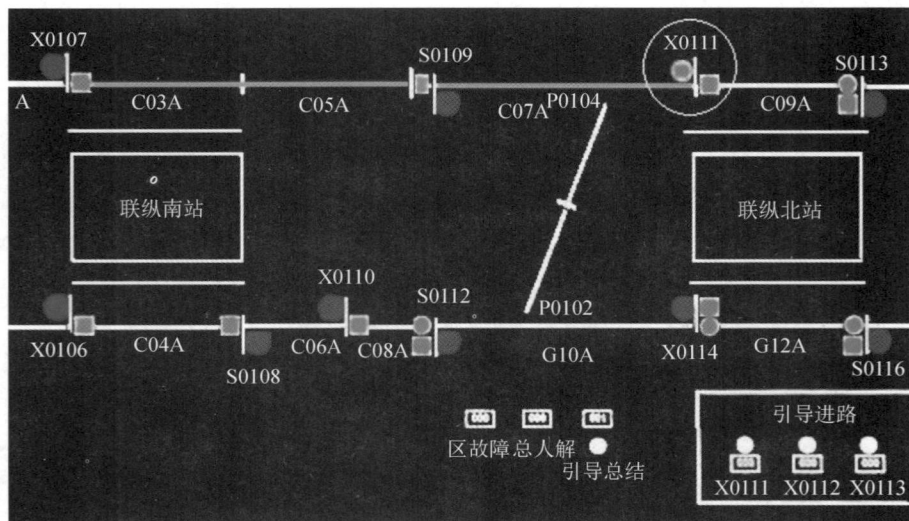

图 11-1 某地铁正线车站站场平面(部分)图

城市轨道交通中列车通常在 CBTC 控制下自动运行,其地面信号机同高铁的一样,平时处于停用灭灯状态(由 DDJ 点灯继电器(也有人称之为到达继电器)的前接点切断点灯电源实现)，启用时使 DDJ↓，开启后信号机点亮红灯。当以此信号机为始端开通直线方向发车进路(又称主要方向发车进路)后点亮绿灯，开通道岔侧向发车进路(又称次要方向发车进路)时点亮黄灯，在无法开放绿灯的情况下为安全考虑可办理开放引导信号(红黄灯)。

一、针对信号机的相关操作

1. 开放信号和取消进路关闭信号

以信号机为始端建立发车进路开放信号的操作如下。

1) 办理直向发车进路(开放绿灯)

在菜单中单击"进路办理"按钮(按钮变成灰色，表明功能生效)，先后按压 X0111 的列车按钮和 S0109 的列车按钮(图中信号复示器边上的方形按钮)。进路锁闭后点亮白光带，若信号机能正常点亮绿灯(光带变为绿色)，则信号复示器也同时点亮绿灯。

2) 办理侧向发车进路(开放黄灯)

在菜单中单击"进路办理"按钮后，再先后按压 X0111 和 S0112 的列车按钮。同样，进路锁闭后点亮白光带，若信号机正常点亮黄灯(光带变为绿色)，则信号复示器也同时点亮黄灯。图 11-2 所示为系统界面操作菜单样式(局部)。

3) 取消建立的列车进路

在菜单中单击"取消"按钮，再按压 X0111 的列车按钮，进路即可被取消。

图 11-2　系统界面操作菜单
　　　　　样式(局部)图

4) 办理重复开放信号

信号机允许灯光电路出现故障时办理进路能使 LXJ↑，但因允许灯光不被点亮，LXJ 很快(约 2 s 左右)又会落下，使电路掉电，因此利用测量电压的方法查找故障时，需要在测量的同时办理重复开放信号手续(让 LXJ 重新吸起)，使电路能送出点灯电压，办理方法是：在菜单中单击"重启信号"按钮后，再按压 X0111 的列车按钮即可。

2. 开放和取消引导信号

在第一次办理引导信号前，系统需要先将"引导总锁闭"破封。破封之后，只要不重新启动系统，后面再需要时可直接办理。

1) "引导总锁闭"的破封操作

"引导总锁闭"破封操作的方法是：首先，在菜单中单击"引导开关"按钮，系统弹出"铅封按钮，请输入第一重密码"对话框；输入密码(默认为 1)后，单击"确定"按钮，系统再次进入"铅封按钮，请输入第二重密码"对话框；输入密码(默认为 1)后，单击"确定"按钮，对话框消失。

其次，在控制屏下方单击"引导总锁闭"按钮，"引导总锁闭"按钮由红色变为白色(同时按钮上方的计数器增加 1)。

2）开放引导信号

开放引导信号的操作方法是：在菜单中单击"引导信号"按钮，再在控制屏下方右侧的"引导进路"框中单击"X0111引导"按钮，系统弹出"引导进路，请输入第一重密码"对话框；输入密码（默认为1）后，单击"确定"按钮，对话框消失，X0111信号复示器点亮红黄灯，信号机点亮红黄灯。

在处理引导黄灯点灯电路的过程中，若需要重复开放引导，同此操作。

3）取消引导信号

对已经开放的引导信号需要取消时，其操作方法是：首先，在菜单中单击"人工解锁"按钮，系统弹出"人工解锁，请输入第一重密码"对话框；输入密码（默认为1）后，单击"确定"按钮，对话框消失；其次，按压X0111的列车按钮，引导进路取消成功。

二、信号机组合及组合架设备分布

1. 信号机组合

X0111信号机设备组合在11-9（1排1架第9层），其组合正面及背面视图如图11-3所示。组合内除了两个断路器外还有6个继电器，自左向右它们分别是DJ、LXJ、2DJ、YXJ、ZXJ和DDJ（点灯继电器）。

图11-3   X0111信号机设备组合正面及背面视图

2. 分线盘和接口端子板

1）分线盘

智能考核系统设备的分线盘设计在本组合架的第二层，其中左边第二块6位万可端子板由X0111信号机使用。分线盘端子结构及其端子功能分配如图11-4所示。

2）接口端子板

信号设备与联锁系统的连接通过接口端子完成，用于联锁系统对相关继电器的采集与

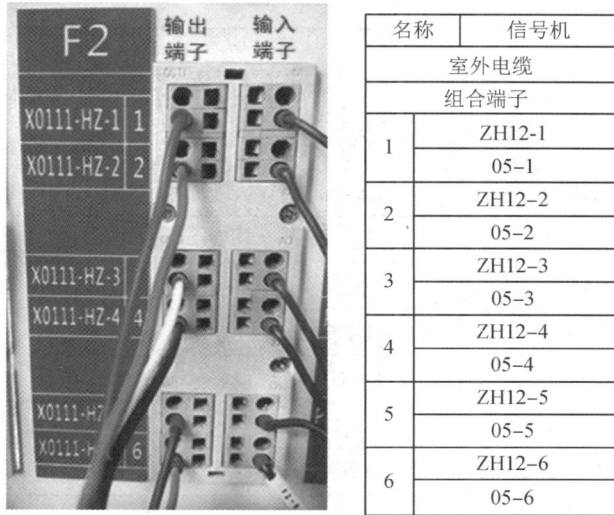

图 11-4 分线盘端子结构及其端子功能分配图

名称	信号机
室外电缆	
组合端子	
1	ZH12-1
	05-1
2	ZH12-2
	05-2
3	ZH12-3
	05-3
4	ZH12-4
	05-4
5	ZH12-5
	05-5
6	ZH12-6
	05-6

驱动的接口。此智能考核系统的接口端子板在组合架的第一层(最下面一层),共有 4 块,其中第二块由 X0111 信号机使用。其接口端子板在组合架的位置及结构如图 11-5 所示,其端子的功能分配见表 11-1。

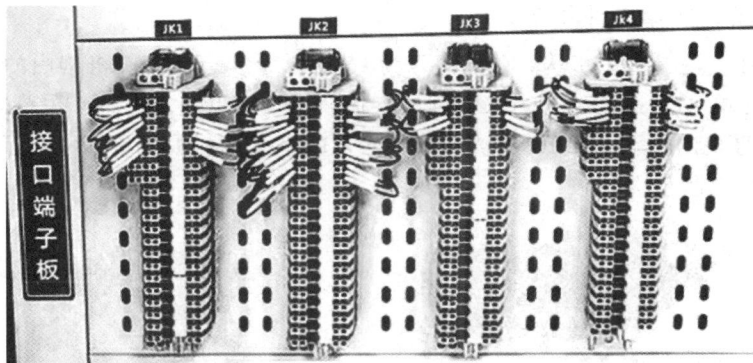

图 11-5 接口端子板在组合架的位置及结构图

表 11-1 用于信号机的接口端子板及端子功能分配表

	功 能	JK2		
		接线端子		
		(1)	(2)	(3)
1	驱动 DDJ-1	DDJ-1	1004-10	
2	驱动环线 AO-	JK1-2	1004-11	JK2-4
3	驱动 LXJ-1	LXJ-1	1001-15	
4	驱动环线 AO-	JK2-2	1001-16	JK2-6

功　能		JK2		
		接线端子		
		（1）	（2）	（3）
5	驱动 ZXJ-1	ZXJ-1	1004-3	
6	驱动环线 AO-	JK2-4	1004-4	JK2-8
7	驱动 YXJ-1	YXJ-1	1004-15	
8	驱动环线 AO-	JK2-6	1004-16	JK4-2
9	采集 DJ-12	DJ-12	1005-14	
10	采集 2DJ-12	2DJ-12	1005-15	
11	采集 LXJ-12	LXJ-12	1005-16	
12	采集 ZXJ-12	ZXJ-12	1005-17	
13	采集 YXJ-12	YXJ-12	1005-18	

三、信号机机构和终端盒

1. 信号机的结构及主要设备

X0111 信号机是三灯位机构，自上而下为"黄 U、绿 L、红 H"。机构内的后盖上装置了点灯单元，点灯单元通过终端盒（HZ12）与室内连接，室内送入点灯单元的点灯电压是AC 110 V。信号机的光源是 LED 发光盘。信号机的室外结构如图 11 - 6 所示，灯位机构内部设备如图 11 - 7 所示。

图 11 - 6　信号机的室外结构

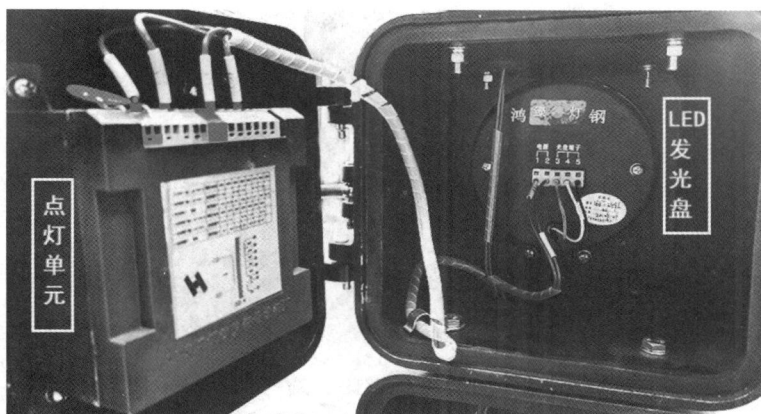

图 11 - 7　灯位机构内部设备图

2. 灯位机构内部设备的连接

点灯单元与发光盘的连接如图 11 - 8 所示，图中点灯单元左侧的两根线(2 号和 4 号)为点灯电源输入线，室内送来的 AC 110 V 电压通过点灯单元内的变压器调整输出为 AC 37 V 电源，再经点灯单元 9-12 号端子引出至 LED"控制盒"(接入 1-2 端)，控制盒内的整流单元将电压转换为 DC 30 V 电源送入发光盘 LED 灯珠，使之发光。

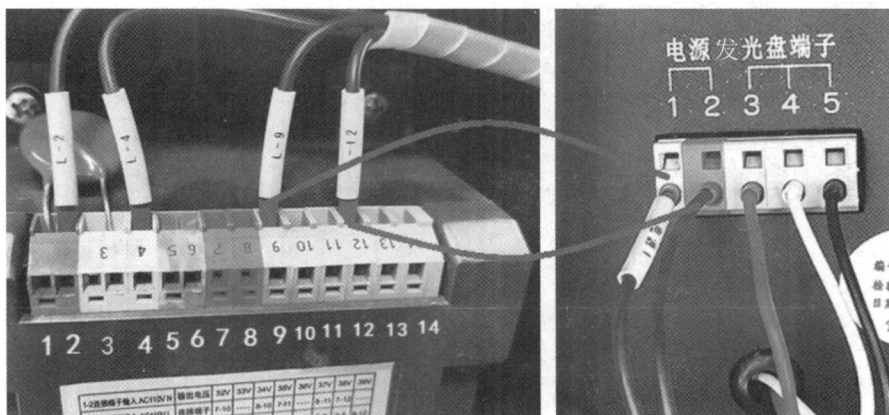

图 11 - 8　点灯单元与发光盘的连接示意图

控制盒上的"3、4、5"号端子为控制盒输出至灯盘的电源接线端子，5 号端子是公共端子，3 号和 4 号端子分别为 70% 和 30% 的发光灯珠点亮时的电源输出端。正常情况下"3、5"号和"4、5"号端子间的电压值在直流 30 V 左右。

3. HZ12 终端盒内端子的功能分配

图 11 - 9 所示为 X0111 信号机使用的 HZ12 终端盒内端子实物。面对信号机，接线端子的编号自左向右依次为"1～12"，近侧为电缆接入端子，外侧是去信号机机构的引线。对照信号机配线图各端子的分配是："1、2"为 U、UH 引线；"3、4"为 L、LH 引线；"5、6"为 H、HH 引线。

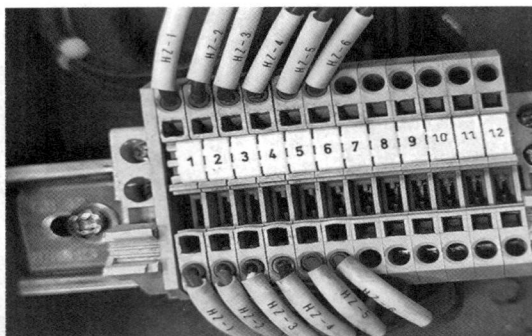

图 11-9　X0111 信号机用 HZ12 终端盒内部端子实物图

四、点灯电路的控制原理

图 11-10 所示为 X0111 信号机的点灯电路原理。

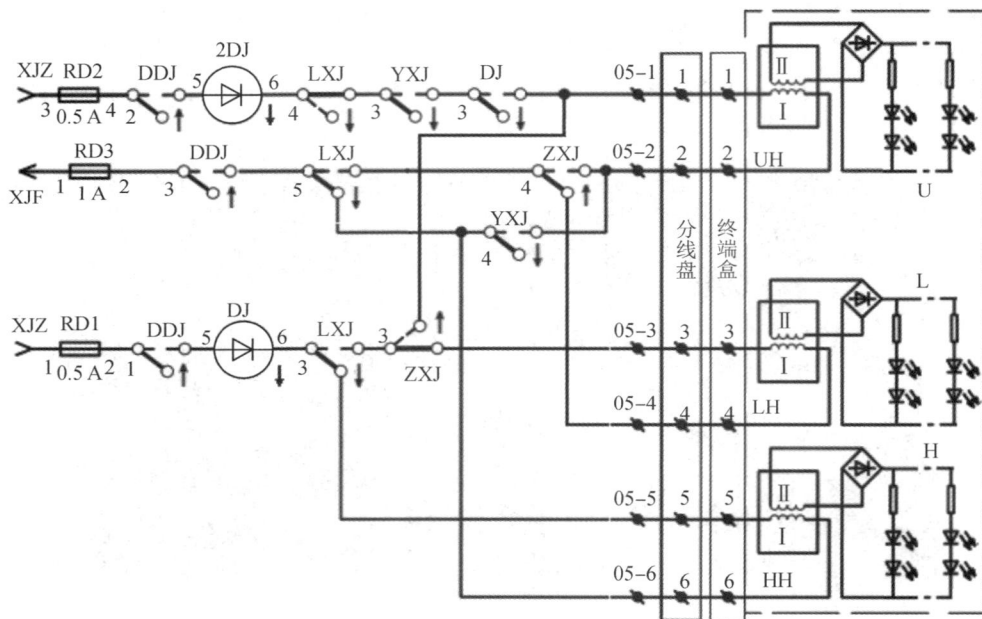

图 11-10　X0111 信号机点灯电路原理图

下面给出各显示灯光的逻辑条件和点灯通路接通公式(这里依照点灯原理图给出,带故障点的配线电路图将在后面的故障处理讲解中给出,读者主要理解点不同灯光时的控制条件)。

(1)点亮红灯的逻辑条件是:

$$(DDJ\downarrow) \cdot (LXJ\downarrow) \rightarrow H\ 灯点亮 \rightarrow DJ\uparrow$$

电路通路公式如下:

XJZ—06-17—RD1 1-2—DDJ11-13—DJ5-6—LXJ31-33—05-5(分线盘—终端盒—点灯单元)—05-6—LXJ53-51—DDJ33-31—RD32-1—06-18—XJF

（2）点亮绿灯的逻辑条件是：

(DDJ↓)·(LXJ↑)·(ZXJ↑)→L 灯点亮→DJ↑

电路通路公式如下：

XJZ—06-17—RD1 1-2—DDJ 11-13—DJ 5-6—LXJ 31-32—ZXJ 31-32—05-3（分线盘—终端盒—点灯单元）—05-4—ZXJ 41-42—LXJ 52-51—DDJ 33-31—RD3 2-1—06-18—XJF

（3）点亮黄灯的逻辑条件是：

(DDJ↓)·(LXJ↑)·(ZXJ↓)→U 灯点亮→DJ↑

电路通路公式如下：

XJZ—06-17—RD1 1-2—DDJ 11-13—DJ 5-6—LXJ 31-32—ZXJ 31-33—05-1（分线盘—终端盒—点灯单元）—05-2—ZXJ 41-43—LXJ 52-51—DDJ 33-31—RD3 2-1—06-18—XJF

（4）引导时点亮黄灯的逻辑条件是：

(DDJ↓)·(LXJ↓)·(YXJ↑)·(DJ↑)·(ZXJ↓)→U 灯点亮→2DJ↑

引导时黄灯电路通路公式如下：

XJZ—06-17—RD2 1-2—DDJ21-23—DJ5-6—LXJ41-43—YXJ31-32—DJ31-32—05-1(分线盘—终端盒—点灯单元)—05-2—YXJ41-42—LXJ53-51—DDJ33-31—RD32-1—06-18—XJF

开放引导信号时红灯点灯电路与禁止信号的红灯点灯电路相同。

由于引导黄灯点亮需要 DJ↑条件，而此时的 DJ↑也表明红灯在正常点亮状态，因此若在引导黄灯点亮的情况下，红灯因故熄灭，则 DJ 会落下而使引导黄灯熄灭。

五、驱动、采集电路简介

控制点灯电路的相关信号继电器的动作是由计算机联锁系统检查驱动的。同时，为检查联锁条件及满足对信号机状态的监督控制等需要，联锁系统对相关继电器的状态进行实时采集，以随时给出各种表示或报警信息。

联锁系统对信号继电器的控制称为驱动，继电器电路与联锁系统的驱动联系电路称为驱动接口电路(简称驱动电路)。联锁系统对继电器状态的采样称为采集，它们之间的联系电路称为采集接口电路(简称采集电路)。驱动和采集接口电路如图 11-11 所示。

1. 驱动电路

联锁系统对 X0111 信号机所要驱动的对象有 4 个：DDJ、LXJ、ZXJ 和 YXJ(其中本考核系统对 DDJ 的驱动没有预设故障)。

当需要驱动某继电器吸起时，联锁系统输出直流 24 V 驱动电源，经接口端子板到信号组合，加在被驱动继电器的 1-2 线圈上使其吸起。"A0＋"连接驱动电源的正极，"A0－"连接驱动电源的负极。当驱动电路发生故障(线路开路或继电器 1-2 线圈断开)时，可根据"开路点之间有电压"这一规律，利用万用表直流 25 V 挡测量电压查找开路点。

1) LXJ 的驱动时机

当办理列车进路需要开放信号时，驱动 LXJ↑，信号机开放黄灯或绿灯，信号机点亮

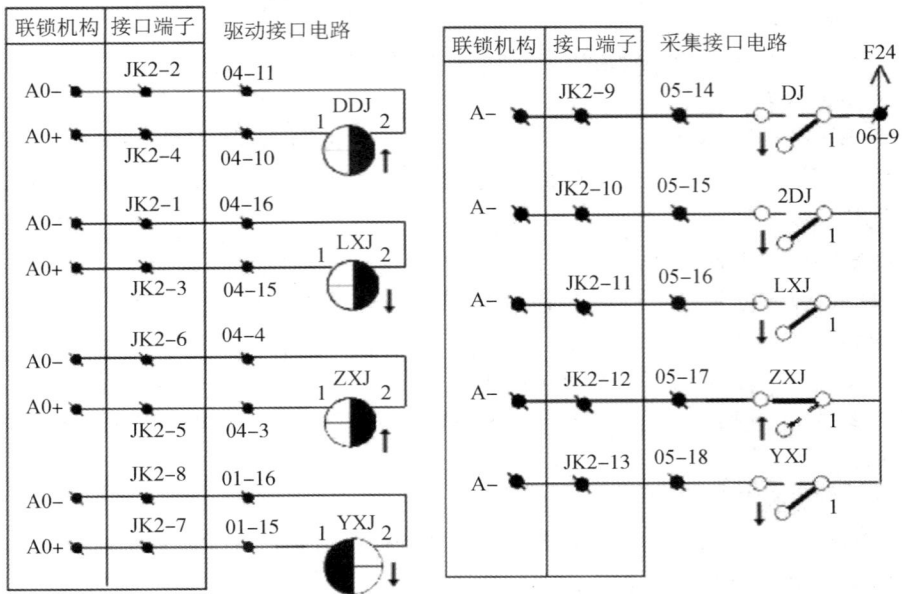

图 11-11　驱动和采集接口电路图

黄灯还是绿灯由 ZXJ（正线继电器）的状态决定。

联锁系统对 LXJ 发出驱动命令，其中一个前提条件是：信号机的禁止灯光完好（在正常点亮红灯状态，以 DJ↑ 为条件），否则不会发出驱动命令。就是说，若信号机处于灭灯状态，则信号是不能开放的。

2）ZXJ 的驱动时机

当出站方向上的进路道岔（对向道岔）开通的方向是正线时，联锁系统就会驱动其吸起（不一定在建立进路时）。由于道岔的定位状态通常是开通直线的，因此它在电路中的状态是吸起的。

在 LXJ 吸起后若 ZXJ↑，则信号机可点亮绿灯，否则点亮黄灯。正因为如此，有一个故障现象需要引起重视，就是：如果故障出在 ZXJ 的驱动电路，当建立正线发车进路时，LXJ 能吸起但因 ZXJ 不能被驱动（ZXJ↓），那么信号机会错误地点亮黄灯（正常应该点亮绿灯），但约 2 s（大约为 LXJ 缓放时间）后，信号机又会改点红灯。因为联锁系统对 ZXJ 发出驱动命令后，就要采集 ZXJ 的前接点信息以证明"命令与执行结果的一致性"，但因故 ZXJ 未吸起，为保证安全，联锁系统就会停止对 LXJ 的驱动，从而使 LXJ 落下，关闭信号。

这就是说，我们在办理了正线发车进路后（进路也已经锁闭），如果发现信号机点亮了黄灯之后又改点红灯现象，就可以判定故障在 ZXJ 的驱动电路中。

3）YXJ 的驱动时机

YXJ 只有在办理开放引导信号时才会被驱动吸起。为防止信号显示升级，联锁条件决定若信号机在灭灯状态，则不允许开放信号（当然也包括引导信号）。

2. 采集电路

联锁系统对信号机需要采集的对象有 5 个：DJ、2DJ 及 LXJ、ZXJ 和 YXJ 3 个信号继电器。

系统开机后采集电路就开始工作了。采集电路通过公共回线将采集到的负端电源(F 24 V)接入信号机组合的侧面端子06-9上，经过采集继电器的接点(多为前接点)通过接口端子再接入联锁系统。如果采集电路正常，联锁系统的采集板就能感知电流通过，依据此电流，联锁系统便判定所采集的对象电路是接通的，否则就判定为断开。如果采集的是继电器的前接点，若能采集到信息(电流)，则表明此继电器为吸起状态；若不能采集到信息，则给出此继电器落下的联锁数据。

采集电路如果有开路故障，可用万用表直流25 V挡，将负表笔放在06-9端子上，正表笔步进测量各端子点，开路点在有无压与无电压端子之间。

第二节　故障位置造成故障现象的分析

在学习综合故障处理之前，我们先对不同故障位置下所造成的故障现象进行理论上的分析，并从中总结出规律性的结论。这样，在处理故障时就可通过这些规律推断故障出现的范围或准确确定故障对象。

下面对信号机的三种电路(点灯电路、驱动电路和采集电路)分别予以讨论。

一、各点灯电路重叠支路分析

图11-12所示为X0111信号机四种灯光电路的支路划分指示图(图中只画出了关键性节点处的继电器接点，其他对象省略)。其中红灯的点灯通路如图中粗实线所示，绿灯点灯

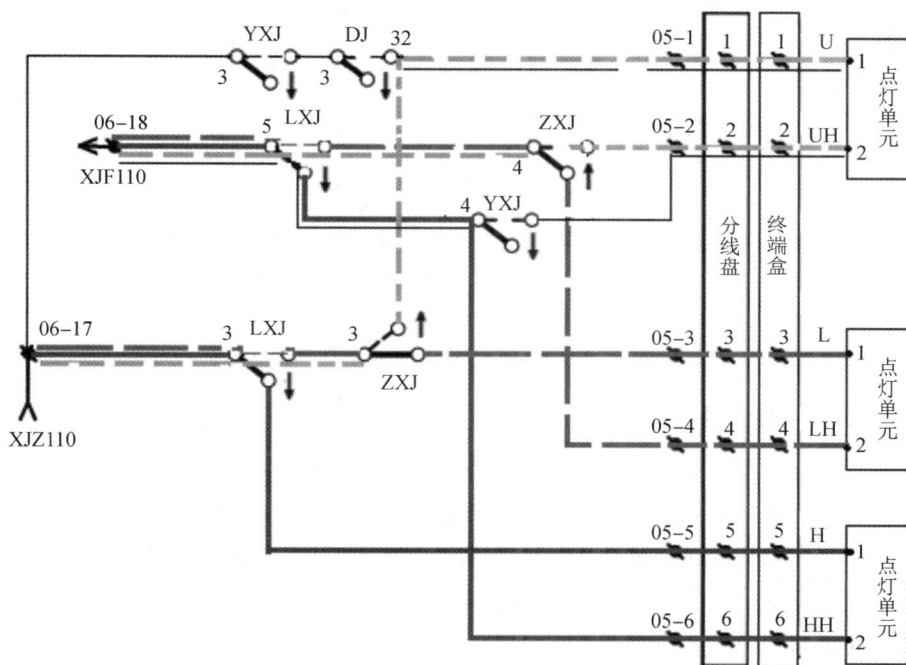

图11-12　X0111信号机四种灯光电路的支路划分指示图

通路如图中长虚线所示，单黄灯点灯通路如图中短虚线所示，引导信号时的黄灯点灯通路如图中细实线所示。

从图 11-12 中可以直观地看到，不同的灯位有其独立的支路，但更多的部分都或多或少地存在与其他电路的重叠。可以想象，当重叠部分的支路发生故障时，自然就会同时影响与之所重叠的点灯电路。当然，如果某灯光点亮电路在非重叠的部分发生故障，自然也只能影响这个灯光的点亮。根据这个特点，如果某灯光不能点亮，假如能够确定与之有重叠电路的灯光能点亮，就表明故障在非重叠的支路部分，这样我们就能通过试验大大地缩小故障范围。可见，对电路做这种分析于故障的处理是有一定意义的。

根据重叠电路的对象不同及重叠支路的多少不同，并将影响对象相同的归为一组，就可划出 8 条支路(或 8 个支路区间)，如图 11-13 所示。

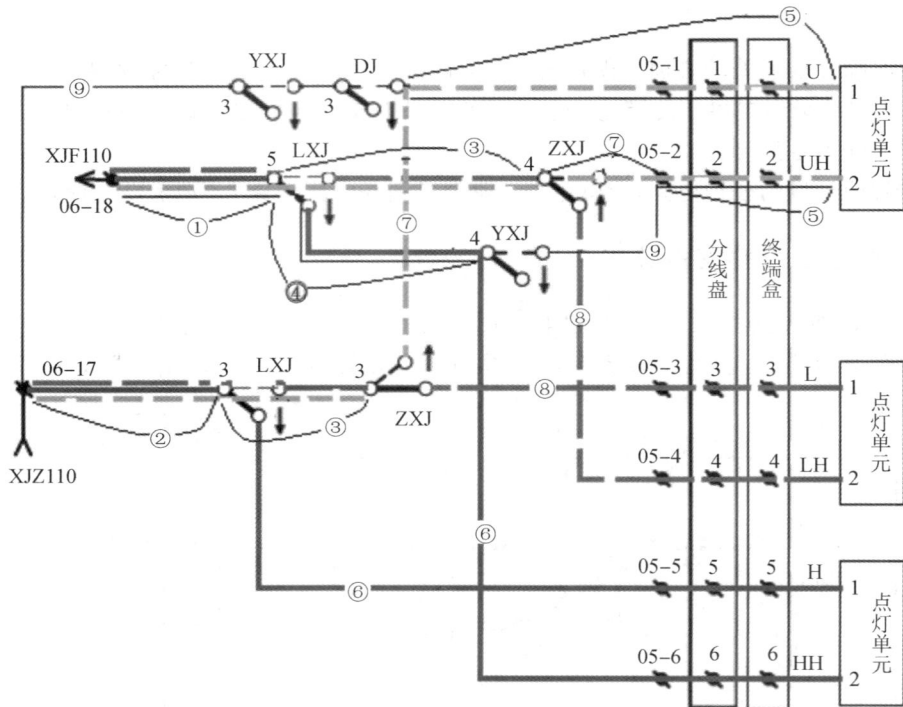

图 11-13 8 个支路区间划分指示图

1. 红灯点灯电路支路分析

红灯一旦不能点亮，无论其故障出在哪部分电路，尽管在点灯电路中不影响其他灯位，但都不能再开放其他信号(LXJ、YXJ 不能吸起)，这是由联锁系统限定的。即故障一旦使红灯不能点亮，就要处理红灯故障(这时无法进行盘面压缩)。为了能快速找到故障点，必须先测量关键节点处，以快速确定故障支路的范围。因此，就这一点而言，划分出这些支路进行讨论对快速处理故障也是非常有必要的。

(1) 图 11-13 中②所示的支路即为 06-17 部分，它是 4 种灯光显示的共同支路(LXJ31 是其节点)。在处理其他点灯电路故障时，此支路就不用再做排除故障的测量了。

(2) 图 11 - 13 中①所示的支路即为 06-18 至 LXJ51 部分，它是除引导黄灯外其他 3 种灯光显示的重叠支路(LXJ51 是其节点)。在处理绿灯和黄灯点灯电路故障时，此支路也不用再做排除故障的测量了。

结论：在处理红灯之外的电路故障时，可以排除①②支路开路。

(3) 图 11 - 13 中④所示的支路即为 LXJ51 至 YXJ41 部分。可见①④是引导信号时与红灯的共同支路(YXJ41 是其节点)。即在处理引导黄灯不能点亮的故障时，就可将 06-18 至 YXJ41 的支路故障的可能性排除掉(此部分支路无故障)。

(4) 图 11 - 13 中⑥所示的支路即为红灯电路的独立部分(可将其细分为室内和室外两部分)。

在查找红灯电路故障时，先分支路排除。例如，在 06-18 上借 XJF 电源分别测试各支路节点 LXJ31、05-5、05-6、YXJ41 及 LXJ51 点的电压，开路点在有电压与无电压的两个节点之间。在确定出故障支路后再逐点步进测量，如此即可快速找到故障点。

若在测量 05-5 时有电压而测量 05-6 时无电压，则表明故障在室外。这时再去测量分线盘端子 5、6 的电压，若有电压，再去测量终端盒端子 5、6 的电压，依照这个思路很快就能找到故障点。具体的处理方法或测量过程在接下来的内容中讲述。

2. 绿灯点灯电路支路分析

绿灯电路除与红灯电路有重叠外，与黄灯(单黄灯)也有重叠(如图中的③支路部分：LXJ31 至 ZXJ31 和 LXJ51 至 ZXJ41)。在实际进行故障处理时，可以开放一下黄灯试验：若黄灯也不能点亮，则故障在绿灯与黄灯电路的重叠部分；若能点亮黄灯，则表明故障在绿灯电路的独立部分(如图中的⑧支路所示)，这样操作试验后可以较大范围地压缩故障区域。

在本考核系统上进行故障处理考核时，可以不用专门做压缩试验，否则会占用一定的时间。当然，如果在发现绿灯故障前已办理过开放黄灯信号且正常，就记下这个结论，作为用于处理绿灯故障时的依据条件。

如果不进行开放黄灯试验而选择直接测量，就要先判断故障在哪一部分，具体方法是：借 06-18 处的 JXF 电源(借这个点的主要原因是此点容易确认，因它是侧面端子板的最后一个端子)，分别测量节点 ZXJ31、05-3、05-4、ZXJ41 的电压，开路点在有电压与无电压的两个节点之间。确定出故障支路后再逐点步进测量，找到故障点。

若在测量 05-3 时有电压而测量 05-4 时无电压，则表明故障在室外。

3. 黄灯点灯电路支路分析

黄灯点亮电路与绿灯的重叠较多，如果发现在黄灯不能点亮之前建立过正线发车进路且绿灯能正常点亮，那么故障在⑤和⑦支路上(ZXJ31 和 ZXJ41 至室外点灯单元部分)。如果在查找黄灯不能点亮的故障之前，试验时也不能开放绿灯，那么就按绿灯电路故障去查找故障点，且可知故障在③支路(LXJ31 至 ZXJ31 和 LXJ51 至 ZXJ41)上。

假设在处理黄灯电路故障前没有进行开放绿灯试验，而是直接测量查找，那么应先测量支路节点处的电压，即找到故障的支路，具体方法是：

在 06-18 处借 XJF 电源，先后分别测量 ZXJ31、DJ32、05-1、05-2、ZXJ41（当然，当测量到某点无电压时就能知道故障的支路了，后面的点无须再测量）。如果在测量 05-1 时有电压，而测量 05-2 时无电压，那么表明故障不在组合内，而在组合外的部分电路中。

注：在实际生产工作中，建议在处理黄灯或绿灯点灯电路故障时，最好先开放绿灯或黄灯试验。这样可以最快速地确定故障范围。竞赛时是否试验根据个人情况选择。

4. 引导黄灯点灯电路支路分析

引导黄灯电路与点单黄灯时的电路大部分是重叠的，因此，在处理引导黄灯点灯电路故障前最好做开放黄灯试验，毕竟办理站线发车进路用时比较短，且试验确定黄灯正常，也能确保所查出故障点的准确性。

如果试验黄灯能开放，那么引导黄灯电路的故障只能在⑨支路（06-17 至 DJ32 和 YXJ41 至 05-2）上。其具体处理方法如下：

在 06-18 处借 XJF 电源，先测量 YXJ31，如果没有电压，则故障就在 06-17 至 YXJ31 之间，接着步进查找故障点即可（这时的测量不需要开放引导信号）；如果有电压，再在 YXJ31 至 DJ32 和 YXJ41 至 05-2 之间查找故障点（这时的测量需要开放引导信号）。

二、驱动/采集电路故障的现象分析

本考核系统只对 LXJ、ZXJ 和 YXJ 3 个信号继电器驱动电路设置了预设故障点。采集的对象除了前面这 3 个信号继电器外，还要采集 DJ 和 2DJ 的状态（全部采集它们的第一组前接点）。本考核系统对每个采集对象的电路都预设了开路故障。

如果是驱动或采集电路开路，那么通过什么现象来区分哪个电路有故障以及故障的对象是什么呢？下面对此做简单介绍。

1. LXJ 的驱动/采集电路故障

1）LXJ 的驱动电路故障

如果是 LXJ 的驱动电路发生故障，那么在办理发车进路时信号机不能点亮允许灯光。LXJ 的驱动电路故障比较明显的现象是 LXJ 不动作，以及信号机一直点亮红灯（没有出现短时间熄灭又点亮的现象）。

另外，本考核系统中光带有两种显示颜色，即白光带和绿光带。若进路锁闭且 LXJ 能吸起，则会点亮绿光带；若道岔能锁闭但 LXJ 不能吸起，则进路只点亮白光带。根据这一现象也能区分出是点亮电路故障还是 LXJ 驱动电路故障。

2）LXJ 的采集电路故障

如果是 LXJ 的采集电路发生故障，那么在办理发车进路时信号机能点亮允许灯光（正线出站为绿灯，侧线出站为黄灯），但很快又会自动关闭（改点红灯）。仔细观察可以发现 LXJ 吸起后又落下，进路也只点亮白光带。

因为在 LXJ 吸起后用其前接点就能点亮信号机（LXJ 有缓放时间），但由于采集电路故障联锁系统无法采集到 LXJ 的状态信号信息，所以为了实现"故障—安全"原则，联锁系统就会停止对 LXJ 的驱动，使信号机关闭。由于联锁系统判断能否开放信号是通过采集 LXJ 的吸起信号进行的，当它不能采集 LXJ 的状态时就会认为信号不能点亮允许灯光，故光带不会变成绿色。同样，信号复示器能否点亮允许灯光也是通过采集 LXJ 的状态确认的，如果采集不到 LXJ 的吸起状态，就不能点亮复示器的允许灯光。

2. ZXJ 的驱动/采集电路故障

1）ZXJ 的驱动电路故障

在排列正线发车进路（点亮绿灯）时，ZXJ 是要被驱动吸起的，若因故障 ZXJ 不能驱动，则在开放绿灯时，信号机会短时点亮一下黄灯（因 LXJ↑，ZXJ↓时信号机会接通黄灯电路，且 LXJ 有一定的缓放时间）。仔细观察还可见信号复示器有短时点亮红灯现象。

如果在建立正线发车进路时（进路点白光带），信号机出现了黄灯点亮又点红灯的情况，再结合观察 ZXJ 动作情况，则可以肯定 ZXJ 的驱动电路出现了开路故障。造成信号复示器短时点亮红灯现象是 LXJ 吸起切断了红灯电路，联锁系统并没有采集到开放绿灯的条件，于是联锁系统就判断信号机灭灯。

2）ZXJ 的采集电路故障

若 ZXJ 的采集电路发生故障，则信号机出现短时间点亮绿灯又改点红灯现象，这与开放绿灯时 LXJ 采集电路的故障现象相同。即在开放绿灯信号时，LXJ 采集故障与 ZXJ 采集故障的现象是相同的，因此为了区别就需要再办理开放黄灯试验，若黄灯开放正常，则说明故障为 ZXJ 采集电路故障。

3. YXJ 的驱动/采集电路故障

1）YXJ 的驱动电路故障

若 YXJ 的驱动电路发生故障，则在办理引导信号时信号机保持红灯不变，这时需要通过观察组合内 YXJ 的动作情况来确认。

2）YXJ 的采集电路故障

若 YXJ 的采集电路发生故障，则在办理引导信号时 YXJ 能正常吸起，信号机短时间内可点亮红黄灯，但很快又恢复红灯。因为在联锁系统采集不到 YXJ 的吸起状态信息后，就认为引导黄灯没有点亮，为了实现"故障—完全"原则，联锁系统停止对 YXJ 的驱动而使 YXJ 落下，从而使引导黄灯熄灭。

4. DJ 的采集电路故障

当 DJ 的采集电路发生故障时是不能开放其他信号的，且信号机一直处于红灯状态（无论有无办理进路），联锁系统视之为信号机灭灯，故控制台会有灯丝报警现象，且信号复示器闪红灯。如果发现信号机点亮红灯而信号复示器闪红灯且 DJ 吸起，则可断定为 DJ 的采集电路出现了故障。

5. 2DJ 的采集电路故障

2DJ 是在开放引导信号时，用来监测引导黄灯点亮状态的。当 2DJ 的采集电路发生故障时，在开放引导信号后，由于 YXJ 能正常吸起，故信号机可点亮引导黄灯，但很快又会熄灭。因为在联锁系统采集不到 2DJ 的吸起状态信息后，就认为引导黄灯没有点亮，为实现"故障—完全"原则，联锁系统停止对 YXJ 的驱动而使 YXJ 落下，从而使引导黄灯熄灭。

从故障现象可知，2DJ 与 YXJ 的采集故障所表现出来的故障现象是相同的，即在开放引导信号时，若发现信号机点亮红黄灯后又改点红灯，则故障的对象可能是 2DJ 也可能是 YXJ 的采集电路。这时要确定故障对象就要通过测量两者的采集电路来判断了。

第三节　故障的综合处理及其流程

上一节我们分析了考核系统各部分电路（点灯电路、驱动和采集电路）的故障现象，本节我们结合故障现象分析故障范围，确定故障对象以及对如何查找故障点做综合性的讲解，并以故障造成信号机最终不能正常点亮某一灯光为线索，分成四大类故障现象来讨论，即红灯不能正常点亮、单黄灯不能正常点亮、绿灯不能正常点亮引导黄灯不能正常点亮等故障。

图 11-14 所示为考核系统中带预设故障点编号的点灯电路。注意，在考核时对继电器的接点及其 DJ、2DJ 线圈都会设置真实的开路故障（所标识的预设故障点是通过系统设置的），因此在查找故障点时要将继电器接点及其线圈开路故障考虑进来，驱动和采集电路也是如此。

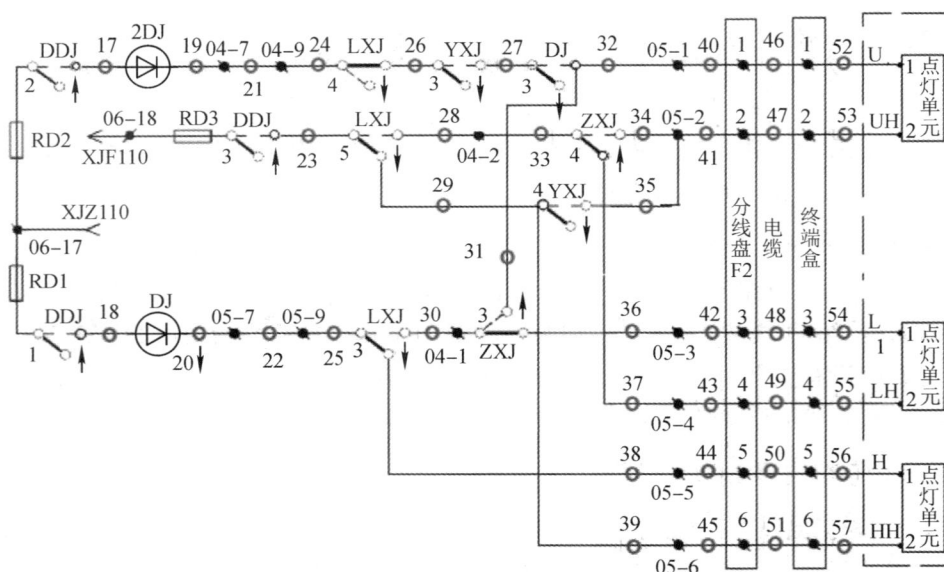

图 11-14　考核系统中带预设故障点编号的点灯电路图

图 11-15 所示为考核系统中带预设故障点编号的驱动和采集电路。

注：在后面的故障处理方法讲解中，没有预设故障点的支路未纳入故障查找对象之列。

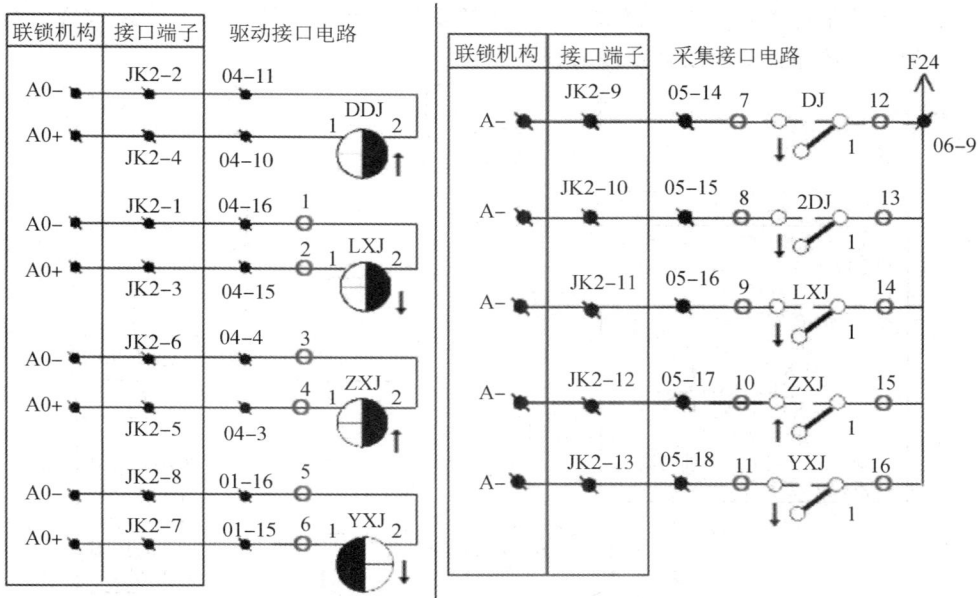

图 11 - 15 考核系统中带预设故障点编号的驱动和采集电路图

一、红灯不能正常点亮故障

1. DJ 采集电路故障

如果发现信号机的红灯正常点亮而信号复示器闪红灯(如果闪红灯不明确,可以试着关闭跳出的报警对话窗口,若关掉后又重新弹出,则可确定),可以确定故障发生在 DJ 采集电路中。这里尽管信号机能正常点亮红灯,但因为联锁系统采集不到 DJ 的吸起信息,认为信号机在灭灯状态,所以会发出信号机灭灯的报警信息,并使信号复示器闪红灯。

DJ 采集电路故障点的查找方法如下:

将 25 V 直流电压表挡的黑表笔放在 06-9 上(采集公共的负电源端),红表笔测量 DJ12 和 DJ11 判断。在测量 DJ12 时,若无电压,则故障点为"7";若有电压,再测量 DJ11。测量 DJ11 时如果无电压,那么故障点为"DJ 第一组接点";如果有电压,那么故障点为"12"(对照图 11 - 15 理解)。

注:其他继电器采集电路的故障点查找方法与此相同,后面不再单独讲解。

2. 红灯点灯电路(信号机灭灯)故障

若发生信号机灭灯故障,则可在 06-18 端子上借 XJF 电源测量各支路节点处的电压,步骤是:先确定出故障支路,当故障支路确定后,接着在故障支路内逐点测量;若发现支路内为从有电压到无电压(从 XJZ 至 XJF 方向步进测量),则为该支路开路。当确定为组合外电路发生故障时,应再测量分线盘和电缆盒端子的电压。

注:(1) 在现场处理开路故障时,通常要先测量分线盘以区分是室内还是室外故障。

(2) 对本考核系统,若电缆设有开路故障,则需要借第三根引线查找电缆开路故障点。

图 11 - 16 所示为信号机灭灯及 DJ 采集电路故障的处理流程。注意,后面所给出的流

程图中没有考虑继电器接点的开路故障，若考核系统包含继电器接点的开路故障，则只是在中间增加一些测量点，而故障处理流程不变。

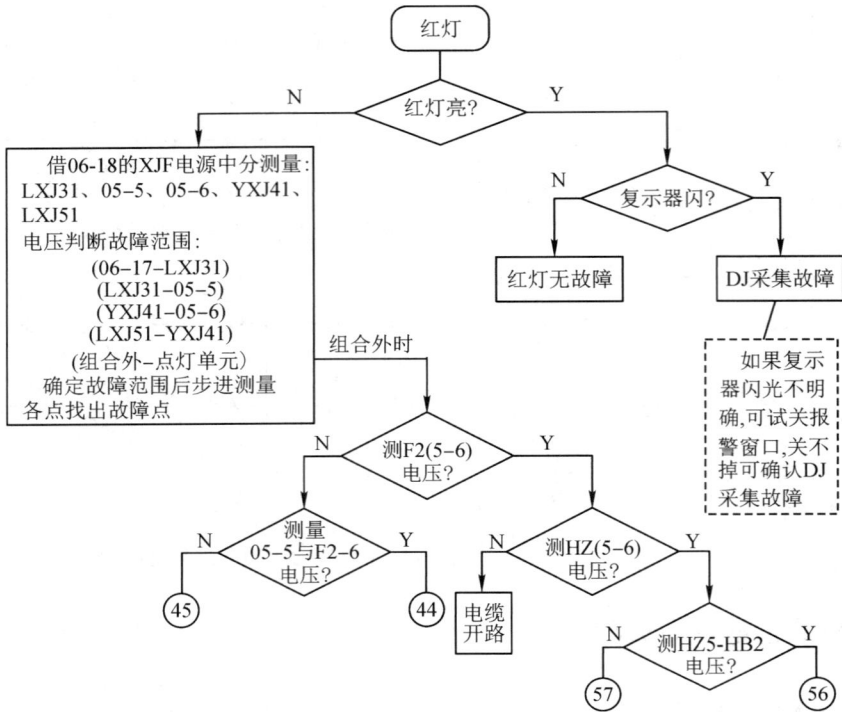

图 11-16　信号机灭灯及 DJ 采集电路故障处理流程图

二、单黄灯不能正常点亮故障

如果在办理侧线出站进路时黄灯不能正常点亮，就需要注意观察三种现象，以便确定故障对象：一是看信号机灯光点亮情况（是一直亮红灯还是中间有亮黄灯后又改点红灯）；二是观察 LXJ 的动作情况（是否吸起后又落下还是从不吸起）；三是观察光带颜色（白光带还是绿光带）。

如果 LXJ 不吸起，信号机一直点亮红灯，则可判定为 LXJ 驱动电路故障；如果 LXJ 吸起又落下，信号机中间短时间内点亮过黄灯，则可判定为 LXJ 采集电路故障；如果 LXJ 不曾吸起过，信号机一直点亮红灯（进路亮白光带），则可判定为黄灯点灯电路故障。

如果在之前办理过正线出站进路（开放过绿灯信号），那么，LXJ 驱动或采集电路的故障就会表现为绿灯不能正常点亮。

图 11-17 所示为单黄灯不能正常点亮故障处理流程。

LXJ 采集电路故障的查找方法与前面讲过的 DJ 采集电路相同，这里不再重述。下面简述 LXJ 驱动电路故障的查找方法。

将 25 V 直流电压表挡的黑表笔放在 04-16 端子上，红表笔分别测量 LXJ1、LXJ2 的电压（测量时需要办理重开信号手续，即让系统供出驱动电源）判断（对照图 11-15 理解）。

（1）测量 LXJ1 点的电压时，若无电压，则故障点为"2"；若有电压，则再测量 LXJ2 点的电压。

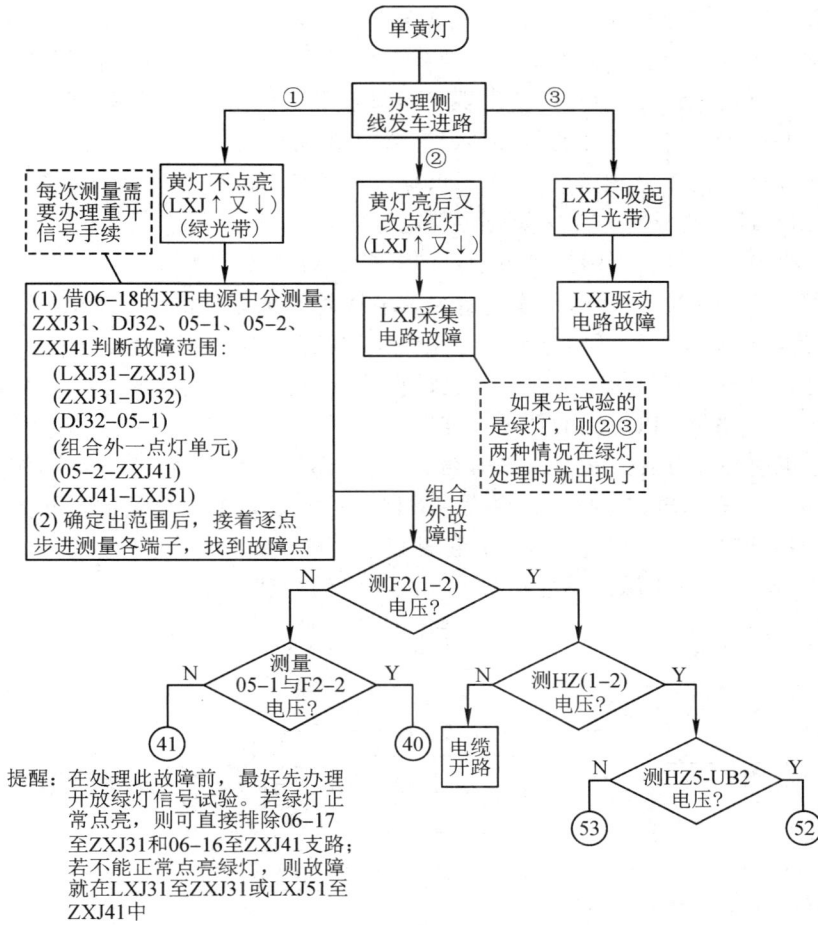

图 11-17　单黄灯不能正常点亮故障处理流程图

（2）测量 LXJ2 点的电压时，若无电压，则故障为"LXJ 线圈开路"；若有电压，则故障点为"1"。

继电器驱动电路故障的查找方法与此相同，这里不再重复表述。

三、绿灯不能正常点亮故障

如果在办理正线出站进路时，绿灯不能正常点亮，也需要注意观察四种现象，以便确定故障对象：一是看信号机灯光点亮情况（是一直亮红灯还是中间有亮绿灯后又改点红灯；或者是否有短时亮黄灯又改点红灯）；二是观察 LXJ 的动作情况（是否吸起后又落下还是从不吸起）；三是观察 ZXJ 的动作情况（是否吸起后又落下还是从不吸起）；四是观察光带颜色（白光带还是绿光带）。

首先记住一种现象，建立正线发车进路后尽管信号机不能正常点亮绿灯，如果光带为绿色就基本可以确定为点灯电路故障，如果光带为白色，就基本可以确定为 LXJ 或 ZXJ 的驱动或采集电路故障。重点观察信号机的显示和 LXJ 与 ZXJ 的动作现象。

注：有的联锁系统中可能不区分白光带与绿光带的情况，只要进路锁闭都是绿光带。

这种情况下要细心观察信号机与 LXJ 和 ZXJ 的动作情况。

若是绿灯不能正常点亮故障，则在办理开放绿灯信号时，具体存在下列四种现象之一。

（1）信号机只点亮红灯（中间不会出现点绿灯或黄灯情况），且 LXJ 未动作，而 ZXJ↑又↓（进路亮白光带）。出现此种现象可判定为 LXJ 驱动电路故障。

（2）信号机只点亮红灯（中间不会出现点绿灯或黄灯情况），且 LXJ 和 ZXJ↑又↓（进路亮绿光带）。出现此种现象可判定为绿灯点灯电路故障。

（3）信号机由亮红灯转点绿灯又改点红灯，且 LXJ 和 ZXJ↑又↓（进路亮绿光带）。出现此种现象可判定为 LXJ 或 ZXJ 采集电路故障；接着可再办理侧线发车进路（开放黄灯信号）试验，若黄灯正常点亮则可判定为 ZXJ 采集电路故障。若出现信号机短时点亮黄灯又改点红灯，则可判定为 LXJ 采集电路故障（这时直接在黄灯下查找此故障点，不必再取消进路改办正线发车进路了，以免影响处理速度）。

（4）信号机由亮红灯转点黄灯又改点红灯，且 LXJ↑又↓，而 ZXJ 不动作。出现此种现象可判定为 ZXJ 驱动电路故障。如果没有看清信号机点灯的变化情况，可以再办理侧线发车进路（开放黄灯信号），观察黄灯是否正常点亮来确认。

图 11-18 所示为发生绿灯不能正常点亮故障时的处理流程。

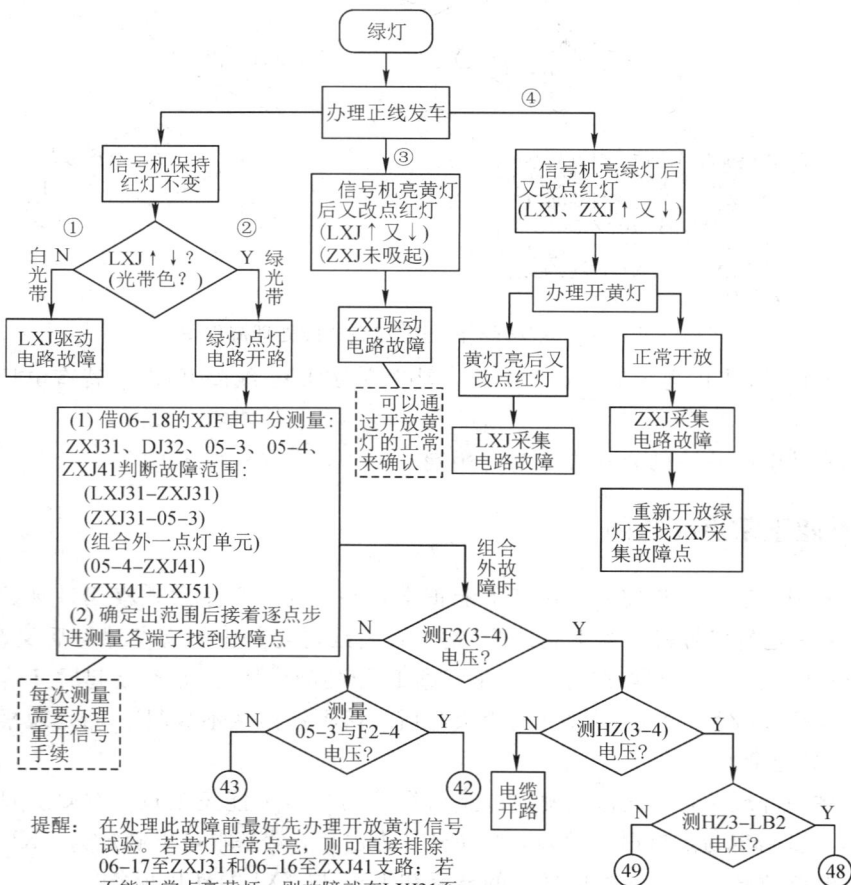

图 11-18 绿灯不能正常点亮故障处理流程图

四、引导黄灯不能正常点亮故障

在处理引导信号故障前，先办理开放黄灯信号(如果在办理引导信号前已经开放过黄灯且黄灯正常点亮，请记住这个结论)，如果黄灯开放不正常就以黄灯不能正常点亮故障处理。

在试验黄灯正常的情况下，在办理开放引导信号时重点观察两个对象：一是信号机的显示情况(一直亮红灯或中间点亮过黄灯)，二是 YXJ 的动作(是一直不吸起还是吸起后又落下)。

若是引导信号故障，则在办理开放引导信号时，具体存在下列三种现象之一。

(1) 信号机一直点亮红灯，且 YXJ 未动作。出现此种现象可判定为 YXJ 驱动电路故障。

(2) 信号机只点亮红灯(中间不会出现点绿灯或黄灯的情况)，且 YXJ↑又↓。出现此种现象可判定为引导黄灯点灯电路故障。

(3) 信号机中间出现过红黄灯点亮情况，且 YXJ↑又↓。出现此种现象可判定为 YXJ 或 2DJ 的采集电路故障，区分它们只能在开放引导信号的同时分别去测量它们的采集电路电压来判断。例如，将 25 V 直流电压表挡的黑表笔放在 06-9 端子上，红表笔放在 05-14 端子上测量。若有电压，则故障为 2DJ 采集电路；若无电压，则为 YXJ 采集电路故障(驱动电路和采集电路故障的查找方法前面已介绍过)。

图 11-19 所示为发生引导黄灯不能正常点亮故障时的处理流程。

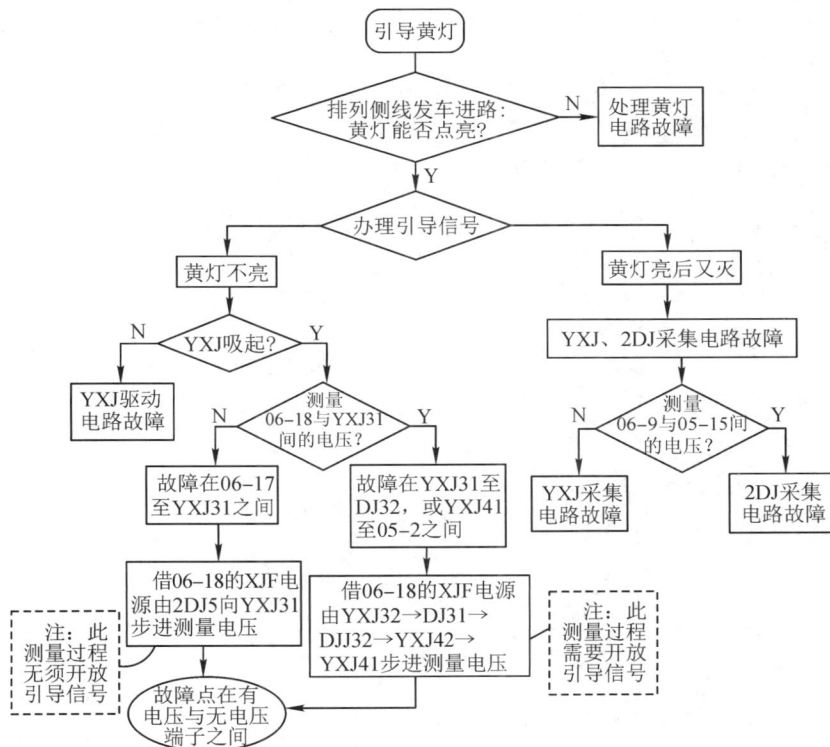

图 11-19　引导黄灯不能正常点亮故障处理流程图

问 题 思 考

1. 本章第三节中所给出流程图中没有考虑继电器接点开路故障，请参照各流程图将继电器接点开路故障纳入其中重新画一画，在此练习过程中加强对它们的记忆。

2. 在系统设备中对每一个故障点逐个试验，将每个故障现象（如信号机的点亮，继电器的动作、光带的颜色及表示灯和盘面的显示等）做下记录，看看从中能找到哪些规律。

3. 本章给出了四大类故障（红灯不能正常点亮故障、单黄灯不能正常点亮故障和绿灯不能正常点亮故障及引导黄灯不能正常点亮故障）的处理流程图，请通过设置代表性故障点对流程图进行实际验证。

参 考 文 献

[1]　笪重元，林瑜筠. 6502 电气集中图册[M]. 北京：中国铁道出版社，1998.

[2]　林瑜筠，刘连峰，洪冠. 计算机联锁图册[M]. 北京：中国铁道出版社，2016.

[3]　成华. 铁路信号设备故障分析与处理[M]. 北京：中国铁道出版社，2009.

[4]　常仁杰，韦成杰. 信号微机监测[M]. 北京：化学工业出版社，2017.